"예수님의 리더십은 다스리며 섬기는 것이다. 사자처럼 다스리며 어린 양처럼 섬기라"

성령님의 리더십

김열방 김사라 김영근
김혜민 박경애 유지선

"잘 걸으며 위풍 있게 다니는 것 서넛이 있나니
곧 짐승 중에 가장 강하여 아무 짐승 앞에서도 물러가지 아니하는 사자와
사냥개와 숫염소와 및 당할 수 없는 왕이니라." 잠 30:29~31

날개미디어

나는 성령님께 초자연적인 리더십을 받았다

당신은 어떤 리더십이 있습니까?

나는 성령님이 은혜로 주신 리더십이 있습니다.

나는 원래 느리고 약한 사람이었지만 지금은 급하고 강한 사람이 되었습니다. 20세에 길을 걷다가 성령을 체험하고 난 후로 완전히 달라진 것입니다. 오순절에 성령이 '급하고 강한 바람처럼' 임하므로 120명의 제자들이 완전히 바뀐 것과 같습니다. 그날부터 나는 내 주위의 모든 사람에게 영향을 끼치는 사람이 되었습니다.

나를 만나는 사람들은 어린아이부터 노인에 이르기까지 다들 나처럼 성령을 체험하고 인생이 바뀌었습니다. 그들은 내가 전하는 예수를 구주로 믿고 영접했고 새로운 피조물로 살게 되었습니다.

리더십(leadership)은 한마디로 '영향을 끼친다'는 뜻이며, 좀 더 구체적으로 말하면 '지도자의 위치에서 다스린다'는 것입니다.

나는 30년간 성경을 연구하며 온전한 리더십의 일곱 가지 원리를 정립했고 이 책에 자세히 담았습니다. 그것이 무엇일까요?

첫째, 영혼 구원의 꿈

둘째, 목적과 목표 설정

셋째, 전략과 은사

넷째, 위임과 확인

다섯째, 온전한 복음과 온전한 사역

여섯째, 다스리며 섬기기

일곱째, 인정과 칭찬하기

리더는 하나님의 은혜를 받은 사람입니다.

은혜는 무엇일까요? "내 힘으로는 할 수 없다. 하나님의 도우심이 절대적으로 필요하다"고 믿고 인정하는 것입니다. 그래서 하나님이 '말로 하시는 약속' 곧 언약이 필요하고 그 음성을 듣기 위해 기도하는 것입니다. 그는 언약을 받은 후에도 그것을 이룰 수 있는 분은 하나님뿐이시므로 그 언약을 이루어 달라고 기도합니다. "주 여호와께서 이같이 말씀하셨느니라. 그래도 이스라엘 족속이 이같이 자기들에게 이루어 주기를 내게 구하여야 할지라."(겔 36:37)

하지만 교만한 사람은 자기가 잘났다고 말하며 자기 힘으로 다해야 된다고 생각하기 때문에 하나님의 음성을 듣기 위해 기도하지 않습니다. 그리고 오만하게 행동합니다. "복 있는 사람은 오만한 자들의 자리에 앉지 않는다"(시 1:1)고 했는데 오만은 '태도나 행동이 건방지거나 거만하다'는 뜻입니다. "건방지다"는 말은 '잘난 체하거나 남을 낮추어 보듯이 행동한다'는 뜻이고 "거만하다"는 말은 '잘난 체하며 남을 업신여긴다'는 뜻입니다. 거만하게 행동하지 마십시오. 잘난 체하거나 남을 낮추어 보듯이 행동하지 마십시오.

온유하고 겸손한 마음으로 가르치고 코치해야 합니다. 성내거나 교만하면 안 됩니다. "사람이 성내는 것이 하나님의 의를 이루지 못함이라"(약 1:20)고 했습니다. 왜 성을 냅니까? 자기가 잘났는데 자기 뜻대로 안 따라와 주니까 화가 나서 못 견디기 때문입니다.

우리는 "내가 잘났다"는 자만과 "내 힘으로 할 수 있다"는 교만을 버려야 합니다. 우리가 가진 모든 것 곧 머리끝에서 발끝까지 다 하나님의 은혜임을 인정해야 합니다. 압살롬 같이 자신이 잘났다고 생각하는 자는 하나님 앞에 더 엎드리며 기도해야 합니다.

"온 이스라엘에 압살롬처럼 머리끝에서 발끝까지 흠 잡을 데가 하나도 없는 미남은 없다고 칭찬이 자자하였다."(삼하 14:25)

그는 결국 그 잘난 외모 때문에 죽었습니다. "압살롬이 어쩌다가 다윗의 부하들과 마주쳤다. 압살롬은 노새를 타고 있었는데, 그 노새가 큰 상수리나무의 울창한 가지 밑으로 달려갈 때에, 그의 머리채가 상수리나무에 휘감기는 바람에 그는 공중에 매달리고 그가 타고 가던 노새는 빠져나갔다."(삼하 18:9) 자신을 낮추며 겸손하십시오. 다윗처럼 자나 깨나 하나님의 은혜만 바라십시오.

나는 하나님의 은혜가 없이는 하루도 살 수 없는 사람입니다.

나는 중학교 시절 전교 520명 중에서 518등이었습니다. 내 뒤에

2명은 학교에 안 나왔던 것 같습니다. 그렇게 어리석고 미련했던 내가 하나님께 지혜와 총명을 받아 많은 책을 출간했습니다.

말더듬이였던 내가 지금은 국내외를 다니며 복음을 전하는 하나님의 종이 되었습니다. 한 마디도 기도하지 못해서 종이에 적고 천천히 읽었던 내가 지금은 하루에 몇 시간씩 기도하게 되었습니다.

영어 단어 하나 못 외우던 내가 지금은 수천 구절의 성구를 암송하게 되었습니다. 정말이지 내 머리털 하나와 솜털 하나까지, 내가 숨 쉬는 것과 눈 깜박이는 것까지 모두 하나님의 은혜입니다.

하나님이 내게 주신 은혜를 책에 다 적으려면 끝도 없을 것입니다. 내게 있는 것은 하나부터 열까지 모두 자비하신 하나님께로부터 온 것입니다. 그분은 나를 긍휼히 여겨 내가 구한 것을 모두 응답하셨고 날마다 더 풍성하게 하셨습니다. 은혜가 강물처럼 넘칩니다. 전능하신 하나님은 꼬리였던 나를 머리가 되게 하셨습니다.

신명기 28장 1~14절의 말씀이 내게 이루어졌습니다.

"네가 네 하나님 여호와의 말씀을 삼가 듣고 내가 오늘 네게 명령하는 그의 모든 명령을 지켜 행하면 네 하나님 여호와께서 너를 세계 모든 민족 위에 뛰어나게 하실 것이라. 네가 네 하나님 여호와의 말씀을 청종하면 이 모든 복이 네게 임하며 네게 이르리니 성읍에서도 복을 받고 들에서도 복을 받을 것이며 네 몸의 자녀와 네 토지의 소산과 네 짐승의 새끼와 소와 양의 새끼가 복을 받을 것이며 네 광주리와 떡 반죽 그릇이 복을 받을 것이며 네가 들어와도 복을 받고 나가도 복을 받을 것이니라. 여호와께서 너를 대적하기 위해 일어난 적군들을 네 앞에서 패하게 하시리라. 그들이 한 길로 너를 치러 들어왔으나 네 앞에서 일곱 길로 도망하리라. 여호와께서 명령하사 네 창고와 네 손으로 하는 모든 일에 복을 내리시고 네 하나님 여호와께서 네게 주시는 땅에서 네게 복을 주실 것이며 여호와께서 네게 맹세하신 대로 너를 세워 자기의 성민이 되게 하시리니 이는 네가 네 하나님 여호와의 명령을 지켜 그 길로 행할 것임이니라. 땅의 모든 백성이 여호와의 이름이 너를 위하여 불리는 것을 보고 너를 두려워하리라. 여호와께서 네게 주리라고 네 조상들에게 맹세하신 땅에서 네게 복을 주사 네 몸의 소생과 가축의 새끼와 토지의 소산을 많게 하시며 여호와께서 너를 위하여 하늘의 아름다운 보고를 여시사 네 땅에 때를 따라 비를 내리시고 네 손으로 하는 모든 일에 복을 주시리니 네가 많은 민족에게 꾸어줄지라도 너는 꾸지 아니할 것이요 여호와께서 너를 머리가 되고 꼬리가 되지 않게 하시며 위에만 있고 아래에 있지 않게 하시리니 오직 너는 내가 오늘 네게 명령하는 네 하나님 여호와의 명령을 듣고 지켜 행하며 내가 오늘 너희에게 명령하는 그 말씀을 떠나 좌로나 우로나 치우치지 아니하고 다른 신을 따라 섬기지 아니하면 이와 같으리라."

하나님이 내게 이 모든 복을 주신 이유는 그분의 말씀 곧 복음을 누리고 전하기 위함입니다. 만일 내 몸과 토지소산과 내 손으로 하는 모든 일과 내 창고에 저주가 임하므로 다 망하고 매일 돈을 꾸러 다닌다면 어떻게 다른 사람에게 복음을 전할 수 있겠습니까?

하나님께 복을 받아 머리가 되고 위에 있어야 복음을 전할 수 있습니다. 꼬리가 되고 아래에 있으면 복음을 전할 수 없습니다.

만약 당신이 직장을 다니거나 어떤 모임에 갔는데 계속 꼬리와 아래의 위치에 있어 복음을 전할 수 없다면 거기서 나와야 합니다.

사람의 종이 되지 말고 하나님의 종이 되어야 합니다.

하나님은 당신이 신명기 28장의 전인적인 복을 다 받아 누리기를 원하십니다. 하지만 아무리 많은 복을 받아도 다스리지 못하면 그것을 떠받들게 되고 결국 그 모든 것이 우상과 재앙이 됩니다.

아브라함, 이삭, 야곱, 요셉, 모세, 다윗, 솔로몬, 욥 등 성경에 나오는 믿음의 조상들은 모두 다스리는 사람이었습니다. 바울은 "다스리는 자는 부지런함으로 하라"(롬 12:8)고 말했습니다.

예수님은 하나님의 집을 다스리는 분이십니다.

"하나님의 집 다스리는 큰 제사장이 계시매……."(히 10:21)

다스림이 없이 일방적으로 섬기는 것은 노예일 뿐입니다. 이스라엘 백성들은 430년 동안 애굽에서 노예로 살았습니다. "요셉을 알지 못하는 새 왕이 일어나 애굽을 다스리더니……."(출 1:8)

그들은 자신과 가정, 가문을 말씀을 따라 잘 다스리지 못했기 때문에 계속 원망하고 불평하다가 결국 광야에서 죽었습니다. 그렇게 40년간 방황하다가 죽는 것은 결코 하나님의 뜻이 아니었습니다.

당신이 머리가 되어 세계 모든 민족을 다스리기 전에 먼저 해야 할 일이 있습니다. 무엇일까요? 자신의 마음을 다스리는 것입니다.

신명기 28장을 읽는 많은 사람들이 복을 받는 것에만 관심을 갖고 초점을 맞추는데 그보다 우선되고 중요한 것이 자신을 다스리는 것입니다. 자신의 마음과 몸을 제대로 다스리지 못하는 사람이 어떻게 가정과 가문을 다스리고 모든 민족을 제자 삼고 가르쳐 지키게 하겠습니까? "노하기를 더디 하는 자는 용사보다 낫고 자기의 마음을 다스리는 자는 성을 빼앗는 자보다 낫다"(잠 16:32)고 했습니다. 자기의 마음을 다스리는 것이 우선입니다. 그래야 자기 몸의 질병도 다스릴 수 있습니다. "사람의 심령은 그의 병을 능히 이기려니와 심령이 상하면 그것을 누가 일으키겠느냐?"(잠 18:14)

어떻게 하면 자기의 마음과 몸을 잘 다스릴 수 있을까요? 이것은 힘으로 능으로 안 됩니다. 그래서 사람들이 이렇게 말합니다.

"내가 왜 그런 죄를 지었는지 몰라요. 후회가 막심해요."

그렇습니다. 마음을 다스리는 것은 인간의 힘으로 안 됩니다. 그래서 성령님이 오신 것입니다. 연약한 인간이 할 수 있는 것은 한 가지 곧 거룩한 영이신 성령님께 도움을 구하는 것뿐입니다.

매일 아침에 눈을 뜨면 성령님께 도움을 구하십시오.

"성령님, 거룩한 삶을 살게 해주세요."

"성령님, 인도해 주세요."

"성령님, 가르쳐 주세요."

"성령님, 치료해 주세요."

"성령님, 코치해 주세요."

"성령님, 만져 주세요."

"성령님, 도와주세요."

"성령님, 채워 주세요."

"성령님, 비워 주세요."

"성령님, 전도할 문을 열어 주세요."

"성령님, 싸워 주세요."

"성령님, 항복하게 해주세요."

"성령님, 예수 이름으로 모든 것을 명령하게 해주세요."

"성령님, 춤추며 환하게 웃게 해주세요."

"성령님, 습관적인 죄를 끊게 해주세요."

"성령님, 중독되지 않게 해주세요."

"성령님, 무익한 말을 하지 않게 해주세요."

"성령님, 기분이 상하지 않게 해주세요."

"성령님, 리더십을 키워 주세요."

이렇게 중얼거리며 부탁드리면 성령님의 초자연적인 힘이 나타나서 저절로 습관적인 죄와 중독을 끊게 되고 마음과 몸을 잘 다스리게 됩니다. 날마다 성령님을 따라 거룩하게 살기 바랍니다.

그렇지 않고 육신을 따라 살며 마귀에게 틈을 주면 다윗 왕처럼 우리아 장군의 아내 밧세바를 취하므로 간음죄를 짓게 되고 우리아를 전쟁터에 내보내 죽이므로 살인죄를 짓게 됩니다. 다윗은 눈물로 침상을 띄우며 회개했고 그 이후로는 똑같은 죄를 다시 짓지 않았습니다. 날마다 성령님을 의지하며 깨어 있었던 것입니다.

당신도 늘 깨어 기도하며 성령님을 의지하기 바랍니다. 또한 성령님과 함께 자신과 가정, 민족과 세계를 다스리기 바랍니다.

당신을 축복합니다.

2022년 1월 1일
잠실에서 김열방 목사

[목차]

온전한 리더십의 일곱 가지 원리

온전한 리더십의 일곱 가지 원리

당신은 온전한 리더십의 일곱 가지 원리를 아십니까?

나는 부지런히 성경을 읽고 연구하며 '온전한 리더십'에 대해 깨 달음을 얻어 일곱 가지로 정립했습니다. 이것은 세상의 정치적인 리더십이 아닌 성경적인 리더십입니다. 무엇일까요?

첫째, 영혼 구원의 꿈

둘째, 목적과 목표 설정

셋째, 전략과 은사

넷째, 위임과 확인

다섯째, 온전한 복음과 온전한 사역

여섯째, 다스리며 섬기기

일곱째, 인정과 칭찬하기

이러한 성경적인 원리를 가슴에 새기고 온전한 리더십을 발휘해야 온전한 공동체가 됩니다. 하나씩 자세히 살펴볼까요?

영혼 구원의 꿈

첫째, 영혼 구원의 꿈을 가져야 합니다.

성령님은 꿈을 꾸게 하시는 분입니다. 당신은 '내 평생 몇 명을 전도하겠다'는 영혼 구원에 대한 꿈이 있습니까? 나는 전국과 세계의 수많은 영혼을 전도하겠다는 꿈이 있습니다. 하루는 내가 쓴 책 〈성령을 체험하라〉를 읽은 한 목사님이 이런 질문을 했습니다.

"김열방 목사님, 저는 나이가 60세입니다. 이제 살날이 얼마 남지 않은 것 같아요. 이러다 나이만 먹고 하는 일 없이 죽는 건 아닌지 모르겠어요. 저는 크게 목회할 사람인데 여기에서 30명 앉혀 놓고 30년간 설교했어요. 앞으로 10년간 어떻게 살아야 할까요?"

내가 그분에게 약간 쉬었지만 칼 같은 목소리로 말했습니다.

"120세까지 산다고 할 때 앞으로 60년은 더 살아야 합니다. 하지만 지나온 세월의 내용을 보면 앞으로 60년도 특별한 변화가 없을 수 있습니다. 목사님께 한 가지 희망이 있다면 그것은 곧 '영혼 구원의 꿈'을 가지는 것입니다. 앞으로 백 명, 천 명, 만 명의 영혼을 구원하겠다는 구체적인 꿈을 가지면 어떨까요? 꿈과 환상과 예언은 성령의 언어이므로 꿈을 가져야 성령의 나타남이 있게 됩니다. 다른 꿈과 소원을 가지는 것도 필요하겠지만 가장 크고 아름다운 꿈인 '영혼 구원의 꿈'을 가져야 합니다. 목사님의 남은 생애 동안만 명, 10만 명의 영혼을 전도한다면 어떨까요? 생각만 해도 신나고 흥분되지 않습니까? 원래 꿈은 내 힘으로 이룰 수 없는 것이므로 성령님을 의지하게 되고 그러면 그분이 초자연적인 지혜와 힘으로 이루어 주십니다. 수십억의 돈, 넓은 땅과 빌딩, 세계 여행 등의 꿈도 좋지만 그런 것은 모두 영혼 구원의 꿈을 위해 더하시는 복입니다. 영혼 구원의 꿈을 가지고 성령님께 전도할 문을 열어 달라고 매일 기도하세요. 그러면 엄청난 기적이 일어납니다."

당신은 밤낮 어떤 꿈을 꾸고 있습니까?

크루즈여행을 꿈꾸고 있다고요? 그보다 더 좋은 '전도여행'에 대한 꿈을 가지기 바랍니다. 나는 "영혼을 구원하기 위해 국내외로 다니며 전도여행을 한다"는 꿈을 갖고 있습니다. 이 꿈은 내가 20세에 성령을 받은 후로 지금까지 계속 이루어지고 있습니다. 지난주에도 8시간 운전해서 지방에 전도여행을 다녀왔는데, 두 명의 영혼에게 예수님을 전해서 그 영혼들이 구원 받게 했습니다. 정말 행복하고 감격스러운 여행이었고 오가는 동안 하나도 피곤하지 않았습니다.

하나님이 당신에게 원하시는 진정한 꿈은 맹목적으로 더 많은 돈과 명예, 권세와 학벌, 회사와 직원, 빌딩과 땅을 소유하는 것이 아닙니다. 그런 것은 복음 전도를 위해 더하시는 작은 은혜와 복에 불과합니다. 하나님이 원하시는 진짜 큰 꿈은 '영혼 구원'입니다.

나는 사람들에게 잃은 영혼을 찾아가서 전도하라고 말합니다.

"모든 때에 모든 사람에게 모든 방법으로 전도하라. 사람을 조금도 두려워하지 말고 한 명의 잃은 영혼이라도 더 구원하라."

예수님은 제자들에게 "온 천하에 다니며 크루즈 여행하라"고 하지 않았습니다. "온 천하에 다니며 만민에게 복음을 전파하라"고 했습니다. "또 이르시되 너희는 온 천하에 다니며 만민에게 복음을 전파하라. 믿고 세례를 받는 사람은 구원을 얻을 것이요 믿지 않는 사람은 정죄를 받으리라."(막 16:15~16) 또한 "믿는 자들에게는 이런 표적이 따르리니 곧 그들이 내 이름으로 귀신을 쫓아내며 새 방언을 말하며 뱀을 집어올리며 무슨 독을 마실지라도 해를 받지 아니하며 병든 사람에게 손을 얹은즉 나으리라"고 했는데 이 모든 표적과 기사는 하나님의 사랑과 자비, 긍휼의 손길이므로 꼭 있어야 합니다. 하지만 그것의 궁극적인 목적은 영혼 구원에 있습니다. 그렇지 않으면 불법입니다. 예수님은 분명히 말씀하셨습니다.

"나더러 주여 주여 하는 자마다 '다 천국에 들어갈 것이 아니요' 다만 하늘에 계신 내 아버지의 뜻대로 행하는 자라야 들어가리라. 그 날에 많은 사람이 나더러 이르되 주여 주여 우리가 주의 이름으로 선지자 노릇 하며 주의 이름으로 귀신을 쫓아내며 주의 이름으로 많은 권능을 행하지 아니하였나이까 하리니 그 때에 내가 그들에게 밝히 말하되 내가 너희를 도무지 알지 못하니 불법을 행하는 자들아 내게서 떠나가라 하리라."(마 7:21~23)

이 말씀이 무슨 의미입니까? "영혼 구원의 복음이 빠진 예언과 축사와 신유만으로는 한 명도 천국에 들어갈 수 없다"는 말입니다.

임신한 자매가 이런 예언을 받았다고 했습니다.

"네가 건강한 아들을 낳게 될 것이다."

그 말을 들은 그녀는 깜짝 놀라며 말했습니다.

"병원에서는 딸이라고 했어요. 그 예언이 이해가 안 돼요."

그런 그가 두 딸을 낳고 셋째로 아들을 낳았습니다.

또 한 사람은 이런 예언을 받았다고 했습니다.

"네가 아파트를 사게 될 것이다."

그 말은 들은 그는 고개를 흔들며 말했습니다.

"저는 얼마 전에 빌라를 계약했어요. 그 예언이 맞나요?"

그런 그가 빌라를 산 다음에 아파트를 두 채 더 샀습니다.

주의 종이 말하는 많은 예언들이 이루어집니다. 하지만 "우리는 부분적으로 알고 부분적으로 예언하니"(고전 13:9)라는 말씀처럼 예언은 모두 부분적인 것입니다. 미래에 대한 100페이지의 두꺼운 책이 있는데 그 중에서 한 페이지의 한 줄을 읽는 것과 같습니다.

아브라함에게 복을 주셨던 하나님은 당신에게도 결혼과 자녀에 대해, 땅에 대해, 신유에 대해 예언과 성취의 복을 주십니다. 그런 것이 불법이 아닙니다. 예수님은 병 고침과 귀신 쫓는 것을 불법이라고 하지 않았습니다. 양 무리를 불쌍히 여기며 더러운 귀신을 쫓아내며 모든 병과 모든 약한 것을 고치는 것은 예수님의 뜻입니다.

"예수께서 그의 열두 제자를 부르사 더러운 귀신을 쫓아내며 모든 병과 모든 약한 것을 고치는 권능을 주시니라."(마 10:1)

하지만 신유와 축사만으로는 단 한 명도 천국에 들어갈 수 없다는 말입니다. "나더러 주여 주여 하는 자마다 다 천국에 들어갈 것이 아니요 다만 '하늘에 계신 내 아버지의 뜻대로 행하는 자'라야 들어가리라"고 했는데, 하늘에 계신 아버지의 뜻은 잃은 영혼이 예수를 구주로 믿고 성령으로 거듭나 하나님의 자녀가 되는 것입니다.

우리는 무엇보다 잃은 영혼을 구원하는 꿈을 가져야 합니다.

"잃은 영혼을 구원하는 꿈."

많은 교회와 목회자들이 이것을 놓치고 있습니다.

모든 목회자와 성도들이 다 전도자가 되어 많은 영혼을 구원해야합니다. 바울은 복음의 아들 디모데에게 잡다한 것을 하라고 하지 않았습니다. "너는 모든 일에 신중하여 고난을 받으며 '전도자의 일을 하며' 네 직무를 다하라"(딤후 4:5)고 지시했습니다.

당신은 전도자의 일을 하며 당신의 직무를 다하고 있습니까?

내 가정과 가문, 문중에 잃은 영혼이 있는데, 가서 전도하지 않는 것은 하나님 나라의 1급 공무원으로서 '직무유기죄'입니다. 다른 사람이 전도하는 것을 함부로 비방하거나 방해하는 것은 '업무방해죄'입니다. 하나님은 이에 대해 막중한 책임을 물으실 것입니다.

초등학교도 제대로 못 나온 평신도였던 무디(Dwight L Moody)는 평생토록 100만 명의 영혼을 구원했습니다. 그는 전도하지 않으면 밤에 집에 들어가 두 다리 뻗고 잠을 잘 수 없었다고 합니다. 동네를 돌다가 집에 들어가는 문 입구에서 한 영혼을 만나 전도하고 예수님을 구주로 영접시킨 후에야 침대에 누워 편히 잤다고 합니다.

우리는 한 평생 사는 동안 최대한 많은 영혼을 구원하겠다고 꿈꾸어야 합니다. 나는 많은 성도 수를 꿈꾸고 받았다고 믿습니다. 이것은 대형교회를 세우기 위한 교인 숫자가 아닙니다. 영혼 구원의 숫자입니다. 단순히 '교회 성장을 통한 목회 성공'이 아닙니다.

사도행전에는 영혼의 숫자가 나옵니다. 오순절에 성령이 임하므로 새로운 피조물 곧 하늘 민족이 탄생했고 그 숫자를 센 것입니다.

"12명, 120명, 500명, 3천 명, 5천 명, 수만 명."

모두 구원 받은 영혼의 숫자를 센 것입니다. 이것을 놓치면 야망에 빠지게 됩니다. 많은 사람들이 함부로 대형 교회에 대해 부정적인 이야기를 하는데 그것은 자기 육신의 눈으로 교회를 판단하기 때문입니다. 하나님의 성령의 눈으로 영혼의 수를 세야 합니다.

"한 영혼을 놓고 목회해도 얼마나 감사한 일인데요?"

맞습니다. 한 영혼이 천하보다 귀하지만 평생 한 영혼만 붙들고 씨름하다가 목회를 끝내서는 안 됩니다. 수많은 잃은 영혼이 지옥으로 떠내려가고 있기 때문입니다. 하나님의 지경은 넓습니다.

"모든 민족으로 제자를 삼고 세례를 베풀라."(마 28:19)

"온 천하에 다니며 만민에게 복음을 전파하라."(막 16:15)

"성령이 임하시면 땅 끝까지 내 증인이 되리라."(행 1:8)

한 영혼도 귀하지만 더 많은 영혼을 구원해야 합니다. 그래서 나는 매일 아침 성령님께 전도할 문을 열어 달라고 도움을 구합니다.

"성령님, 오늘도 전도할 문을 열어 주세요."

"성령님, 잃은 양을 다 찾게 해주세요."

예수님은 아흔아홉 마리 양을 두고 잃은 양 한 마리를 찾으러 일어나 가라고 말씀하십니다. "너희 생각에는 어떠하냐? 만일 어떤 사람이 양 백 마리가 있는데 그 중의 하나가 길을 잃었으면 그 아흔아홉 마리를 산에 두고 가서 길 잃은 양을 찾지 않겠느냐? 진실로 너희에게 이르노니 만일 찾으면 길을 잃지 아니한 아흔아홉 마리보다 이것을 더 기뻐하리라. 이와 같이 이 작은 자 중의 하나라도 잃는 것은 하늘에 계신 너희 아버지의 뜻이 아니니라."(마 18:12~14)

잃은 양을 찾으려면 '즉시 일어나서 가야' 합니다. 일어나서 가지 않고 쪼그리고 앉아 밤낮 울며 기도만 하고 있으면 안 됩니다.

많은 사람들이 일어나 가지 않고 앉아서 울고만 있습니다.

"하나님, 그 잃은 양이 언젠가는 돌아오게 해주세요."

잃은 양은 10년이 지나도 오지 않습니다. 아니, 스스로 올 수 없습니다. 목자가 일어나서 찾으러 나가야 합니다. 그래서 예수님은 "가라"고 명령하셨습니다. "가서, 모든 족속으로 제자를 삼으라."

잃은 영혼을 구원하기 위해 목회자와 성도들이 가야 합니다.

"어서 돌아오오!"라는 노래만 부르며 일어나서 가지 않는 것, 막연히 오기만 기다리며 금식 철야하며 울고 있는 것은 큰 잘못입니다. 일어나서 가야 합니다. 당신은 왜 가만히 앉아 있습니까?

잃은 영혼을 찾으러 다니며 전도하지 않으면 교회는 100년이 지나도 양적으로 성장하지 않습니다. 양적 성장이 뭐 중요하냐고요? 교회는 '가서 제자 삼고 세례를 베푸는 양적 성장'과 '예수님이 분부한 모든 것을 가르쳐 지키게 하는 질적 성장' 둘 다 중요합니다.

양적 성장은 '교인 수'가 아닌 '영혼 수'입니다. 요즘 많은 기독교 지도자들이 "우리도 이슬람처럼 자녀를 많이 낳아야 희망이 있다. 안 그러면 문 닫는다"고 말합니다. 교회 유지가 어렵고 문을 닫아야 한다는 말입니다. 맞습니다. 당연히 모든 그리스도인들은 결혼하고

'육신의 자녀'를 많이 낳아야 합니다. 그리고 신랑이신 예수님과 결혼했기 때문에 '복음의 자녀'도 많이 낳아야 합니다. 초대교회는 심한 박해 속에서도 결코 '현상 유지'가 아닌 '더 크게 성장'했습니다.

"주께서 구원 받는 사람을 날마다 더하게 하시니라."(행 2:47)

오늘날 교회에는 수만 가지가 아닌 단 한 가지 희망만 있습니다.

무엇일까요? 잃은 영혼을 구원하기 위해 전도하는 것입니다.

2021년 12월 10일 기준, 세계 인구는 79억 1,243만 명입니다. 그 중에서 기독교인은 30퍼센트 곧 25억 명 정도입니다. 5위권에 드는 나라 중에 미국이 2억 6천만 명, 브라질이 1억 9천만 명, 중국이 1억 4천만 명, 멕시코가 1억 2천만 명, 러시아가 1억 천만 명이 기독교인입니다. 아직 50억이 넘는 사람들이 예수를 믿지 않고 있습니다. 그 많은 잃은 영혼을 향해 가서 전도해야 합니다. 하나님께는 영혼 구원을 위해 '복음 전도'라는 단 한 가지 길밖에 없습니다.

첫째, '복음은 하나님의 능력'입니다. 79억 명의 영혼을 구원하는 하나님의 능력은 79억 가지가 아닌 단 한 가지뿐인데 곧 '복음'입니다. "내가 복음을 부끄러워하지 아니하노니 이 복음은 모든 믿는 자에게 구원을 주시는 하나님의 능력이 됨이라."(롬 1:16)

둘째, '전도는 하나님의 지혜'입니다. 79억 명의 영혼을 구원하는 하나님의 지혜는 79억 가지가 아닌 단 한 가지뿐인데 곧 '전도'입니다. "하나님의 지혜에 있어서는 이 세상이 자기 지혜로 하나님을 알지 못하므로 하나님께서 전도의 미련한 것으로 믿는 자들을 구원하시기를 기뻐하셨도다."(고전 1:21)

하나님의 능력과 하나님의 지혜를 버려두고 왜 딴 짓을 합니까?

성령님은 오직 전도하기 위해 오셨습니다. "오직 성령이 너희에게 임하시면 너희가 권능을 받고, 내 증인이 되리라."(행 1:8)

큰 권능을 가지고 오신 성령님과 함께 하면 전도는 쉽습니다.

나는 매일 아침에 "성령님, 전도할 문을 열어주세요"라고 말씀드리는데, 그러면 하루 종일 만나는 사람마다 마음 문이 활짝 열려 있고 그들이 복음을 쉽게 받아들이고 예수님을 구주로 영접하는 것을 보게 됩니다. 새 생명의 탄생이 눈앞에서 펼쳐지는 것입니다.

"와, 하나님 나라의 아기가 태어났다!"

육신의 아기와는 비교할 수 없는 영혼 출산의 기쁨과 감격입니다. 이 기쁨과 감격은 어떤 말로도 표현할 수 없을 정도로 큽니다.

모든 목회자는 '다산 목회'(多産 牧會)를 해야 합니다.

다산 목회는 무엇일까요? 결혼과 전도와 양육, 세 가지입니다.

첫째, 결혼해서 자녀를 많이 낳아야 합니다. "보라, 자식들은 여호와의 기업이요 태의 열매는 그의 상급이로다."(시 127:3)

둘째, 전도해서 복음의 자녀를 많이 낳아야 합니다. "그리스도 안에서 일만 스승이 있으되 아버지는 많지 아니하니 그리스도 예수 안에서 내가 복음으로써 너희를 낳았음이라."(고전 4:15)

셋째, 그리스도의 형상의 자녀를 많이 낳아야 합니다. "나의 자녀들아, 너희 속에 그리스도의 형상을 이루기까지 다시 너희를 위하여 해산하는 수고를 하노니……."(갈 4:19)

결혼하고 전도하고 양육하는 것, 이 세 가지는 사명입니다.

목회자와 성도들이 마귀에게 속아 '영혼 구원의 꿈'을 놓치면 각종 모임과 행사는 모두 종교 활동 수준이 되며 목회 성공을 위한 방법으로 전락하게 됩니다. 영혼 구원의 꿈이 없으니 더 이상 전도하지 않게 되고, 전도하지 않으니 성령님을 의지할 필요도 없습니다.

왜 성령님을 의지하지 않을까요? 전도 곧 영혼을 구원하는 것 외에 다른 것은 모두 인간적인 방법으로도 가능하기 때문입니다. 그래서 교회들이 온갖 프로그램과 행사, 철학과 신화와 율법주의 가르침, 각종 전통과 예식에 빠져 헤어 나올 줄 모르는 것입니다. 전도하지 않는 교회는 생명의 역사 곧 성령의 나타남이 없습니다.

마귀는 말합니다. "그래, 너희들이 하고 싶은 건 다 해라. 뭘 하든지 나는 상관 않겠다. 단 한 가지, 전도만 하지 마라. 너희들은 이미 구원 받았으니 어쩔 수 없지만 전도하는 것은 절대로 안 된다."

성령님이 오신 목적이 무엇입니까? "오직 성령이 너희에게 임하시면 너희가 권능을 받고 예루살렘과 온 유대와 사마리아와 땅 끝까지 이르러 내 증인이 되리라"(행 1:8)고 했습니다. 성령님은 전도하기 위해 오신 것입니다. 성령님은 예수의 영이십니다. 예수님은 왜 오셨습니까? 전도하기 위해서입니다. "우리가 다른 가까운 마을들로 가자. 거기서도 전도하리니 내가 이를 위하여 왔노라"(막 1:38)고 하셨고 "이에 온 갈릴리에 다니시며 그들의 여러 회당에서 전도하시고 또 귀신들을 내쫓으시더라"(막 1:39)고 했습니다.

왜 '오로지 전도'일까요? 전도 외에는 잃은 영혼이 구원 받는 길이 전혀 없기 때문입니다. 예수님께는 '전도' 외에 다른 프로그램이나 행사가 없었습니다. 그분은 오로지 기도하고 전도하셨습니다.

사도들은 어땠을까요? 그들도 예수님처럼 오로지 기도하고 전도하는 일에만 힘썼습니다. "그 때에 제자가 더 많아졌는데 헬라파 유대인들이 자기의 과부들이 매일의 구제에 빠지므로 히브리파 사람을 원망하니 열두 사도가 모든 제자를 불러 이르되 우리가 하나님의 말씀을 제쳐 놓고 접대를 일삼는 것이 마땅하지 아니하니 형제들아 너희 가운데서 성령과 지혜가 충만하여 칭찬 받는 사람 일곱을 택하라. 우리가 이 일을 그들에게 맡기고 우리는 오로지 기도하는 일과 말씀 사역에 힘쓰리라 하니."(행 6:1~4)

사람들을 만나 구제 곧 접대를 하는 것은 좋은 일입니다. 하지만 그 일의 목적이 '영혼 구원'에 있지 않으면 육신의 일에서 멈추고 말 것입니다. 예수님은 "썩을 양식을 위하여 일하지 말고 영생하도록 있는 양식을 위하여 하라"(요 6:27)고 명령하셨습니다.

돈과 명예, 권세와 학벌, 땅과 빌딩 등 모든 것은 '영혼 구원의 꿈'을 위해 있는 것입니다. "꿈이 없는 백성은 망한다"고 했습니다. 무슨 꿈일까요? 영혼 구원의 꿈입니다. 이 꿈이 없으면 결국 망합니다. 아무리 많은 돈을 벌고 은금을 산처럼 쌓아도 망합니다.

솔로몬은 "사람이 부와 재산과 명예를 다 가진들, 자녀를 백 명이나 낳은들, 천년의 갑절을 산들 무슨 소용이냐?"고 했습니다. 소유에는 목적이 분명해야 합니다. "헛된 것을 더하게 하는 많은 일들이 있나니 그것들이 사람에게 무슨 유익이 있으랴?"(전 6:11)

당신이 아무리 성공했다고 떠들어도 하나님은 당신의 중심을 보시며, 그 중심이 하나님을 경외하며 영혼 구원을 향한 관심이 있는지 보십니다. 사람의 생명은 그 소유의 넉넉함에 있지 않습니다.

당신이 가진 소유로 잃은 영혼을 구원하는 일에 힘써야 합니다.

하나님이 가장 기뻐하시는 일은 잃은 영혼을 많이 구원하는 것입니다. 그 일을 위해 하나님의 아들 예수 그리스도가 십자가에 매달려 피 흘려 죽으셨고 예수의 영인 성령님을 보내셨습니다. "지혜 있는 자는 궁창의 빛과 같이 빛날 것이요 많은 사람을 옳은 데로 돌아오게 한 자는 별과 같이 영원토록 빛나리라."(단 12:3)

오늘부터 이렇게 구하며 영혼 구원의 꿈을 가지기 바랍니다.

"성령님, 영혼 구원의 꿈을 가지게 해주세요."

"성령님, 전도할 문을 열어 주세요."

목적과 목표 설정

둘째, 목적과 목표 설정입니다.

세계적인 인물이 되기를 원하십니까? 아니면 그런 사람을 만나고 싶습니까? 그 목적이 무엇입니까? 돈이나 명예, 권세가 아닌 오직 한 가지 '영혼 구원'이어야 합니다. 세상의 모든 유명한 사람들을 위해 기도하고 있습니까? 그 목적이 무엇입니까? 오직 한 가지 '영혼 구원'이어야 합니다. "그러므로 내가 첫째로 권하노니 모든 사람을 위하여 간구와 기도와 도고와 감사를 하되 임금들과 높은 지위에 있는 모든 사람을 위하여 하라. 이는 우리가 모든 경건과 단정함으로 고요하고 평안한 생활을 하려 함이라. 이것이 우리 구주 하나님 앞에 선하고 받으실 만한 것이니"(딤전 2:1~3)라고 했는데 그 다음 구절을 보십시오. "하나님은 모든 사람이 구원을 받으며 진리를 아는 데에 이르기를 원하시느니라."(딤전 2:4)

임금들과 높은 지위에 있는 모든 사람을 위하여 기도하는 목적은 '영혼 구원'이라는 말입니다. 그들을 위한 기도 제목은 '정치적인 내용'이 아닌 '영혼 구원'에 있습니다. 그들의 영혼이 구원 받으면 정치적인 내용은 저절로 바뀝니다. 영혼을 위해 기도하십시오.

당신이 하는 모든 학업과 교육, 직장과 사업, 기도와 금식, 선교와 건축, 저술과 강연 등의 궁극적인 목적은 영혼 구원과 양육입니다. "예수께서 나아와 말씀하여 이르시되 하늘과 땅의 모든 권세를 내게 주셨으니 그러므로 너희는 가서 모든 민족을 제자로 삼아 아버지와 아들과 성령의 이름으로 세례를 베풀고 내가 너희에게 분부한 모든 것을 가르쳐 지키게 하라 볼지어다 내가 세상 끝날까지 너희와 항상 함께 있으리라 하시니라."(마 28:18~20)

'목적'은 모든 민족으로 제자를 삼고 예수님이 분부한 모든 것을 가르쳐 지키게 하는 것이며, '목표'는 구체적으로 몇 명을 그렇게 만들 것인지를 정하는 것입니다. 예수님은 3년 동안 12명의 제자를 목표로 정하고 양육하셨습니다. 예수의 영이신 성령님이 오신 후에는 '성령님의 목표'인 3천 명, 5천 명이란 제자의 숫자가 나옵니다.

당신도 12명, 120명, 1200명, 2만 명, 20만 명, 100만 명, 300만 명 등 구체적인 목표를 설정해야 합니다. 성경공부모임은 "예수님처럼 12명의 제자를 가르쳐 지키게 한다"는 목표를 설정해야 합니다. "한 사람의 리더가 12명을 교육하고 코치하는 것이 적합하다"는 것이 가장 지혜로우신 예수님의 확고한 전략이었습니다.

나중에 가룟 유다는 죽었고 열한 명이 남았습니다. "열한 제자가 갈릴리에 가서 예수께서 지시하신 산에 이르러 예수를 뵈옵고 경배하나 아직도 의심하는 사람들이 있더라."(마 28:16~17)

그리고 나중에 한 명을 추가로 뽑아 세웠습니다. "제비 뽑아 맛디아를 얻으니 그가 열한 사도의 수에 들어가니라."(행 1:26)

하나님은 막연하게 일하는 분이 아닙니다. 그분은 만물을 창조하실 때도 구체적인 목적과 목표를 설정하신 후에 그대로 만드셨습니다. "하나님이 이르시되 땅은 생물을 그 종류대로 내되 가축과 기는 것과 땅의 짐승을 종류대로 내라 하시니 그대로 되니라."(창 1:24)

당신도 구체적인 목적과 목표를 설정한 후에 기도하고 간구하며 성령님께 도움을 구하십시오. 그래야 하나님의 초자연적인 응답으로 그 목표가 진짜로 이뤄졌다는 것을 알게 될 것입니다. 구체적으로 목표를 설정하고 구하지 않으면 응답 받을 일도 없습니다.

영혼 구원의 꿈도 "나는 그런 꿈이 필요 없어. 잃은 영혼을 구원하는 것이 필요하고 답답하면 하나님이 알아서 하시겠지. 예정된 사람이라면 언젠가는 구원 받을 거야"라고 말하면 안 됩니다. 그러면 1년에 한 명도 전도하지 못합니다. 수많은 목회자와 성도들이 전도에 대한 꿈이 없기 때문에 1년에 한 명도 전도하지 못하는 것입니다. 1년에 한 명을 전도하면 10년에 10명, 20년에 20명, 30년에 30명, 40년에 40명, 50년에 50명이 됩니다. 50년간 교회를 다니고 목회하면서 50명만 예배당에 앉아 있다면 나머지 잃은 영혼에 대한 책임은 누구에게 있습니까? 물론 "한 영혼이 천하보다 귀하므로 50년간 50명만 모여도 대단한 성과다"라고 하겠지만 수십억의 영혼은 죽어서 반드시 지옥에 갑니다. 50년에 50명의 영혼이 모여 예배한다고요. 잘하고 있습니다. 하지만 성령님은 그 50명의 영혼만 구원하기 위해 오신 것이 아니라 모든 잃은 양을 구원하러 오셨습니다.

디모데전서 2장 4절에 "하나님은 모든 사람이 구원을 받으며 진리를 아는 데에 이르기를 원하시느니라"고 했습니다. 예수님도 "너희는 온 천하에 다니며 만민에게 복음을 전파하라"고 하셨습니다.

초대교회는 120명, 3천 명, 5천 명의 영혼이 더해졌습니다. 성령님과 함께 전도해서 구원 받는 사람이 '날마다' 더해져야 합니다.

"하나님을 찬미하며 또 온 백성에게 칭송을 받으니 주께서 구원 받는 사람을 '날마다' 더하게 하시니라."(행 2:47)

당신의 교회에 출석하는 성도가 20명입니까? 그들이 1년에 100명씩 전도하고 양육한다면 어떻게 될까요? 1년 만에 2천 명이 됩니다. 2년 만에 4천 명이 됩니다. 오순절에는 하루에 3천 명, 5천 명의 영혼이 구원받았습니다. 그때의 성령님이나 지금의 성령님이나 동일하신 분입니다. 그러므로 성령님은 당신과 교회 성도들이 그 정도는 쉽게 전도할 수 있도록 모든 권능을 나타내십니다.

이것은 불가능하거나 어려운 일이 아닌 매우 쉬운 일입니다. 성령님이 하시기 때문입니다. "그가 이르시되 네가 나의 종이 되어 야곱의 지파들을 일으키며 이스라엘 중에 보전된 자를 돌아오게 할 것은 '매우 쉬운 일'이라. 내가 또 너를 이방의 빛으로 삼아 나의 구원을 베풀어서 땅 끝까지 이르게 하리라."(사 49:6)

매일 아침에 눈을 뜨면 이렇게 말씀드리십시오.

"성령님, 오늘도 전도할 문을 열어 주세요. 1년에 100명 이상 잃은 영혼을 전도하게 해주세요. 부탁합니다."

전략과 은사

셋째, 전략과 은사입니다.

전략이 먼저이고 은사가 그 다음에 주어집니다. 하나님은 모세에게 430년간 종 되었던 이스라엘 백성들을 구출하기 위한 전략을 주셨고 그 다음에 기적을 행하는 은사를 주셨습니다. 전략은 "모세야, 내가 너를 보낸다. 바로에게 가서 내 백성을 놓아 달라고 요청하면 오히려 그의 마음이 강퍅해질 것이다. 하지만 열 가지 재앙을 통해 단계적으로 압박하고 초토화하면 결국 놓아줄 것이다"였습니다.

은사는 "네가 말을 못한다고 핑계 대지 마라. 누가 사람의 입을 지었느냐? 내가 네 입에 할 말을 주겠다. 그리고 말 잘하는 아론을 붙여 주겠다. 네 손에 든 지팡이로 기적을 행하라"는 것입니다.

예수님도 제자들에게 구체적인 전략과 은사를 말씀하셨습니다.

그분의 전략은 "이에 열둘을 세우셨으니 이는 자기와 함께 있게 하시고"였고 은사는 "또 보내사 전도도 하며 귀신을 내쫓는 권능도 가지게 하려 하심이러라"였습니다.(막 3:14~15) 예수님의 전략은 11명이나 13명이 아닌 12명이었습니다. 예수님의 은사는 그들을 보내 전도하고 '귀신을 내쫓는 권능'을 가지게 하는 것이었습니다.

"12명이라고? 귀신을 내쫓는 권능이라고? 그런 게 뭐 필요해?"

그건 당신 생각입니다. 예수님에게 가서 그 질문을 해보십시오.

예수님은 솔로몬 왕보다 더 지혜로우신 분이고 천지를 창조하신 하나님이신데, 그분이 그렇게 전략과 은사를 정하셨습니다.

왜 예수님은 12명의 제자를 3년 동안 양육하셨을까요? 12는 '다스리며 섬기는 것'을 의미하는 숫자입니다. 성경에 나오는 1, 3, 7도 각각 의미가 있습니다. 12라는 숫자는 '이스라엘의 열두 지파, 엘리야의 열두 돌 쌓음, 솔로몬의 12장관 세움'에 등장합니다.

12라는 숫자가 등장하는 내용 몇 가지만 살펴볼까요.

첫째, 예수님이 그의 열두 제자를 불러 세우시고 더러운 귀신을 쫓고 모든 병과 모든 약한 것을 고치는 권능을 주셨습니다. "예수께서 그의 열두 제자를 부르사 더러운 귀신을 쫓아내며 모든 병과 모든 약한 것을 고치는 권능을 주시니라."(마 10:1)

둘째, 모세가 열두 기둥을 세웠습니다. "모세가 여호와의 모든 말씀을 기록하고 이른 아침에 일어나 산 아래에 제단을 쌓고 이스라엘 열두 지파대로 열두 기둥을 세우고……."(출 24:4)

셋째, 여호수아는 여호와의 명령을 따라 이스라엘 자손들의 지파의 수를 따라 돌 열둘을 택했습니다. "이스라엘 자손들이 여호수아가 명령한 대로 행하되 여호와께서 여호수아에게 이르신 대로 이스라엘 자손들의 지파의 수를 따라 요단 가운데에서 돌 열둘을 택하여 자기들이 유숙할 곳으로 가져다가 거기에 두었더라."(수 4:8)

넷째, 솔로몬은 나라를 잘 다스리기 위해 열두 명의 지방 장관을 세웠습니다. "솔로몬이 또 온 이스라엘에 열두 지방 관장을 두매 그 사람들이 왕과 왕실을 위하여 양식을 공급하되 각기 일 년에 한 달씩 양식을 공급하였으니……."(왕상 4:7)

다섯째, 엘리야는 열두 돌로 무너진 여호와의 제단을 수축했습니다. "엘리야가 모든 백성을 향하여 이르되 내게로 가까이 오라 백성이 다 그에게 가까이 가매 그가 무너진 여호와의 제단을 수축하되 야곱의 아들들의 지파의 수효를 따라 엘리야가 돌 열두 개를 취하니……."(왕상 18:30~31)

여섯째, 번제물도 열둘이 나옵니다. "또 번제물로 수송아지가 열두 마리요 숫양이 열두 마리요 일 년 된 어린 숫양이 열두 마리요 그 소제물이며 속죄제물로 숫염소가 열두 마리이며……."(민 7:87)

일곱째, 번제하는 바닥의 길이와 너비도 열두 척이었습니다. "열두째 해 열두째 달 초하루에 여호와의 말씀이 내게 임하여 이르시되…… 그 번제하는 바닥의 길이는 열두 척이요 너비도 열두 척이니 네모반듯하고……."(겔 32:1, 43:16)

여덟째, 천국에도 열둘이라는 수가 나옵니다. "크고 높은 성곽이 있고 열두 문이 있는데 문에 열두 천사가 있고 그 문들 위에 이름을 썼으니 이스라엘 자손 열두 지파의 이름들이라. 그 성의 성곽에는 열두 기초석이 있고 그 위에는 어린 양의 열두 사도의 열두 이름이 있더라. 그 열두 문은 열두 진주니 각 문마다 한 개의 진주로 되어 있고 성의 길은 맑은 유리 같은 정금이더라."(계 21:12, 14, 21)

성경은 '구원 받은 영혼들의 모임'인 교회를 세우는 것을 건축에 비유합니다. 모든 건축물은 기초 공사가 중요합니다. 성령님은 교회의 기초를 놓으실 때 '열둘'이라는 숫자를 즐겨 사용하십니다.

"너희도 성령 안에서 하나님이 거하실 처소가 되기 위하여 그리스도 예수 안에서 함께 지어져 가느니라."(엡 2:22)

사도 바울도 이런 전략으로 전도하고 양육했습니다.

바울이 에베소에 갔을 때 12명의 제자를 만났고 안수했습니다.

"아볼로가 고린도에 있을 때에 바울이 윗지방으로 다녀 에베소에 와서 어떤 제자들을 만나 이르되 너희가 믿을 때에 성령을 받았느냐 이르되 아니라 우리는 성령이 계심도 듣지 못하였노라 바울이 이르되 그러면 너희가 무슨 세례를 받았느냐 대답하되 요한의 세례니라 바울이 이르되 요한이 회개의 세례를 베풀며 백성에게 말하되 내 뒤에 오시는 이를 믿으라 하였으니 이는 곧 예수라 하거늘 그들이 듣고 주 예수의 이름으로 세례를 받으니 바울이 그들에게 안수하매 성령이 그들에게 임하시므로 방언도 하고 예언도 하니 모두 열두 사람쯤 되니라."(행 19:1~7)

바울이 회당에 들어가 석 달 동안 담대히 하나님 나라에 관하여 강론하며 권면했습니다. 그 반응은 어땠습니까? 매우 부정적이었고 실패였습니다. "바울이 회당에 들어가 석 달 동안 담대히 하나님 나라에 관하여 강론하며 권면하되 어떤 사람들은 마음이 굳어 순종하지 않고 무리 앞에서 이 도를 비방하거늘……."(행 19:8~9)

그러자 바울은 전략을 바꾸었습니다. "바울이 그들을 떠나 제자들을 따로 세우고, 두란노 서원에서 날마다 강론하니라."(행 19:9)

그 결과가 어땠습니까? "두 해 동안 이같이 하니 아시아에 사는 자는 유대인이나 헬라인이나 다 주의 말씀을 듣더라."(행 19:10)

그 다음에 바울에게서 놀라운 성령의 은사가 나타납니다.

"하나님이 바울의 손으로 놀라운 능력을 행하게 하시니 심지어 사람들이 바울의 몸에서 손수건이나 앞치마를 가져다가 병든 사람

에게 얹으면 그 병이 떠나고 악귀도 나가더라."(행 19:11~12)

당신도 '전략과 은사'를 통해 많은 영혼을 구원하기 바랍니다.

성령님은 전략과 은사의 영이십니다.

위임과 확인

넷째, 위임과 확인입니다.

당신은 모든 일을 대담하게 위임하고 꼼꼼히 확인합니까?

어떤 일이든 위임하고 확인해야 합니다. 위임하지 않으면 당신이 평생 그 일을 해야 합니다. 확인하지 않으면 당신이 모든 책임을 져야 합니다. '위임과 확인'은 절대적으로 필요하고 중대합니다.

당신이 아무리 요리와 설거지, 청소와 관리를 잘한다고 할지라도 위임하지 않으면 당신 혼자서 평생 그 일을 해야 합니다. 당신은 더 성장하거나 더 큰 일을 할 수 없고 그 자리에서 맴돌게 됩니다.

"나만 최고야. 나 말고는 이 일을 잘할 수 있는 사람이 없어."

그렇게 말하는 당신은 중간입니다. 진짜 최고는 위임하는 사람입니다. 예수님은 자신이 잘하는 일을 제자들에게 위임하셨습니다.

"이에 열둘을 세우셨으니 이는 자기와 함께 있게 하시고 또 보내사 전도도 하며 귀신을 내쫓는 권능도 가지게 하려 하심이러라."

그분은 12제자에게 전도와 축사를 위임하셨고 70인의 제자들에게도 위임하셨습니다. 나아가 120명과 수천 명의 제자들에게 위임하셨고 당신에게까지 위임하셨습니다. "너희는 온 천하에 다니며 만민에게 복음을 전파하라. 내 이름으로 귀신을 쫓아내라."

예수님을 내 안에 모시고 살면서 내 인생에 예수 그리스도의 형상을 나타내고 그것을 재생산하고 또 재생산하는 것이 위임입니다.

"내가 다 해야 돼. 그래야 완벽하게 통제하고 다스릴 수 있어."

그러면 항상 작은 생각과 말과 일만 하게 될 것입니다. 한 사람이 온전히 다스리고 섬길 수 있는 숫자는 한계가 있기 때문입니다.

그래서 많은 목회자들이 이렇게 말합니다.

"교회는 100명 정도가 가장 적당해. 그 이상은 돌볼 수 없어."

목회자 혼자서 모든 것을 통제하고 다스리고 섬기려 하기 때문입니다. 한 사람에게 12명씩 다스리며 섬기도록 위임해야 합니다.

전도와 양육에 있어 위임과 확인의 원리를 실천해야 합니다.

한 사람이 다스리고 섬기는데 가장 좋은 숫자는 12명입니다.

한 사람의 리더가 12명을 양육하면 12명이 됩니다. 그 12명이 또 12명씩 양육하면 144명이 됩니다. 그 144명이 12명씩 양육하면 1,728명이 됩니다. 그 1,728명이 12명씩 양육하면 20,736명이 됩니다. 그 20736명이 12명씩 양육하면 248,832명이 됩니다. 그 248,832명이 12명씩 양육하면 2,985,984명이 됩니다. 6번 만에 300만 명이 되는 것입니다. 놀랍지 않습니까? 이것이 제자 양육입니다. 사람들은 이러한 전도와 양육을 이해하지 못하기 때문에 '제자 훈련'을 각종 프로그램처럼 무작정 시도했다가 얼마 후에 "별거 없네"라며 포기하는 것입니다. 이것은 전도와 양육의 위임입니다.

당신은 성령님과 함께 잃은 영혼을 대상으로 전도하고 양육해야 합니다. 하나님의 뜻은 당신이 다른 사람이 세운 50명, 100명이 모이는 교회에 가서 그들을 붙들고 평생 앞뒤로 구르며 전쟁놀이하거나 정치 싸움하는 것이 아닙니다. 더 큰 꿈을 가져야 합니다.

잃은 영혼에 대한 눈이 활짝 떠져야 합니다.

어항 속 물고기를 옮기듯 다른 교회 일꾼들이 오기를 바라지 말고 넓은 바다로 가서 큰 그물을 던져야 합니다. 바울은 남의 터 위에 건축하지 않겠다고 결심했습니다. "또 내가 그리스도의 이름을 부르는 곳에는 복음을 전하지 않기를 힘썼노니 이는 남의 터 위에 건축하지 아니하려 함이라."(롬 15:20) 아직 예수를 구주로 믿지 않는 영혼이 50억이 넘습니다. 그들에게 가서 전도해야 합니다. 전도하지 않으면 전도 당합니다. 천국은 침노하는 자의 것입니다.

교회는 단순히 종교적인 교세나 건물이 아닙니다. 예수 이름을 믿는 영혼들의 모임입니다. 그러므로 영혼 구원의 꿈, 구체적인 목적과 목표 설정, 전략과 은사 등을 통해 한 영혼 한 영혼에게 다가가 전도하고 양육하며 교회를 세워 나가야 합니다. 날마다 구원 받는 영혼의 숫자가 더해져야 합니다. 예수님은 전도하러 오셨고 예수의 영이신 성령님도 전도하러 오셨습니다. 그러므로 우리는 매일 성령님께 이렇게 말씀드리므로 도움을 구하며 전도해야 합니다.

"성령님, 전도할 문을 열어 주세요."

온전한 복음과 온전한 사역

다섯째, 온전한 복음과 온전한 사역입니다.

예수님은 만나는 사람마다 온전한 사람으로 만드셨습니다.

그분은 성령님과 함께 모든 사람을 온전케 하는 사역을 하셨습니다. 예수님은 자신이 자라나신 곳 나사렛에 이르러 안식일에 늘 하시던 대로 회당에 들어가서 성경을 읽으려고 서셨습니다. 선지자 이사야의 책을 펴서 이렇게 기록된 데를 찾아 읽으셨습니다.

"주의 성령이 내게 임하셨으니 이는 가난한 자에게 복음을 전하게 하시려고 내게 기름을 부으시고 나를 보내사 포로 된 자에게 자유를, 눈 먼 자에게 다시 보게 함을 전파하며 눌린 자를 자유롭게 하고 주의 은혜의 해를 전파하게 하려 하심이라."(눅 4:18~19)

이것은 곧 가난한 자와 포로 된 자와 눈 먼 자와 눌린 자를 온전한 사람으로 만드는 것이었습니다. 예수님은 단순히 사람들의 죄만 용서하고 이 땅에서는 죽도록 고생하다가 나중에 천국에 오라고 하신 것이 아닙니다. 그분은 천국 복음을 전하며 귀신을 쫓아내고 병든 자를 고치며 그들을 온전케 하셨습니다. 군대 귀신 들린 자가 예수님을 만난 후에는 고침을 받고 정신이 온전해졌습니다. "예수께 이르러 그 귀신 들렸던 자 곧 군대 귀신 지폈던 자가 옷을 입고 '정신이 온전하여' 앉은 것을 보고 두려워하더라."(막 5:15)

사도 바울도 말하기를 "평강의 하나님이 친히 너희를 온전히 거룩하게 하시고 또 너희의 온 영과 혼과 몸이 우리 주 예수 그리스도께서 강림하실 때에 흠 없게 보전되기를 원하노라"(살전 5:23)고 했습니다. 하나님은 우리의 온 영과 혼과 몸이 흠 없게 보전되기를 원하시며 이것이 하나님의 형상을 회복한 온전한 사람의 모습입니다.

'온전한 복음'은 무엇입니까? 예수님이 우리의 죄와 목마름과 병과 가난과 어리석음과 징계와 죽음을 다 짊어지고 십자가에서 피와 땀과 눈물을 흘리며 값을 다 지불하고 "다 이루었다"(요 19:30)고 외친 후에 죽으셨다는 것입니다. 그분은 죄가 없는 하나님의 아들이시므로 죽은 지 사흘 만에 부활하셨습니다. "믿기만 하라"(눅 8:50)고 했습니다. 그분을 믿는 자는 죄를 사함 받고, 성령으로 거듭나 하나님의 자녀 곧 새로운 피조물이 되고, 그리스도 안에서 의와 성령 충만과 건강과 부요와 지혜와 평화와 생명을 얻게 됩니다. 생명을 얻되 더 풍성히 얻게 되는 것입니다. 천국같이 살다가 천국으로 가게 됩니다. 이것이 온전한 복음입니다. 온전한 복음을 믿으면 온전한 사람이 되고 온전한 가정, 가문, 민족이 됩니다. 온전한 복음을 담으면 온전한 책이 되고 온전한 복음으로 설교하면 온전한 설교가 됩니다. 그렇지 않은 것은 상하고 부패한 것입니다. 부패한 마음과 믿음이 있습니다. "얀네와 얌브레가 모세를 대적한 것 같이 그들도 진리를 대적하니 이 사람들은 그 마음이 부패한 자요 믿음에 관하여는 버림받은 자들이라. 이단에 속한 사람을 한두 번 훈계한 후에 멀리하라. 이러한 사람은 네가 아는 바와 같이 부패하여 스스로 정죄한 자로서 죄를 짓느니라."(딤후 3:8, 딛 3:10~11)

온전한 마음과 믿음을 가져야 합니다. '온전한'이란 말을 꼭 기억하십시오. 하나님은 온전한 복음, 온전한 은혜, 온전한 믿음, 온전한 순종, 온전한 제물, 온전한 십일조, 온전한 사랑, 온전한 은사, 온전한 성품을 원하십니다. 온전한 성품은 성령의 아홉 가지 열매가 맺히는 것 곧 하나님의 성품을 가리킵니다. "오직 성령의 열매는 사랑과 희락과 화평과 오래 참음과 자비와 양선과 충성과 온유와

절제니 이같은 것을 금지할 법이 없느니라."(갈 5:22~23)

"온전한 복음, 온전한 믿음, 온전한 사람, 온전한 가정, 온전한 부모,
온전한 자녀, 온전한 가문, 온전한 사역, 온전한 성품, 온전한 몸, 온전
한 설교, 온전한 예언, 온전한 교회, 온전한 선교, 온전한 기업, 온전한
관계, 온전한 우정, 온전한 신뢰, 온전한 인내, 온전한 책임, 온전한 은
혜, 온전한 교육, 온전한 훈련, 온전한 책, 온전한 강연, 온전한 순종,
온전한 사랑, 온전한 성경공부교재, 온전한 성경공부모임."

놀랍지 않습니까? 온전한 음식이 아니면 상한 것이고 먹지 못합
니다. 온전한 음식이 아닌데 먹으면 몸이 상하고 큰 병이 생깁니다.
나는 모든 사람에게 분명히 경고합니다.
"온전한 복음이 빠진 책과 강연, 설교와 교회, 만남과 모임 등의
상한 리더십을 따라가면 당신의 영혼이 식중독에 걸려 중태에 빠질
수도 있고 죽을 수도 있다. 그런 것을 삼가 조심하고 멀리 하라."
"할례를 받아야 구원을 받는다"고 말하는 자들이나 "온갖 고행과
도를 닦음으로 의로워진다"고 가르치는 율법주의 교사들을 멀리 하
고 그들의 가르침을 삼가야 합니다. 그들은 개와 같습니다.
"개들을 삼가고 행악하는 자들을 삼가고 몸을 상해하는 일을 삼
가라. 하나님의 성령으로 봉사하며 그리스도 예수로 자랑하고 육체
를 신뢰하지 아니하는 우리가 곧 할례파라."(빌 3:2~3)
온전한 복음을 전하며 가르치는 교회, 온전한 복음으로 가정과
가문, 민족을 코치하는 온전한 지도자를 만나는 것이 가장 큰 만남

의 축복입니다. 그런 만남의 복을 사모하며 간구하기 바랍니다.

당신이 온전한 복음이 담긴 이 책을 만난 것도 큰 복입니다.

다스리며 섬기기

여섯째, 다스리며 섬기기입니다.

당신은 어떤 리더십을 더 좋아합니까? 성경에는 아브라함, 이삭, 야곱, 요셉, 모세, 여호수아, 다윗, 솔로몬, 이사야, 예레미야, 느헤미야, 바울, 베드로 등 수많은 사람이 나오지만 나는 예수님의 리더십을 가장 좋아합니다. 예수님의 리더십은 과연 어떤 것일까요?

예수님의 리더십은 '다스리며 섬기는 것'입니다. 섬기며 다스리는 것이 아닙니다. "먼저 그의 나라와 그의 의를 구하라. 그러면 다른 모든 것을 더하신다"고 한 것처럼 우선순위는 매우 중요합니다. 우선순위를 바꾸는 것은 오뚝이를 거꾸로 세우려는 것과 같습니다.

모든 일에는 우선순위가 있고 그것을 따라야 합니다.

하나님은 우리에게 "너희가 먼저 해야 할 일을 먼저 하라. 그러면 내가 이렇게 해주겠다"고 하셨습니다. "주 예수를 믿으라, 그러면 너와 네 집이 구원을 얻으리라"는 말씀도 구원에 있어 우선순위를 말하고 있습니다. 우선순위가 바뀌면 올바른 리더십을 발휘할 수 없고 사람들에게 휘둘리며 쩔쩔 매게 됩니다. 아래의 성경 구절을 자세히 읽어보십시오. '사자와 어린 양'이 순서대로 등장합니다.

"장로 중의 한 사람이 내게 말하되 울지 말라. '유대 지파의 사자'

다윗의 뿌리가 이겼으니 그 두루마리와 그 일곱 인을 떼시리라 하더라. 내가 또 보니 보좌와 네 생물과 장로들 사이에 '한 어린 양'이 서 있는데 일찍이 죽임을 당한 것 같더라. 그에게 일곱 뿔과 일곱 눈이 있으니 이 눈들은 온 땅에 보내심을 받은 하나님의 일곱 영이더라. 그 어린 양이 나아와서 보좌에 앉으신 이의 오른손에서 두루마리를 취하시니라."(계 5:5~7)

첫째, "유대 지파의 사자 다윗의 뿌리가 이겼으니"라고 했는데, 이는 사자처럼 강하게 다스리는 왕적인 예수님을 말합니다.

둘째, "한 어린 양이 서 있는데 일찍이 죽임을 당한 것 같더라"고 했는데 이는 세상 죄를 지고 가는 한 어린 양으로서 죽기까지 순종하고 충성하며 섬기는 종의 모습을 지닌 예수님을 말합니다.

당신은 다스리는 리더십, 섬기는 리더십 중에 어떤 리더십을 더 좋아합니까? 한 가지만 좋아하지 말고 둘 다 좋아해야 합니다.

이것도 순서가 중요합니다. 마귀에게 속아 순서를 바꾸면 리더십이 엉망이 됩니다. 마귀는 말합니다. "이놈들이 성경에서 리더십에 대한 것을 발견하고 나름대로 정립했구먼. 하지만 내가 순서만 바꾸면 전혀 다른 결과물을 얻게 될 거야. 엉망이 되고 말아."

리더십의 순서를 바꾸면 아무리 노력해도 마귀에게 당합니다. 하나님의 종이 아닌 사람의 종이 됩니다. 사람이 두려워서 아무것도 못하게 됩니다. 머리가 쭈뼛 서고 손가락 하나 꼼짝 못하게 됩니다.

"섬기며 다스리기."
"다스리며 섬기기."

첫째가 아닌 둘째입니다. 온전한 리더십은 '다스리며 섬기는 것'입니다. 하나님의 말씀은 순서가 중요합니다. 율법주의 신앙도 순서를 바꾸었기 때문에 생긴 것입니다. "생수의 강을 따라 기도하라"는 복음이지만 "기도하면 생수의 강이 흐른다"는 율법입니다. 똑같이 오래 기도하지만 열매는 완전히 달라집니다. 생수의 강을 따라 기도하면 행복과 감사의 단물이 나오지만 기도해서 생수의 강을 얻으려고 하면 불행과 원망의 쓴물이 나옵니다. 복음은 '예수의 피와 땀과 눈물' 곧 하나님의 의를 내세우지만 율법은 '나의 피와 땀과 눈물' 곧 인간의 의를 내세웁니다. 복과 저주로 갈라집니다.

이처럼 리더십에도 순서가 중요하며, 순서를 바꾸면 오뚝이를 거꾸로 세우려는 것과 같고 마차가 말을 끌려는 것과 같아집니다. 마귀는 하나님의 말씀에서 중간 고리를 바꾸든지, 끝을 바꿉니다. 그런 온 천하를 꿰는 마귀의 '궤사'(말씀의 중간을 구부리며 속이는 것)와 '간계'(말씀의 끝을 바꾸어 속이는 것)에 속지 말아야 합니다.

예수님의 리더십은 결코 '섬기며 다스리는 것'이 아닙니다. 오직 '다스리며 섬기는 것'입니다. 당신도 다스리며 섬겨야 합니다.

다스리지 못하면 모든 사람이 두려워집니다. 어린 아이가 태어나도 두렵고 노인이 지나가도 두렵습니다. 사람이 두려워서 아무것도 못합니다. 사람을 두려워하지 마십시오. "이르시되 너희를 위로하는 자는 나 곧 나이니라. 너는 어떠한 자이기에 죽을 사람을 두려워하며 풀 같이 될 사람의 아들을 두려워하느냐?"(사 51:12)

골리앗 같은 사람 때문에 두렵습니까? "이스라엘 모든 사람이 그 사람을 보고 심히 두려워하여 그 앞에서 도망하며."(삼상 17:24) 하지만 어린 다윗은 왕적인 기름 부으심이 있었기 때문에 골리앗을 조금도 두려워하지 않았고 그를 다스리기 시작했습니다. 다윗은 사울에게 말했습니다. "그로 말미암아 사람이 낙담하지 말 것이라."

당신이 하나님의 종이라면 다윗처럼 말해야 합니다.

"다윗이 사울에게 말하되 그로 말미암아 사람이 낙담하지 말 것이라. 주의 종이 가서 저 블레셋 사람과 싸우리이다 하니 사울이 다윗에게 이르되 네가 가서 저 블레셋 사람과 싸울 수 없으리니 너는 소년이요 그는 어려서부터 용사임이니라. 다윗이 사울에게 말하되 주의 종이 아버지의 양을 지킬 때에 사자나 곰이 와서 양 떼에서 새끼를 물어 가면 내가 따라가서 그것을 치고 그 입에서 새끼를 건져내었고 그것이 일어나 나를 해하고자 하면 내가 그 수염을 잡고 그것을 쳐죽였나이다. 주의 종이 사자와 곰도 쳤은즉 살아 계시는 하나님의 군대를 모욕한 이 할례 받지 않은 블레셋 사람이리이까 그가 그 짐승의 하나와 같이 되리이다. 또 다윗이 이르되 여호와께서 나를 사자의 발톱과 곰의 발톱에서 건져내셨은즉 나를 이 블레셋 사람의 손에서도 건져내시리이다. 사울이 다윗에게 이르되 가라 여호와께서 너와 함께 계시기를 원하노라."(삼상 17:32~37)

사울은 멋진 군복과 놋 투구와 칼이 있어도 골리앗을 다스리지 못했지만 다윗은 손에 막대기 하나만 갖고도 그를 다스렸습니다.

"이에 사울이 자기 군복을 다윗에게 입히고 놋 투구를 그의 머리에 씌우고 또 그에게 갑옷을 입히매 다윗이 칼을 군복 위에 차고는 익숙하지 못하므로 시험적으로 걸어 보다가 사울에게 말하되 익숙하지 못하니 이것을 입고 가지 못하겠나이다 하고 곧 벗고 손에 막대기를 가지고 시내에서 매끄러운 돌 다섯을 골라서 자기 목자의 제구 곧 주머니에 넣고 손에 물매를 가지고 블레셋 사람에게로 나아가니라. 블레셋 사람이 방패 든 사람을 앞세우고 다윗에게로 점점 가까이 나아가니라. 그 블레셋 사람이 둘러보다가 다윗을 보고 업신여기니 이는 그가 젊고 붉고 용모가 아름다움이라."(삼상 17:38~42)

골리앗이 '악신의 이름으로' 다윗을 조롱하며 저주했습니다.

"블레셋 사람이 다윗에게 이르되 네가 나를 개로 여기고 막대기를 가지고 내게 나아왔느냐 하고 그의 신들의 이름으로 다윗을 저주하고 그 블레셋 사람이 또 다윗에게 이르되 내게로 오라 내가 네 살을 공중의 새들과 들짐승들에게 주리라 하는지라."(삼상 17:43~44)

다윗은 오히려 '만군의 여호와의 이름으로' 골리앗을 공격했습니다. 다스리는 사람은 가만히 당하지 않고 일어나 공격합니다.

"다윗이 블레셋 사람에게 이르되 너는 칼과 창과 단창으로 내게 나아오거니와 나는 만군의 여호와의 이름 곧 네가 모욕하는 이스라엘 군대의 하나님의 이름으로 네게 나아가노라. 오늘 여호와께서 너를 내 손에 넘기시리니 내가 너를 쳐서 네 목을 베고 블레셋 군대의 시체를 오늘 공중의 새와 땅의 들짐승에게 주어 온 땅으로 이스라엘에 하나님이 계신 줄 알게 하겠고 또 여호와의 구원하심이 칼과 창에 있지 아니함을 이 무리에게 알게 하리라. 전쟁은 여호와께 속한 것인즉 그가 너희를 우리 손에 넘기시리라."(삼상 17:45~47)

전쟁은 여호와께 속한 것입니다. 사람을 조금도 두려워할 필요가 없습니다. 두려워 떨며 가만히 있지 말고 일어나 공격해야 합니다.

모든 전쟁은 공격해야 이깁니다. 어떤 전쟁도 방어만 해서는 이길 수 없고 결국 패배하고 초토화되고 끝납니다. 다윗은 일어나 골리앗을 향해 빨리 달리며 순식간에 돌을 던지며 공격했습니다.

"블레셋 사람이 일어나 다윗에게로 마주 가까이 올 때에 다윗이 블레셋 사람을 향하여 빨리 달리며 손을 주머니에 넣어 돌을 가지고 물매로 던져 블레셋 사람의 이마를 치매 돌이 그의 이마에 박히니 땅에 엎드러지니라."(삼상 17:48~49)

다윗은 공격했기 때문에 이겼습니다. 당신도 공격해야 합니다.

당신에게 물매와 돌뿐이라도 그것을 들고 일어나 대담하게 마귀의 종들을 공격하기 시작하십시오. 그러면 소리 지르는 적수보다 더 강한 권능 곧 '하나님의 초자연적인 힘'이 나타날 것입니다.

전쟁을 끝내려면 칼로 적수의 머리를 베어야 합니다. 다윗이 적수를 쳐 죽이고 그의 머리를 베자 전쟁이 끝났습니다. "다윗이 이같이 물매와 돌로 블레셋 사람을 이기고 그를 쳐죽였으나 자기 손에는 칼이 없었더라. 다윗이 달려가서 블레셋 사람을 밟고 그의 칼을 그 칼집에서 빼내어 그 칼로 그를 죽이고 그의 머리를 베니 블레셋 사람들이 자기 용사의 죽음을 보고 도망하는지라."(삼상 17:50~51)

이러한 다윗의 모습은 십자가에서 마귀의 목을 베신 예수 그리스도의 모습입니다. "통치자들과 권세들을 무력화하여 드러내어 구경거리로 삼으시고 십자가로 그들을 이기셨느니라."(골 2:15) 예수님은 "사람이 먼저 강한 자를 결박하지 않고는 그 강한 자의 집에 들어가 세간을 강탈하지 못하리니 결박한 후에야 그 집을 강탈하리라"(막 3:27)고 말씀하셨습니다. 강한 자 곧 마귀를 결박하십시오.

이스라엘 군대는 블레셋 사람들을 쫓아가 모두 쳐서 초토화시켰습니다. 당신도 그렇게 해야 합니다. 영적 전쟁에서 마귀의 부하들은 귀신들입니다. 귀신을 추격해서 완전히 쫓아내야 합니다.

"이스라엘과 유다 사람들이 일어나서 소리 지르며 블레셋 사람들을 쫓아 가이와 에그론 성문까지 이르렀고 블레셋 사람들의 부상자들은 사아라임 가는 길에서부터 가드와 에그론까지 엎드러졌더라. 이스라엘 자손이 블레셋 사람들을 쫓다가 돌아와서 그들의 진영을 노략하였고……."(삼상 17:52~53)

다윗은 골리앗의 머리를 예루살렘으로 가져갔고 갑주는 자기 장막에 두었습니다. "다윗은 그 블레셋 사람의 머리를 예루살렘으로 가져가고 갑주는 자기 장막에 두니라."(삼상 17:52~54)

당신도 지금 전쟁 중입니까? 그 전쟁이 끝나고 평화를 얻기 원하십니까? 사울처럼 두려워 떨며 가만히 있지 말고 다윗처럼 일어나 공격하십시오. 예수님처럼 '성령을 힘입어' 귀신을 쫓아내십시오.

"그러나 내가 하나님의 성령을 힘입어 귀신을 쫓아내는 것이면 하나님의 나라가 이미 너희에게 임하였느니라."(마 12:28)

마귀와 싸우기 위해 하나님의 전신 갑주를 입으십시오. "끝으로 너희가 주 안에서와 그 힘의 능력으로 강건하여지고 마귀의 간계를 능히 대적하기 위하여 하나님의 전신 갑주를 입으라."(엡 6:10~11)

씨름 중입니까? 씨름은 밀어서 넘어뜨리는 싸움입니다. 아무리 힘센 천하장사라도 가만히 있으면서 계속 공격만 받으면 결국 밀리고 싸움에 집니다. 어떤 씨름도 방어가 아닌 공격을 해야 이깁니다.

마귀를 대적하는 것, 귀신을 내쫓는 것, 하나님의 전신 갑주를 취하는 것은 하나님이 해주시는 것이 아닌 당신이 해야 할 일입니다.

"우리의 씨름은 혈과 육을 상대하는 것이 아니요 통치자들과 권세들과 이 어둠의 세상 주관자들과 하늘에 있는 악의 영들을 상대함이라. 그러므로 하나님의 전신 갑주를 취하라."(엡 6:12~13)

가만히 참고 있으면 문제가 해결되는 것이 아닙니다. 당신과 교회, 가정과 사업을 흔드는 마귀를 예수 그리스도의 이름으로 대적해야 합니다. 그래야 마귀가 당신을 피합니다. 왜 당신이 마귀를 피합니까? 피하지 말고 대적하십시오. 왜 마귀를 두려워합니까? 마귀는 우는 사자가 아닌 원숭이 새끼와 같습니다. 마귀를 대적하면 무서워서 당신을 피할 것입니다. "그런즉 너희는 하나님께 복종할지어다. 마귀를 대적하라. 그리하면 너희를 피하리라."(약 4:7)

어떤 사람은 이 말씀과 반대로 합니다. 마귀의 종이 두려워서 피하고 그들의 말을 듣고 복종합니다. 그리고 하나님께 대듭니다.

"하나님, 왜 이런 일이 생겼습니까? 이럴 수가 있습니까?"

하나님께 복종하고 마귀를 대적하십시오.

어떤 상황이 와도 두려워하지 말고 다스리십시오.

골리앗을 쳐죽이므로 큰 승리를 얻은 다윗은 사울 왕의 독한 시기를 피해 아둘람 굴로 피했습니다. 거기서도 다윗은 다스려야 했습니다. 그곳에 누가 왔습니까? 그의 형제와 아버지의 온 집이 왔습니다. "그러므로 다윗이 그 곳을 떠나 아둘람 굴로 도망하매 그의 형제와 아버지의 온 집이 듣고 그리로 내려가서 그에게 이르렀고 환난 당한 모든 자와 빚진 모든 자와 마음이 원통한 자가 다 그에게로 모였고 그는 그들의 우두머리가 되었는데 그와 함께 한 자가 사백 명 가량이었더라."(삼상 22:1~2)

다윗은 이새의 여덟 번째, 막내아들이었습니다. 그런 그가 형들을 다스려야 했고 아버지의 온 집을 다스려야 했습니다. 당신은 누가 두렵습니까? 형들이 두렵습니까? 아버지의 온 집이 두렵습니까? 사람이 두려우면 사람의 종입니다. 조금도 두려워하지 마십시오.

주님께서 지금 당신에게 말씀하십니다.

"조금도 두려워하지 마라."

그뿐 아닙니다. 환난 당한 모든 자와 빚진 모든 자와 마음이 원통한 자가 다 다윗에게로 모였고 그는 '그들의 우두머리'가 되었습니다. 우두머리란 '다스리는 자'란 말입니다. 그와 함께 한 자가 사백 명 가량이었습니다. 다윗은 그들을 조금도 두려워하지 않았고 모두 다스렸습니다. 더 정확하게 말하면, 다스리며 섬겼습니다. "또 그의 종 다윗을 택하시되 양의 우리에서 취하시며 젖양을 지키는 중에서 그들을 이끌어 내사 그의 백성인 야곱, 그의 소유인 이스라엘을 기르게 하셨더니 이에 그가 그들을 자기 마음의 완전함으로 기르고 그의 손의 능숙함으로 그들을 지도하였도다."(시 78:70~72)

다윗은 아둘람 굴에 들어온 400명을 교육하며 코치했고, 다스리며 섬겼습니다. 온전한 리더십으로 일꾼을 키워 낸 것입니다.

다윗처럼 다스리는 '왕의 리더십'은 어떤 것일까요?

"잘 걸으며 위풍 있게 다니는 것 서넛이 있나니 곧 짐승 중에 가장 강하여 아무 짐승 앞에서도 물러가지 아니하는 사자와 사냥개와 숫염소와 및 당할 수 없는 왕이니라."(잠 30:29~31)

사자처럼 잘 걸으며 위풍 있게 다녀야 합니다. 리더십은 걷는 것에서부터 시작됩니다. 한걸음씩 길을 걷는 모습에서 벌써 그 사람이 어떤 존재인지 그 냄새와 기운을 풍깁니다. 참새처럼 폴짝거리거나 생쥐처럼 발발거리거나 토끼처럼 총총거리지 마십시오.

가슴을 펴고 당당하게 천천히 여유롭게 걸으십시오.

사자는 짐승 중에 가장 강하여 아무 짐승 앞에서도 물러가지 않습니다. 조금도 물러가지 마십시오. 유대 지파의 사자이신 예수님도 그랬습니다. 예수님은 왕과 총독과 관원들, 제사장들과 바리새인들과 서기관들과 율법사들 앞에서 물러가지 않으셨습니다. 예수님은 헤롯 왕 앞에서도 당당하셨고 빌라도 앞에서도 위풍 있게 말하고 행동하셨습니다. "빌라도가 묻되 네가 유대인의 왕이냐 예수께서 대답하여 이르시되 네 말이 옳도다 하시매……."(막 15:2)

예수님은 만왕의 왕이셨습니다. 그분은 통치자이십니다. 이사야는 아기 예수님의 탄생에 대해 예언했습니다. "이는 한 아기가 우리에게 났고 한 아들을 우리에게 주신 바 되었는데 그의 어깨에는 정사를 메었고 그의 이름은 기묘자라, 모사라, 전능하신 하나님이라, 영존하시는 아버지라, 평강의 왕이라 할 것임이라."(사 9:6)

그분의 어깨에는 정사를 메었는데 '통치자'라는 뜻입니다.

그분의 이름은 "기묘자, 모사"인데 이 말은 '위대한 스승, 놀라운 조언자, 기이한 전략가'라는 뜻입니다. 그분은 전능하신 하나님이시며 영원히 계시는 아버지이며 평강의 왕이십니다. 이 모든 것은 하나님의 어린 양 곧 섬기는 종의 모습이 아닌 짐승 중에 가장 강한 사자 곧 다스리는 왕의 모습입니다. 예수님은 다스리는 분이십니다.

그런 예수님이 당신 안에 들어와 계십니다. "예수 그리스도께서 너희 안에 계신 줄을 너희가 스스로 알지 못하느냐?"(고후 13:5)

그러므로 예수님과 함께 왕처럼 다스려야 합니다.

또한 예수님은 하나님의 어린 양으로 섬기는 분이십니다.

여기서도 '하나님의 어린 양'이지 '사람의 어린 양'이 아닙니다.

사람 앞에서 두려워서 떨며 놀라고 움츠리는 양이 아닙니다. 그분은 오직 하나님의 어린 양으로서 인류의 모든 죄와 저주를 짊어지고 십자가에 달려 피 흘려 죽으셨고 사흘 만에 부활하셨습니다.

당신은 혹시 사람 앞에서 두려워 떠는 사람의 어린 양이 아닙니까? 그것은 하나님이 원하시는 참된 리더십의 모습이 아닙니다.

하나님은 당신이 사람 앞에서 사자처럼 강하고 담대하기를 원하십니다. "의인은 사자 같이 담대하니라."(잠 28:1)

당신은 사람들의 종이 아닌 하나님의 종입니다.

"너는 나의 종이라. 내가 너를 택하고 싫어하여 버리지 아니하였다 하였노라. 두려워하지 말라. 내가 너와 함께 함이라 놀라지 말라. 나는 네 하나님이 됨이라 내가 너를 굳세게 하리라. 참으로 너를 도와주리라. 참으로 나의 의로운 오른손으로 너를 붙들리라. 보라 네게 노하던 자들이 수치와 욕을 당할 것이요 너와 다투는 자들이 아무것도 아닌 것 같이 될 것이며 멸망할 것이라. 네가 찾아도 너와 싸우던 자들을 만나지 못할 것이요 너를 치는 자들은 아무것도 아닌 것 같고 허무한 것 같이 되리니 이는 나 여호와 너의 하나님이 네 오른손을 붙들고 네게 이르기를 두려워하지 말라. 내가 너를 도우리라 할 것임이니라. 버러지 같은 너 야곱아, 너희 이스라엘 사람들아 두려워하지 말라. 나 여호와가 말하노니 내가 너를 도울 것이라. 네 구속자는 이스라엘의 거룩한 이이니라. 보라, 내가 너를 이가 날카로운 새 타작기로 삼으리니 네가 산들을 쳐서 부스러기를 만들 것이며 작은 산들을 겨 같이 만들 것이라."(사 41:9~15)

하나님이 당신을 이가 날카로운 새 타작기로 삼으셨습니다.

당신은 모든 것을 다스리는 예수님의 리더십을 가졌습니다.

모든 것을 지배하고 정복하고 다스리십시오.

사람을 조금도 두려워하지 마십시오.

인정과 칭찬하기

일곱째, 인정과 칭찬하기입니다.

당신은 인정하고 칭찬하기를 좋아하십니까?

"여자는 자기를 사랑하는 사람을 위해 죽고 남자는 자기를 인정해 주는 사람을 위해 죽는다"는 말이 있습니다. 나는 내 주위에 있는 친구를 비롯해서 많은 사람들을 인정하고 칭찬해 줍니다.

"친구야, 내 대신 탄자니아에 가서 선교해 주니 고맙다."

"친구야, 내 대신 시골에 가서 목회해 주니 고맙다."

"와, 정말 대단해. 잘했다."

이렇게 나와 다른 그들을 인정하고 존중하고 칭찬합니다.

내가 먼저 인정하고 칭찬해야 남도 나를 인정하고 칭찬합니다.

예수님이 말씀하셨습니다. "그러므로 무엇이든지 남에게 대접을 받고자 하는 대로 너희도 남을 대접하라. 이것이 율법이요 선지자니라."(마 7:12) 그렇습니다. 인정받고 싶으면 당신이 먼저 남을 인정해야 합니다. 남을 무시하고 짓밟으면 당신도 그렇게 됩니다. "책망하고 꾸짖어야 하지 않나요? 인정하고 칭찬하면 교만해져요."

그렇지 않습니다. 하나님도 인정하고 칭찬받기를 좋아하십니다.

물론 하나님께는 칭찬이라는 말보다는 "송축한다. 찬미한다"는 표현을 씁니다. 하나님은 당신에게 인정받고 칭찬받기를 좋아하십니다. 하나님은 "나를 존중히 여기는 자를 내가 존중히 여기고 나를 멸시하는 자를 내가 경멸하리라"(삼상 2:30)고 말씀하셨습니다.

우리는 먼저 주 예수 그리스도의 은혜와 하나님의 사랑과 성령의 교통하신에 대해 인정하고 칭찬해야 합니다. 이것은 축도할 때 많이 쓰는 말입니다. "주 예수 그리스도의 은혜와 하나님의 사랑과 성령의 교통하심이 너희 무리와 함께 있을지어다."(고후 13:13)

첫째, 주 예수 그리스도의 은혜를 인정하고 칭찬해야 합니다.

예수님이 당신 대신 십자가에서 '피와 땀과 눈물'을 다 쏟으며 죽으셨습니다. 주 예수 그리스도를 믿음으로 의와 성령 충만과 건강과 부요와 지혜와 평화와 생명을 얻게 되었습니다. 이 얼마나 놀라운 은혜입니까? 하나님이 보시기에 당신의 가치는 하나님 자신의 가치와 같았습니다. 그래서 천천만만의 황소와 염소의 피도 아니고 은과 금도 아니고 보배로운 예수 그리스도의 피로 당신을 속량하신 것입니다. 당신의 존재 가치는 예수 그리스도의 가치와 같습니다.

"나의 주 예수님, 감사합니다."

이러한 하나님의 아들의 은혜를 인정하고 믿고 존중할 때 영혼 구원을 얻습니다. 그렇지 않으면 하나님의 진노와 심판을 받습니다.

"하물며 하나님의 아들을 짓밟고 자기를 거룩하게 한 언약의 피를 부정한 것으로 여기고 은혜의 성령을 욕되게 하는 자가 당연히 받을 형벌은 얼마나 더 무겁겠느냐 너희는 생각하라."(히 10:29)

예수 그리스도의 은혜를 감사하고 찬양하십시오.

"나를 위해 피 흘리신 예수님, 감사합니다."

둘째, 하나님의 사랑에 대해 인정하고 칭찬해야 합니다.

하나님은 독생자를 아낌없이 주실 만큼 당신을 사랑하셨습니다.

당신이 죄인 되고 경건치 않고 연약할 때 그분은 당신을 사랑하셨습니다. 당신이 의롭고 경건하고 강할 때가 아닙니다. 이런 큰 사랑을 받은 당신은 예수 믿지 않는 사람을 사랑하고 전도해야 합니다. 하나님은 당신의 억만 가지 죄를 그분의 어린 양 예수 그리스도에게 지우고 대신 죽게 하셨습니다. 크고 놀라운 사랑입니다.

날마다 이렇게 고백하며 하나님을 찬양하십시오.

"주님의 높고 위대하심을 내 영혼이 찬양하네."

셋째, 성령의 교통하심에 대해 인정하고 칭찬해야 합니다.

성령님은 아버지의 영이자 예수의 영입니다. 그분이 당신 안에 가득히 들어오셨고 지금도 당신을 덮고 계십니다. 성령님 때문에 당신의 인생이 완전히 바뀌었습니다. 성령님이 아니라면 당신의 인생은 죄와 목마름, 병과 가난, 어리석음과 징계와 죽음 가운데 평생 '비참한 인생'을 살아야 합니다. 성령님 때문에 의와 성령 충만, 건강과 부요, 지혜와 평화와 생명을 누리며 '비옥한 인생'을 살게 되었습니다. 성령님은 당신의 전부이십니다. 이렇게 말하십시오.

"성령님, 감사합니다. 많이 사랑합니다."

우리는 이러한 세 가지 은혜에 대해 인정하고 찬양해야 합니다.

이러한 하나님의 은혜를 높이 떠받들고 자랑해야 합니다.

"그러므로 우리는 예수로 말미암아 항상 찬송의 제사를 하나님께 드리자. 이는 그 이름을 증언하는 입술의 열매니라."(히 13:15)

그와 동시에 마귀는 꾸짖고 귀신들은 다스리며 쫓아내야 합니다.

사탄과 귀신은 성령님처럼 전지하거나 막강한 힘을 가진 존재가 아닙니다. 그들은 패배한 적이며 무장 해제되었고 아무런 힘이 없습니다. 영화나 드라마에서 보는 것처럼 귀신이 창문을 흔들고, 침대를 들었다 놨다 하고, 트럭을 뒤집고, 광풍과 파도를 일으키고, 폭우를 내리게 하는 것이 아닙니다. 귀신에게는 그런 초자연적인 힘이 없습니다. 단지 인간의 몸을 통해 자기를 표현할 뿐입니다.

귀신은 영이므로 사람의 눈에 보이지 않습니다. 마귀의 별명은 바알세불(Beelzebul)인데 '파리의 왕'이라는 뜻입니다. 예수님이 성령을 힘입어 귀신들려 눈멀고 말 못하는 사람을 고치셨을 때, 바리새인들은 귀신의 왕 바알세불을 힘입어 고친다며 비난했습니다.

예수님은 "성령의 힘이다"라고 대답하셨습니다.(마 12:22~30)

귀신은 똥파리처럼 작습니다. 크고 대단한 존재가 아닙니다. 한 사람의 몸에 군대 곧 2000~6000명 정도가 들어갈 정도로 작습니다. 그런 놈들이 사람들을 거짓말로 속이고, 몸 안에 들어가 고문하고 협박하며 괴롭히고, 온갖 죄와 질병과 사고와 훼방으로 그 사람과 가정을 도둑질하고 죽이고 멸망시키는 일을 하는 것입니다.

귀신을 조금도 두려워하지 마십시오. 오히려 귀신이 당신을 두려워하며 자기를 쫓아낼까 봐 밤낮 떨고 있습니다. 실제로 군대 귀신은 자기를 괴롭히지 말고 쫓아내지 말아 달라고 애걸했습니다.

"그가 멀리서 예수를 보고 달려와 절하며 큰 소리로 부르짖어 이르되 '지극히 높으신 하나님의 아들 예수여, 나와 당신이 무슨 상관이 있나이까? 원하건대 하나님 앞에 맹세하고 나를 괴롭히지 마옵소서' 하니 이는 예수께서 이미 그에게 이르시기를 '더러운 귀신아, 그 사람에게서 나오라' 하셨음이라. 이에 물으시되 '네 이름이 무엇이냐?' 이르되 '내 이름은 군대니 우리가 많음이니이다' 하고 자기를 그 지방에서 내보내지 마시기를 간구하더니……"(막 5:6~10)

예수님은 "너희가 귀신을 쫓아내라"고 명령하셨습니다. 지금은 예수님이 당신 대신 귀신을 쫓아내 주지 않습니다. 당신이 직접 예수 이름으로 귀신을 쫓아내야 합니다. 당신의 몸과 마음, 가정과 사업체, 교회에 활동하는 귀신들을 예수 이름으로 다스리며 쫓아내십시오. 어떻게 다스리며 쫓아낼까요? 이렇게 명령하면 됩니다.

"예수 그리스도의 이름으로 명하노니 더러운 귀신아 나오라."

내가 쓴 책 〈왕세자 교육〉에 '성도의 다스리는 권세'에 대해 설명해 놓았습니다. 예수 이름으로 마귀와 귀신을 다스리십시오.

[우리가 이 세상에 사는 동안, 세상이 영적 전쟁터임을 기억해야 한다. 마귀는 지금도 우는 사자처럼 삼킬 자를 찾고 있다. 마귀는 그의 졸개인 악의 영과 미혹의 영을 통해 많은 영혼을 믿음에서 떠나게 하고 그의 졸개인 귀신들을 보내 온갖 질병과 고통과 고문으로 괴롭힌다. 예수님은 제자들에게 복음을 전하라고 명령하신 후에 믿는 자에게 따르는 첫 번째 표적으로 귀신을 쫓아내라고 하셨다. "곧 저희가 내 이름으로 귀신을 쫓아내며."(막 16:17) 이 말씀은 새 방언을 말하는 것이나 병든 자에게 손을 얹는 것보다 귀신을 쫓음으로 하나님의 나라가 임했

다고 선포하는 것이 우선임을 강조하신 것이다. 성경은 악령과 귀신들을 지칭하는데 이런 표현들을 쓰고 있다. 먼저 귀신들의 우두머리인 사탄에 대해서는 계명성과 루시퍼(사 14:12), 공중의 권세 잡은 자(엡 2:2), 귀신의 왕(마 12:24), 멸망시키는 자(고전 10:10), 광명의 천사(고후 11:14), 옛 뱀(계 20:2), 큰 용(계 12:9), 마귀(계 12:9), 악한 자(마 13:19), 거짓의 아비(요 8:44), 살인한 자(요 8:44)라고 했다. 그의 졸개인 귀신에 대해서는 질병 귀신(눅 13:11), 벙어리 귀신(막 9:25), 귀먹은 귀신(막 9:25), 번뇌케 하는 귀신(삼상 16:14), 더러운 영(계 18:2), 더러운 귀신(마 10:1), 점치는 귀신(행 16:16), 종의 영(롬 8:15), 미혹의 영(요일 4:6), 세상의 영(고전 2:12), 미혹케 하는 영(딤전 4:1), 의심의 영(민 5:14), 거짓말하는 영(대하 18:21), 접신(신 18:11), 적그리스도의 영(요일 4:3), 두려움의 영(딤후 1:7), 사특한 귀신(사 19:14), 마음을 슬프게 하는 귀신(삼상 1:15), 깊이 잠들게 하는 귀신(삼상 29:10), 음란한 귀신(호 4:12), 다른 영(고후 11:4)이라고 했다. 이런 귀신들은 가만 두지 말고 축사 사역을 통해 쫓아내야 한다. 귀신은 누가 쫓아내는가? 예수님이 아닌 예수님을 믿는 자들이다. 바로 그리스도의 몸인 성도들이 해야 한다. 예수님은 "하늘과 땅의 모든 권세를 내게 주셨으니, 너희는 가라"(마 28:18~19)고 그분의 권세를 성령 받은 교회에 위임하셨다. 귀신을 쫓는 일은 그리스도의 발바닥인 교회 곧 성도가 해야 한다. "내가 너희에게 뱀과 전갈을 밟으며 원수의 모든 능력을 제어할 권세를 주었으니 너희를 해할 자가 결단코 없으리라."(눅 10:19) 어떻게 이런 일이 가능한가? 음부의 권세가 교회를 이기지 못하며, 교회에는 '천국 열쇠인 예수 이름'이 있으므로 그 이름으로 '명령'을 내리면 축사와 신유의 역사가 일어나는 것이다. "내가 이 반석 위에 내 교회를 세우리니 음부의 권세가 이기지 못하리라. 내가 천국 열쇠를 네게 주리니 네가 땅에서 무엇이든지 매면 하늘에서도 매일 것이요 네가 땅에서 무엇이든지 풀면 하늘에서도 풀리리라."(마 16:18~19) 마귀와 미혹의 영들은 하늘에서 쫓겨난 존재이지만 사람의 몸을 집으로 삼고 그 안에 몰래 들어가 자기의 온갖 더러운 속성을 표현하는 귀신의 기원에 대해서는 예수님이 침묵하셨다. 예수님이 말씀하지 않은 것을 굳이 알려고 할 필요가 없다. 분명한 것은 귀신은 사탄의 종이라는 것이며 예수님처럼 성령을 힘입어 꾸짖고 쫓아내야 한다는 것이다. 누가복음 13장에 "열여덟 해 동안이나 귀신 들려 앓으며 꼬부라져 조금도 펴지 못하는 한 여자"가 나온다. 예수님은 이 여인을 치료하신 후에 "열여덟 해 동안 사탄에게 매인 바 된 이 아브라함의 딸을 안식일에 이 매임에서 푸는 것이 합당하지 아니하냐"라고 하셨다. 귀신과 많은 대화를 하며 그에게 계시를 구하지 마라. "네 이름이 뭐냐?"등 한두 마디만 묻고 그들을 강력하게 꾸짖으며 쫓아내라.(막 1:25) 예수님은 우리가 "겨자씨 만한 믿음만 있으면 이 산을 들어 바다에 빠지라" 하여도 그대로 된다고 하셨다. 의심하지 말고 믿음으로 담대하게 귀신을 다스리며 꾸짖으면 귀신은 쫓겨 나간다. 귀신을 다스리지 않으면 귀신의 다스림을 받게 된다. 귀신의 다스림을 받으면 자기 의지와 상관없이 온갖 죄를 지으며 하나님을 대적하는 귀신의 종노릇을 하게 된다. 숨어 있는 귀신의 정체를 드러내고 예수 이름으로 추방하라. 예수님처럼 꾸짖어라. 그러면 귀신이 쫓겨 나간다. "예수께서 꾸짖어 이르시되 '잠잠하고 그 사람에게서 나오라' 하시니 귀신이 그 사람을 무리 중에 넘어뜨리고 나오되 그 사람은 상하지 아니한지라."(눅 4:35)]

마귀에게는 조금도 너그러운 마음을 가지면 안 됩니다.

마귀는 어떤 놈입니까? "도둑이 오는 것은 도둑질하고 죽이고 멸망시키려는 것뿐이요 내가 온 것은 양으로 생명을 얻게 하고 더 풍성히 얻게 하려는 것이라"(요 10:10)고 했습니다. 그렇습니다.

마귀가 온 것은 도둑질하고 죽이고 멸망시키려는 것뿐입니다. 그놈은 다른 일은 할 줄 모릅니다. 그놈은 생명을 얻게 하거나 더 풍성히 얻게 하는 일을 할 줄 모릅니다. 그런 마귀를 대적해야 합니다.

예수님은 마귀와 마귀의 자식에 대해 말씀하셨습니다. "너희는 너희 아비 마귀에게서 났으니 너희 아비의 욕심대로 너희도 행하고자 하느니라. 그는 처음부터 살인한 자요 진리가 그 속에 없으므로 진리에 서지 못하고 거짓을 말할 때마다 제 것으로 말하나니 이는 그가 거짓말쟁이요 거짓의 아비가 되었음이라."(요 8:44)

마귀는 인정과 칭찬 대신 독한 시기와 다툼을 일으킵니다.

독한 시기와 다툼은 성령의 열매가 아닌 '귀신의 열매'입니다. 시기와 다툼이 있는 곳에는 혼란과 모든 악한 일이 있습니다. "그러나 너희 마음속에 '독한 시기와 다툼'이 있으면 자랑하지 말라. 진리를 거슬러 거짓말하지 말라. 이러한 지혜는 위로부터 내려온 것이 아니요 땅 위의 것이요 정욕의 것이요 '귀신의 것'이니 시기와 다툼이 있는 곳에는 혼란과 모든 악한 일이 있음이라."(약 3:14~16)

모임에 갑자기 혼란과 악한 일이 생겼습니까? 독한 시기와 다툼 때문이며, 그 배후에는 교만의 귀신이 역사하고 있습니다. 어떻게 하면 될까요? 예수 이름으로 귀신을 꾸짖으며 귀신의 조종을 받는 사람들을 강하게 다스리면 됩니다. 성령님께 도움을 구하십시오.

"오직 위로부터 난 지혜는 첫째 성결하고 다음에 화평하고 관용하고 양순하며 긍휼과 선한 열매가 가득하고 편견과 거짓이 없나니 화평하게 하는 자들은 화평으로 심어 의의 열매를 거두느니라"(약 3:17~18)고 했습니다. 성령의 열매, 의의 열매를 맺어야 합니다.

내 기준에 따라 모든 사람을 판단하고 비판하고 정죄하고 심판하면 화평하거나 관용할 수 없습니다. 너그러운 부모가 되어야 합니다. 너그러운 지도자가 되어야 합니다. 나는 매일 아침에 눈을 뜨면 너그러운 사람이 되게 해 달라고 성령님께 도움을 구합니다.

"성령님, 너그러운 아버지, 남편, 목자가 되게 해주세요."

나는 성령님과 동행하며 항상 그분을 인정하고 칭찬합니다.

"성령님, 사랑합니다. 감사합니다. 행복합니다. 성령님께서 저와 함께 계시니 제 마음이 기쁩니다. 오늘도 제가 거룩한 삶을 살게 해주세요. 저를 코치해 주시고 만져 주시고 도와주세요."

그리고 어떤 일이 끝나면 성령님께 감사와 칭찬을 표현합니다.

"성령님, 정말 감사합니다. 잘하셨습니다. 모든 것이 성령님의 도우심 때문입니다. 성령님이 아니었다면 엉망이었을 거예요."

당신도 성령님을 인정하고 칭찬하십시오. 자신과 가족과 가문과 민족을 인정하고 칭찬하십시오. 주위 사람들을 판단하고 비판하고 정죄하고 심판하지 마십시오. 모든 사람을 존중하십시오.

그러면 당신도 인정받고 칭찬받고 존중받게 될 것입니다.

하나님도 잘한 일에 대해 칭찬을 아끼지 않으십니다.

"그 첫째가 나아와 이르되 주인이여 당신의 한 므나로 열 므나를 남겼나이다. 주인이 이르되 잘하였다 착한 종이여 네가 지극히 작은 것에 충성하였으니 열 고을 권세를 차지하라."(눅 19:16~17)

칭찬하고 칭찬 받는 아름다운 인생이 되기 바랍니다.

잘하고 있습니다.

사랑하는 자여, 네 영혼이 잘됨 같이

인생에 있어 가장 중요한 것은 무엇일까요?

돈을 많이 버는 것, 넓은 땅과 빌딩을 사는 것, 공부를 많이 해서 박사 학위를 받고 교수가 되는 것, 결혼해서 자녀를 많이 낳는 것, 세계 여행을 다니며 많은 사람을 만나는 것, 구제와 선교를 많이 하는 것 등 수많은 일이 있지만 그것보다 더 중요한 것이 있습니다.

그것은 바로 당신의 영혼이 잘되는 것입니다. 그 다음은 당신이 하는 모든 일이 잘되고 당신의 몸이 강건해지는 것입니다. 하나님이 당신에게 말씀하십니다. "사랑하는 자여, 네 영혼이 잘됨 같이 네가 범사에 잘되고 강건하기를 내가 간구하노라."(요삼 1:2)

영혼이 잘되려면 예수를 구주로 믿고 성령으로 거듭나야 합니다.

이것보다 더 큰 행복은 없습니다. 온 천하를 얻은 것과 같습니다.

내 영혼이 거듭나서 우주 만물을 창조하신 하나님의 자녀가 되니까 세상을 다 가진 것보다 더 큰 부요함이 가슴에 밀려왔습니다. 나는 26세에 결혼해서 단칸방에 살았고 또 개척한다고 서울에 와서 지하에서 아이들 네 명을 키웠는데, 내 마음은 항상 부요했습니다.

나는 지금도 매일 부요 믿음으로 삽니다. "하나님이 내 아빠다"라는 부요 믿음이 아니면 하루도 살 수 없습니다. 친구나 친척을 만날 때, 전도와 목회와 출판 사업을 하면서 항상 빌립보서 4장 19절 말씀을 입술로 중얼거립니다. "나의 하나님이 그리스도 예수 안에서 영광 가운데 그 풍성한 대로 너희 모든 쓸 것을 채우시리라."

하나님은 그 약속의 말씀대로 모든 것을 다 채우셨습니다.

현금과 주식이 수백억 있어도 거지처럼 궁상떠는 사람이 있고 지갑에 몇 만 원밖에 없어도 억만장자처럼 마음이 부요한 사람이 있습니다. 예수님은 "삼가 모든 탐심을 물리치라. 사람의 생명이 그 소유의 넉넉한 데 있지 아니하니라"(눅 12:15)고 말씀하셨습니다.

진정으로 부요한 삶은 무엇일까요? 그것은 죽어라고 일해서 큰 회사를 세우고 세상이 떠들썩할 정도로 유명해지는 것이 아닙니다.

우주 만물의 주인이신 '하나님을 사랑하고 경외하는 삶'입니다.

하나님을 사랑하고 경외하지 않으면서 아무리 크게 성공하고 돈을 많이 벌어도 소용없습니다. 하나님은 멀리 계신 분이 아니라 가까이 계신 분입니다. 하나님은 지금 당신 눈앞과 코앞에 계십니다.

그분이 당신의 하나님이 되려면 죄 문제가 해결되어야 합니다. 죄가 당신과 하나님 사이를 막고 있기 때문입니다. 예수님이 십자가에서 피와 물을 쏟으시며 당신의 죄 문제를 해결하셨고 모든 저주도 해결하셨습니다. 이것을 믿으면 죄를 사함 받고 성령으로 거듭나 하나님의 자녀가 되고 모든 저주도 사라집니다.

"영접하는 자 곧 그 이름을 믿는 자들에게는 하나님의 자녀가 되는 권세를 주셨으니 이는 혈통으로나 육정으로나 사람의 뜻으로 나지 아니하고 오직 하나님께로부터 난 자들이니라."(요 1:12~13)

지금 나를 따라 이렇게 고백하기 바랍니다.

"예수님을 나의 구주로 믿습니다. 아멘."

예수님이 십자가에서 다 이룬 복음

당신은 지금 행복하십니까?

나는 날마다 천국같이 행복한 삶을 살고 있습니다.

그래서 만나는 사람들에게 "천국같이 살다가 천국으로 갑시다"라고 말합니다. 나는 내 안에 천국이 있다는 사실을 깨닫고 크게 변화되었습니다. 예수를 구주로 믿는 당신 안에도 천국이 있습니다.

천국 곧 하나님의 나라는 무엇일까요? 하나님의 통치이며 그분이 다스리시는 장소를 말합니다. 천국은 죽어서만 가는 곳이 아닙니다. 천국은 지금, 당신 안에서부터 시작됩니다. "하나님의 나라는 볼 수 있게 임하는 것이 아니요 또 여기 있다 저기 있다고도 못하리니 하나님의 나라는 너희 안에 있느니라."(눅 17:20-21)

또한 예수님은 귀신을 쫓아내시며 하나님의 나라가 임했다고 하셨습니다. "그러나 내가 하나님의 성령을 힘입어 귀신을 쫓아내는

것이면 하나님의 나라가 이미 너희에게 임하였느니라."(마 12:28)

성령님은 천국의 모든 속성을 가지고 이 땅에 오셨습니다.

"하나님의 나라는 먹는 것과 마시는 것이 아니요 오직 성령 안에 있는 의와 평강과 희락이라."(롬 14:17) 이것이 '천국 복음'입니다.

예수님은 천국 복음을 전파하셨습니다. "예수께서 모든 도시와 마을에 두루 다니사 그들의 회당에서 가르치시며 '천국 복음'을 전파하시며 모든 병과 모든 약한 것을 고치시니라."(마 9:35)

예수님의 재림과 세상의 종말도 천국 복음이 모든 민족에게 증언된 후에 옵니다. "이 '천국 복음'이 모든 민족에게 증언되기 위하여 온 세상에 전파되리니 그제야 끝이 오리라."(마 24:14)

천국 복음 곧 온전한 복음은 다음과 같습니다.

주 예수를 믿으면 새로운 피조물이 됩니다. 지옥 같은 삶이 천국 같은 삶으로 완전히 바뀝니다. 예수를 믿음으로 7중 불행인 죄, 목마름, 병, 가난, 어리석음, 징계, 죽음 등의 '죄목병가어징죽'이 사라지고 7중 행복인 의, 성령 충만, 건강, 부요함, 지혜, 평화, 생명 등의 '의성건부지평생'이 넘치게 되었다는 것이 천국 복음입니다.

예수님이 십자가에서 우리 대신 피와 땀과 눈물을 흘리며 값을 다 지불하고 다 이루었다는 것이 온전한 복음입니다. 우리가 값을 지불하기 위해 더 이상 피와 땀과 눈물을 흘릴 필요가 없습니다.

이러한 예수님이 십자가에서 "다 이루었다"(요 19:30)는 온전한 복음을 믿기만 하면 천국의 행복이 우리의 삶에 나타납니다. 우리 안에 가득히 계신 예수 그리스도가 우리의 의와 성령 충만과 건강과 부요와 지혜와 평화와 생명이 되신다는 사실을 누리며 천국같이 행복한 삶을 살다가 천국으로 가야 합니다. 다음과 같이 믿고 말하며 생활합시다.

"나는 의인이다."(롬 1:17)
"나는 성령 충만하다."(요 7:38)
"나는 건강하다."(마 8:17)
"나는 부요하다."(고후 8:9)
"나는 지혜롭다."(엡 1:8)
"나는 평화를 가졌다."(사 53:5)
"나는 생명을 가졌다."(요 6:47)

이런 큰 은혜를 안겨 주신 성령님께 날마다 감사드려야 합니다.

"성령님, 억만 번이나 감사합니다."
"성령님, 억만 번이나 행복합니다."
"성령님, 억만 번이나 사랑합니다."

내 안에 나와 함께 계신 성령님

구원은 이 땅에서부터 시작되며 매순간 누리는 행복입니다.

예수님이 삭개오에게 말씀하셨습니다. "오늘 구원이 이 집에 이르렀으니 이 사람도 아브라함의 자손임이로다."(눅 19:9)

예수의 영이신 성령님이 천국 곧 하늘나라를 가지고 내 안에 들어오셨습니다. 예수를 구주로 믿는 사람에게는 성령님이 생수의 강처럼 넘치게 들어와 계십니다. 성령님은 내 안에 가득히, 나와 함께 계신 '나의 하나님'이십니다. 성경에는 '나의 하나님'이라는 표현을 많이 씁니다. 나의 하나님에 대한 믿음을 가져야 합니다.

첫째, 야곱은 '나를 기르신 하나님'이라고 불렀습니다.

"그가 요셉을 위하여 축복하여 이르되 내 조부 아브라함과 아버지 이삭이 섬기던 하나님, 나의 출생으로부터 지금까지 나를 기르신 하나님……."(창 48:15)

둘째, 다윗도 '나의 하나님, 나의 왕'이라고 불렀습니다.

"하나님이여, 그들이 주께서 행차하심을 보았으니 곧 나의 하나님, 나의 왕이 성소로 행차하시는 것이라."(시 68:24)

셋째, 솔로몬도 '나의 하나님 여호와여'라고 불렀습니다.

"나의 하나님 여호와여, 주께서 종으로 종의 아버지 다윗을 대신하여 왕이 되게 하셨사오나 종은 작은 아이라."(왕상 3:7)

넷째, 예수님도 '나의 하나님, 나의 하나님'이라고 불렀습니다.

"나의 하나님, 나의 하나님."(막 15:34)

다섯째, 사도 바울도 '나의 하나님'이라고 불렀습니다.

"나의 하나님이 그리스도 예수 안에서 영광 가운데 그 풍성한 대로 너희 모든 쓸 것을 채우시리라."(빌 4:19)

지금 당신에게 있어서 '나의 하나님'은 누구일까요?

당신과 함께 계시고 당신 안에 가득히 계신 성령님이십니다.

"그는 진리의 영이라. 세상은 능히 그를 받지 못하나니 이는 그를 보지도 못하고 알지도 못함이라. 그러나 너희는 그를 아나니 그는 너희와 함께 거하심이요 또 너희 속에 계시겠음이라."(요 14:17)

"세상은 그분을 보지도 못하고 알지도 못한다"고 했습니다. 하지만 우리는 그분을 믿음의 눈으로 보고 알 수 있습니다. 그래서 나는 아침에 눈을 뜨면 가장 먼저 그분께 인사를 드립니다.

"성령님, 안녕하세요? 오늘도 참으로 좋은 날입니다. 성령님이 저와 함께 계시니 얼마나 행복한지 모릅니다. 감사합니다. 사랑합니다. 오늘도 거룩한 삶을 살게 해주세요. 인도해 주세요. 가르쳐주세요. 치료해 주세요. 코치해 주세요. 만져 주세요. 도와주세요."

당신도 아침에 일어나면 성령님께 인사하기 바랍니다.

"성령님. 안녕하세요?"

내 모든 것을 아시는 나의 성령님

성령님은 창조주 하나님이십니다.

성령님은 당신을 지으시고 기름을 부으셨습니다.

성령님은 당신의 과거와 현재와 미래를 모두 알고 계십니다.

당신과 함께 계신 성령님이 누구신지 시편 139편에 자세하게 나와 있습니다. 성령님은 하나님이시며, 주 여호와의 영이십니다.

"여호와여, 주께서 나를 살펴보셨으므로 나를 아시나이다. 주께서 내가 앉고 일어섬을 아시고 멀리서도 나의 생각을 밝히 아시오며 나의 모든 길과 내가 눕는 것을 살펴보셨으므로 나의 모든 행위를 익히 아시오니 여호와여 내 혀의 말을 알지 못하시는 것이 하나도 없으시니이다. 주께서 나의 앞뒤를 둘러싸시고 내게 안수하셨나이다. 이 지식이 내게 너무 기이하니 높아서 내가 능히 미치지 못하나이다. 내가 주의 영을 떠나 어디로 가며 주의 앞에서 어디로 피하리이까? 내가 하늘에 올라 갈지라도 거기 계시며 스올에 내 자리를 펼지라도 거기 계시니이다. 내가 새벽 날개를 치며 바다 끝에 가서 거주할지라도 거기서도 주의 손이 나를 인도하시며 주의 오른손이 나를 붙드시리이다. 내가 혹시 말하기를 흑암이 반드시 나를 덮고 나를 두른 빛은 밤이 되리라 할지라도 주에게서는 흑암이 숨기지 못하며 밤이 낮과 같이 비추이나니 주에게는 흑암과 빛이 같음이니이다. 주께서 내 내장을 지으시며 나의 모태에서 나를 만드셨나이다. 내가 주께 감사하옴은 나를 지으심이 심히 기묘하심이라. 주께서 하시는 일이 기이함을 내 영혼이 잘 아나이다. 내가 은밀한 데서 지음을 받고 땅의 깊은 곳에서 기이하게 지음을 받은 때에 나의 형체가 주의 앞에 숨겨지지 못하였나이다. 내 형질이 이루어지기 전에 주의 눈이 보셨으며 나를 위하여 정한 날이 하루도 되기 전에 주의 책에 다 기록이 되었나이다. 하나님이여, 주의 생각이 내게 어찌 그리 보배로우신지요. 그 수가 어찌 그리 많은지요. 내가 세려고 할지라도 그 수가 모래보다 많도소이다. 내가 깰 때에도 여전히 주와 함께 있나이다. 하나님이여, 주께서 반드시 악인을 죽이시리이다. 피 흘리기를 즐기는 자들아, 나를 떠날지어다. 그들이 주를 대하여 악하게 말하며 주의 원수들이 주의 이름으로 헛되이 맹세하나이다. 여호와여, 내가 주를 미워하는 자들을 미워하지 아니하오며 주를 치러 일어나는 자들을 미워하지 아니하나이까? 내가 그들을 심히 미워하니 그들은 나의 원수들이니이다. 하나님이여, 나를 살피사 내 마음을 아시며 나를 시험하사 내 뜻을 아옵소서. 내게 무슨 악한 행위가 있나 보시고 나를 영원한 길로 인도하소서."(시 139:1~24)

당신의 하나님 곧 성령님을 사랑하고 경외하십시오.

오늘 새벽에 잠이 깼는데 성령님께서 말씀하셨습니다.

"여호와를 경외하는 것이 너의 보배다."

사람은 존귀하지만 하나님을 경외하지 않고 우상을 숭배하면서 각기 제 길을 가면 그 마음이 허전하고 괴로워서 견딜 수 없게 됩니다. 그 마음을 채우기 위해 온갖 금은보화로 자기 몸을 무겁게 장식하지만 돼지 목에 금 사슬을 건 것처럼 천박하게 보일뿐입니다.

시편 49편 20절에 "존귀하나 깨닫지 못하는 사람은 멸망하는 짐승 같다"고 했습니다. 우리는 '하나님 경외하기'를 배우고 깨달아야 합니다. 경외(敬畏, Fear Reverence)는 '존중한다, 인정한다, 믿는다, 두려워한다'는 뜻입니다. 하나님은 자신의 존재와 이름과 말씀이 존중받기를 원하십니다. 그래서 십계명에 "나 외에는 다른 신을 두지 마라. 내 이름을 망령되이 일컫지 마라. 나는 나를 존중하는 자를 존중한다"고 하신 것입니다. 그분의 존재와 이름과 말씀에 대한 믿음과 순종이 곧 그분을 존중하는 것입니다.

당신도 하나님의 존재와 이름을 존중하기 바랍니다. 이것이 하나님을 경외하는 방법이고 그분의 음성을 듣는 비결입니다. "여호와의 친밀함이 경외하는 자에게 있음이여, 그 언약을 저희에게 보이시리로다"(시 25:14)라고 했는데 언약(言約, Covenant)은 '말로 하는 약속'입니다. 구원과 구원 받은 자의 풍성한 삶을 위한 언약은 성경 66권에 다 기록되어 있습니다. 그리고 현재 사역에 필요한 언약은 세미한 음성으로 말씀하십니다. 이런 두 가지 언약을 붙들고 살면 흔들리지 않습니다. 하나님은 언약한 대로 복을 주십니다. "내가 야곱과 맺은 내 언약과 이삭과 맺은 내 언약을 기억하며 아브라

함과 맺은 내 언약을 기억하고 그 땅을 기억하리라."(레 26:42)

성령님과 동행하는 삶이 최고다

하나님을 경외하는 사람은 단순하게 삽니다.

"그분이 말씀하시면 나는 믿고 순종한다"는 것입니다.

또한 그들은 노예와 하녀처럼 '팔과 다리'로 일하는 것이 아니라 왕과 왕비처럼 '생각과 말'로 일합니다. 아담과 하와는 처음에 왕적인 존재였고 말로 동물들의 이름을 짓고 다스리는 일을 했습니다.

그런 그들이 죄를 짓고 타락한 후로는 땀을 흘려야 했습니다.

인간은 어떻게든 성공하겠다고 하루 종일 땀 흘리며 죽어라 일해야 하는 존재가 아닙니다. 성령님을 의지하면 성령님이 이루십니다.

"여호와를 의지하면 그분이 이루신다."(시 37:5)

당신은 어떤 성공을 위해 정신없이 달려가고 있습니까?

스티브 잡스처럼 크게 성공하면 정말로 행복할까요? 아닙니다.

진정한 성공은 '많은 일과 대단한 업적'에 있지 않고 '하나님을 사랑하고 경외하며 겸손히 그분과 동행하는 삶'에 있습니다.

"사람아, 주께서 선한 것이 무엇임을 네게 보이셨나니 여호와께서 네게 구하시는 것은 오직 정의를 행하며 인자를 사랑하며 겸손하게 네 하나님과 함께 행하는 것이 아니냐."(미 6:8)

지금은 당신이 원하는 것을 마음껏 하며 성공을 향해 정신없이 달려간다 할지라도 때가 되면 반드시 숨을 거두고 이 땅을 떠나게 됩니다. 그러므로 돈과 명예, 성공을 자랑하지 말아야 합니다.

"자랑하는 자는 이것으로 자랑할지니 곧 명철하여 나를 아는 것과 나 여호와는 사랑과 정의와 공의를 땅에 행하는 자인 줄 깨닫는 것이라. 나는 이 일을 기뻐하노라. 여호와의 말씀이니라."(렘 9:24)

항상 겸손한 마음으로 예배하며, 죽음의 날을 준비하십시오.

더 많은 재물을 위해 살지 말고 더 많은 영혼을 위해 사십시오.

"너희 소유를 팔아 구제하여 '낡아지지 아니하는 배낭'을 만들라. 곧 '하늘에 둔 바 다함이 없는 보물'이니 거기는 도둑도 가까이 하는 일이 없고 좀도 먹는 일이 없느니라."(눅 12:33)

낡아지지 아니하는 배낭은 하늘에 둔 바 다함이 없는 보물입니다. 이것은 곧 '영혼'을 의미하는 것입니다. 우리가 구제하거나 헌금한 돈이 하늘에 쌓이는 것이 아닙니다. 하늘에는 바닥에 금이 깔려 있기 때문에 돈이 필요 없습니다. 거기에는 구원 받은 영혼 곧 하나님의 아들들만 있을 뿐입니다. 이 말씀은 "네 모든 소유로 구제하며 잃은 영혼을 구원하는 일에 힘쓰라"는 의미입니다.

어떤 일이든 목적이 중요합니다. 바울은 디모데에게 '재물의 목적'에 대해 구체적으로 가르치며 코치했습니다. 무엇일까요?

첫째, 모든 일에 만족하는 마음으로 경건하게 살면 큰 이익이 된다고 했습니다. 예수님 한분만으로도 이미 넘칩니다. "그러나 자족하는 마음이 있으면 경건은 큰 이익이 되느니라."(딤전 6:6)

둘째, 모든 사람은 동일하게 빈손으로 왔다가 빈손으로 간다고 했습니다. "우리가 세상에 아무 것도 가지고 온 것이 없으매 또한 아무 것도 가지고 가지 못하리니……."(딤전 6:7)

셋째, 모든 사람은 먹을 것과 입을 것만 있어도 만족해야 한다고 했습니다. 나도 하루에 한 끼만 든든히 먹는데 그래도 넘칩니다. 무엇이 더 필요합니까? 소박하게 먹고 만족해야 합니다. "우리가 먹을 것과 입을 것이 있은즉 족한 줄로 알 것이니라."(딤전 6:8)

넷째, 부하려 하는 자들은 시험과 올무와 여러 가지 어리석고 해로운 욕심에 떨어진다고 했습니다. 부가 목적이 되면 그것이 사람으로 파멸과 멸망에 빠지게 합니다. "부하려 하는 자들은 시험과 올무와 여러 가지 어리석고 해로운 욕심에 떨어지나니 곧 사람으로 파멸과 멸망에 빠지게 하는 것이라."(딤전 6:9)

다섯째, '돈'이 아닌 '돈을 사랑함'이 일만 악의 뿌리가 된다고 했습니다. 돈을 사랑하며 탐내는 자들은 미혹을 받아 믿음에서 떠나게 되고 많은 근심으로써 자기를 찌르게 됩니다. 돈은 어떤 존재일까요? 돈은 애인처럼 사랑하며 떠받드는 대상이 아닙니다. 돈은 노예처럼 냉정하게 다스리며 부리는 대상입니다. "돈을 사랑함이 일만 악의 뿌리가 되나니 이것을 탐내는 자들은 미혹을 받아 믿음에서 떠나 많은 근심으로써 자기를 찔렀도다."(딤전 6:10)

여섯째, 하나님의 사람은 이것들을 피하고 의와 경건과 믿음과 사랑과 인내와 온유를 따라야 한다고 했습니다. 유혹은 피하는 것이 지혜입니다. "오직 너 하나님의 사람아, 이것들을 피하고 의와 경건과 믿음과 사랑과 인내와 온유를 따르며……."(딤전 6:11)

일곱째, 믿음의 선한 싸움을 싸우라고 했습니다. 소망의 선한 싸움이 아닙니다. 믿음의 선한 싸움은 무엇일까요? 기도하고 구한 것은 받은 줄로 믿고 조금도 의심하지 말고 행복하게 생활하라는 것

입니다. "믿음의 선한 싸움을 싸우라."(딤전 6:12)

여덟째, "영생을 취하라"고 했습니다. 영생 곧 영원한 생명은 하나님이 선물로 주시지만 받는 쪽에서는 전도와 믿음을 통해 적극적으로 취해야 하는 것입니다. 주는 것과 받는 것은 다른 문제입니다. 하나님은 주는 일을 다 이루셨습니다. "다 이루었다."(요 19:30) 받는 것은 우리 인간의 몫이며 이는 오직 전도를 통해서만 이루어집니다. 결국 이 땅에 사는 동안의 사명 곧 자신과 다른 사람의 영혼을 구원하는 일이 가장 중요하므로 이 일에 힘쓰라는 것입니다. 이를 위하여 디모데가 부르심을 받았고 많은 증인 앞에서 선한 증언을 하였다고 했습니다. "영생을 취하라. 이를 위하여 네가 부르심을 받았고 많은 증인 앞에서 선한 증언을 하였도다."(딤전 6:12)

아홉째, 예수님이 하늘과 땅의 모든 권세를 가지신 분임을 알아야 합니다. 그분을 믿고 사랑하고 따르며 오직 그분께만 모든 영광을 돌려야 합니다. 그분의 전도 명령을 지켜 행해야 합니다. "만물을 살게 하신 하나님 앞과 본디오 빌라도를 향하여 선한 증언을 하신 그리스도 예수 앞에서 내가 너를 명하노니 우리 주 예수 그리스도께서 나타나실 때까지 흠도 없고 책망 받을 것도 없이 이 명령을 지키라. 기약이 이르면 하나님이 그의 나타나심을 보이시리니 하나님은 복되시고 유일하신 주권자이시며 만왕의 왕이시며 만주의 주시요 오직 그에게만 죽지 아니함이 있고 가까이 가지 못할 빛에 거하시고 어떤 사람도 보지 못하였고 또 볼 수 없는 이시니 그에게 존귀와 영원한 권능을 돌릴지어다. 아멘."(딤전 6:13~16)

열째, 부한 자들을 조금도 두려워하지 말고 담대하게 전도하며 명령해야 합니다. 그들에게 마음을 높이지 말고 정함이 없는 재물에 소망을 두지 말고 오직 우리에게 모든 것을 후히 주사 누리게 하시는 하나님께 두며 선을 행하고 선한 사업을 많이 하고 나누어 주기를 좋아하며 너그러운 자가 되라고 명해야 합니다.

재물은 정함이 없어 오늘 천억 있다가 내일 사라질 수도 있습니다. 그러므로 항상 겸손한 마음으로 하나님을 경외해야 합니다. "네가 이 세대에서 부한 자들을 명하여 마음을 높이지 말고 정함이 없는 재물에 소망을 두지 말고 오직 우리에게 모든 것을 후히 주사 누리게 하시는 하나님께 두며 선을 행하고 선한 사업을 많이 하고 나누어 주기를 좋아하며 너그러운 자가 되게 하라."(딤전 6:17~18)

열한째, 영원한 세계를 준비하는 것이 가장 지혜로운 일이며, 오직 생명을 살리는 일에 힘써야 합니다. "이것이 장래에 자기를 위하여 좋은 터를 쌓아 참된 생명을 취하는 것이니라."(딤전 6:19)

열둘째, 망령되고 헛된 말과 거짓된 지식의 반론을 피하고 오직 전도에 힘써야 합니다. 인생은 말장난이 아닙니다. 오직 하나님의 말씀으로 잃은 영혼을 전도하고 양육해서 은혜로 살게 해야 합니다.

"디모데야, 망령되고 헛된 말과 거짓된 지식의 반론을 피함으로 네게 부탁한 것을 지키라. 이것을 따르는 사람들이 있어 믿음에서 벗어났느니라. 은혜가 너희와 함께 있을지어다."(딤전 6:20~21)

하나님이 당신에게 많은 재물을 주신 목적은 한가지입니다.

"더 많은 돈으로 더 많은 영혼을 구원하고 양육하라."

당신은 지금까지 영혼을 구원하는데 얼마의 돈을 썼습니까?

오늘부터라도 영혼 구원을 위해 돈을 많이 쓰기 바랍니다.

세계적인 사업가도 예수를 구주로 믿고
온전한 복음으로 양육을 받아야 행복해진다

당신은 세계적인 사업가들에게 전도하십니까?

나는 그들에게도 전도할 문을 열어 달라고 기도합니다.

"성령님, 세계적인 사업가들에게도 전도할 문을 열어 주세요."

그들의 돈 때문이 아닙니다. 내게는 모든 것이 있고 부족함이 없습니다. 그들의 영혼이 불쌍하고 인생이 불행하기 때문입니다.

세계적인 작가, 강연가, 사업가, 자산가, 예술가, 정치가, 천재들도 모두 예수를 구주로 믿고 영혼이 구원 받아야 합니다. 왜 그럴까요? 자신이 가진 모든 재능과 땅과 빌딩, 주식으로도 죄 사함 받거나 구원받지 못하기 때문입니다. '죄 사함 받고 구원받는 것'은 그 정도의 값으로 어림없습니다. 한 달란트는 현 시세로 20억 정도인데 100조 달란트를 내놓아도 구원 받을 수 없습니다. 재벌 가문이 가진 모든 재산 곧 억만금을 다 내놓아도 안 됩니다.

그래서 하나님이 독생자 예수 그리스도를 이 땅에 보내 십자가에 매달아 피 흘리시므로 값으로 지불하신 것입니다. "너희가 알거니와 너희 조상이 물려 준 헛된 행실에서 대속함을 받은 것은 은이나 금 같이 없어질 것으로 된 것이 아니요 오직 흠 없고 점 없는 어린 양 같은 그리스도의 보배로운 피로 된 것이니라."(벧전 1:18~19)

한 영혼이 구원받는 것이 얼마나 크고 귀한 일인지요. 누군가 전도해서 한 영혼이 구원을 받게 되었다면 그것만큼 크고 경사스러운 일은 세상에 없습니다. 영혼 구원을 크게 여기고 감사하십시오.

예수님은 '영혼 구원의 기쁨'에 대해 비유로 말씀하셨습니다.

"너희 중에 어떤 사람이 양 백 마리가 있는데 그 중의 하나를 잃으면 아흔아홉 마리를 들에 두고 그 잃은 것을 찾아내기까지 찾아다니지 아니하겠느냐? 또 찾아낸즉 즐거워 어깨에 메고 집에 와서 그 벗과 이웃을 불러 모으고 말하되 나와 함께 즐기자 나의 잃은 양을 찾아내었노라 하리라. 내가 너희에게 이르노니 이와 같이 죄인 한 사람이 회개하면 하늘에서는 회개할 것 없는 의인 아흔아홉으로 말미암아 기뻐하는 것보다 더하리라."(눅 15:4~7)

아무리 세상의 주목을 받는 천재라도, 아무리 크게 사업하며 수천억의 돈을 벌었어도 죄를 사함 받고 영혼이 구원 받지 못하면 죽어서 구더기가 들끓는 지옥에 가게 됩니다. 이 땅에서도 하나님의 자녀의 행복하고 비옥한 삶을 모르고 마귀의 자식으로 불행하고 비참하게 살게 됩니다. 인생은 제 아무리 잘나가도 잠깐입니다.

스티브 잡스는 1955년에 태어나 2011년 56세의 젊은 나이에 췌장암으로 죽었습니다. 그는 죽기 전에 이렇게 말했습니다.

"나는 사업에 크게 성공했다. 다른 사람들의 눈에는 내 삶이 성공의 전형으로 보일 것이다. 그러나 나는 일 중독자였고 일을 떠나서는 기쁨을 거의 느끼지 못했다. 부에 대해, 결과적으로 돈은 내게는 그저 익숙한 삶의 일부였을 뿐이다. 지금 이 순간 병석에 누워 나의 지난 삶을 회상해 보면 내가 그토록 자랑스럽게 여겼던 주위의 갈채와 막대한 부는 임박한 죽음 앞에서 그 빛을 잃고 의미도 다 상실하고 말았다. 어두운 방 안에 누워 생명보조장치에서 나오는 빛을 물끄러미 바라보며 웅웅거리는 기계 소리를 듣고 있노라면 죽음의 사자의 손길이 점점 가까이

다가오는 것을 느낀다. 이제야 깨닫는 것은 어느 정도의 부만 있으면 더 이상 돈 버는 일과 상관없는 다른 일에 관심을 가져야 한다는 사실이고 그건 돈 버는 일보다 더 중요한 뭔가가 되어야 한다. 그것이 무엇일까? 그건 인간관계가 될 수도 있고 예술일 수도 있으며 어린 시절부터 가졌던 꿈일 수도 있다. 쉬지 않고 돈 버는 일에만 몰두하다 보면 결과적으로 비뚤어진 인간이 될 수밖에 없다. 부에 의해 조성된 부분적인 형상과는 달리 하나님은 우리가 사랑을 느낄 수 있도록 감성이라는 것을 마음속에 넣어 주셨다. 평생에 내가 벌어들인 재산은 가져갈 도리가 없다. 내가 가져갈 수 있는 것이 있다면 오직 사랑으로 점철된 추억뿐이다. 추억! 그것이 진정한 부이며 그것은 우리를 따라오고 동요하며 우리가 나아갈 힘과 빛을 가져다준다. 사랑은 수천 마일 떨어져 있어도 전할 수 있다. 삶에는 한계가 없다. 가고 싶은 곳이 있으면 가라. 오르고 싶은 높은 곳이 있으면 올라가 보라. 모든 것은 우리가 마음먹기에 달렸고 우리의 결단 속에 있다. 어떤 것이 세상에 사는 동안 가장 힘들까? 그건 '병석'이다. 우리는 기사를 고용해 대신 차를 운전하게 할 수도 있고 직원을 고용해 대신 돈을 벌게 할 수도 있다. 그렇게 모든 고용을 하더라도 다른 사람에게 내 병을 대신 앓도록 시킬 수는 없다. 재물은 잃어도 되찾을 수 있지만 절대로 되찾을 수 없는 것이 하나 있으니 바로 삶이다. 누구라도 수술실에 들어갈 즈음이면 진작 읽지 못해 후회하는 책 한 권이 있는데 곧 '건강에 대한 지침서'이다. 현재 당신이 인생의 어떤 시점에 이르렀던지 상관없이 때가 되면 누구나 인생이란 무대의 막이 내리는 날을 맞게 된다. 가족을 위한 사랑과 부부간의 사랑, 그리고 이웃을 향한 사랑을 귀히 여겨라. 그 무엇보다 자신을 잘 돌보기 바란다."

스티브 잡스는 죽기 전에 건강하고 행복한 삶이 얼마나 중요한지 깨달았습니다. 하지만 한 가지 가장 중대한 것이 빠졌습니다. 자신의 영혼이 구원 받아야 하며, 이 땅에 사는 동안 하나님을 경외하고 그분과 사랑의 교제를 나누기 위해 성경을 읽어야 한다는 것입니다.

이 땅에서 아무리 좋은 추억을 쌓아도 영혼이 구원받지 못하면 죽어서 지옥에 가야 합니다. 그러므로 모든 사람은 영생 곧 영원한 세계에 대해 눈이 열리고 그것을 가장 귀하게 여기며 먼저 준비해야 합니다. 이것은 부자가 가진 재산 전부인 억만 금을 주고도 살 수 없고 오직 예수 그리스도를 믿음으로만 가능한 것입니다.

"또 비유로 그들에게 말하여 이르시되 한 부자가 그 밭에 소출이 풍성하매 심중에 생각하여 이르되 내가 곡식 쌓아 둘 곳이 없으니 어찌할까 하고 또 이르되 내가 이렇게 하리라 내 곳간을 헐고 더 크게 짓고 내 모든 곡식과 물건을 거기 쌓아 두리라. 또 내가 내 영혼에게 이르되 영혼아 여러 해 쓸 물건을 많이 쌓아 두었으니 평안히 쉬고 먹고 마시고 즐거워하자 하리라 하되 하나님은 이르시되 어리석은 자여 오늘 밤에 네 영혼을 도로 찾으리니 그러면 네 준비한 것이 누구의 것이 되겠느냐 하셨으니 자기를 위하여 재물을 쌓아 두고 하나님께 대하여 부요하지 못한 자가 이와 같으니라."(눅 12:16~21)

이 어리석은 부자와 같이 되지 말기 바랍니다. 하나님은 당신의 인생에 다섯 가지가 꼭 있어야 한다고 말씀하십니다. 무엇일까요?

"너의 시대에 평안함이 있으며 구원과 지혜와 지식이 풍성할 것이니 여호와를 경외함이 너의 보배니라."(사 33:6)

첫째, 마음의 '평안함'입니다.

둘째, 영혼의 '구원'입니다.

셋째, 가슴에 하나님을 경외하는 '지혜'입니다.

넷째, 머리에 하나님을 아는 '지식'입니다.

다섯째, 이 모든 것이 날로 풍성해져야 합니다.

이러한 다섯 가지를 한 문장으로 줄여 말하면 '여호와를 경외하는 중심'입니다. 한 단어로 줄이면 '보배'입니다. 이것이 인생을 행복하고 풍요롭게 하는 진짜 큰 보배이며 다른 것은 더하시는 작은 복입니다. 이러한 질문을 당신에게 던져야 합니다.

당신은 마음에 평안함이 있습니까?

당신의 영혼은 구원을 받았습니까?

당신의 가슴에는 하나님을 경외하는 지혜가 가득합니까?

당신의 머리에는 하나님을 아는 지식이 가득합니까?

당신은 이 모든 것에 매일 성장하고 있습니까?

신앙생활은 "예수 천당, 불신 지옥!"으로 끝나는 것이 아닙니다.

예수님은 당신이 영생을 얻어 죽으면 천국에 가게 하려고만 오신 것이 아니라 이 땅에서 생명을 얻되 더 풍성히 얻게 하려고 오셨습니다. 이것이 온전한 복음이고 온전한 삶입니다. "내가 온 것은 양으로 생명을 얻게 하고 더 풍성히 얻게 하려는 것이라."(요 10:10)

"빌 게이츠가 27년간 동반했던 아내와 이혼했다"는 기사를 오늘 보았습니다. 빌 게이츠도 예수를 구주로 믿고 성령으로 거듭나 하나님의 자녀가 되어야 하고 성령을 좇아 거룩한 삶을 살아야 합니다. 또한 일주일에 한 번씩 성경공부모임에 참석해서 '온전한 복음'으로 양육을 받아 그의 삶 전반에 걸쳐 그리스도의 형상을 이루며 '온전한 사람'이 되고 '온전한 가정'을 이루어야 합니다.

당신이 아무리 많은 돈과 명예, 권세와 건물, 학벌을 가졌다 할지라도 온전한 사람이 되려면 예수 그리스도의 이름을 믿고 영혼이 구원을 받아야 합니다. 그리고 육신을 따라 방탕한 삶을 살지 말고 성령을 좇아 거룩한 삶을 살아야 합니다. 나아가 온 집안 식구에게 복음을 전해서 그들의 영혼이 구원을 받게 해야 합니다. "주 예수를 믿으라. 그리하면 너와 네 집이 구원을 받으리라."(행 16:31)

성령님과 함께 전도하며 영혼을 구원하라

당신은 많은 일을 하느라 애쓰지 않습니까?

술과 담배, 마약과 도박, 음행과 거짓말만 아니라 '일에 중독되는 것'도 큰 병입니다. 일은 조금만 하고 성령님과 함께 더 많이 기도하고 전도하면서 한 영혼이라도 더 구원해야 합니다.

"우리는 오로지 기도하는 일과 말씀 사역에 힘쓰리라."(행 6:4)

한 영혼이 천하보다 귀하기에, 천하를 얻으려고 죽어라고 일만하지 말고 천하보다 귀한 한 영혼을 얻기 위해 전도해야 합니다.

이것이 세월을 아끼며 지혜롭게 사는 비결입니다.

나는 많은 일을 하지 않습니다. 내가 할 줄 아는 일이 거의 없기 때문입니다. 나는 많은 재능이 없습니다. 무거운 물건도 못 들고 망치질이나 톱질도 못 합니다. 그래서 나는 오로지 '기도하는 일과 말씀 사역'에만 힘씁니다. 나는 하루에 몇 시간씩 기도하며 하나님의 말씀을 연구합니다. 적게 기도할 때는 3시간 정도이고 많이 기도할 때는 8시간 정도 기도합니다. 요즘은 책 출간 작업 때문에 기도 시간이 조금 줄어 하루에 평균 4시간 정도 기도하고 있습니다.

"기도를 그렇게 오래 하면 몸이 힘들지 않나요?"

힘들지 않습니다. 원래 기도하는 일과 말씀 사역은 '시간제한 없이' 하는 것입니다. 생수의 강을 따라 기도에 푹 빠지면 행복합니다.

지금도 나는 책을 쓰면서 계속 방언으로 기도하고 있습니다.

이렇게 기도하면서 성령님과 함께 하면 저술과 출간 작업이 전혀 힘들지 않습니다. 윤문, 퇴고, 첨삭, 교정 등은 그냥 하면 몸과 마음이 힘들어 짜증이 많이 납니다. 하지만 기도하면서 하면 성령의 기름이 계속 흐르기 때문에 하나도 힘들지 않고 술술 진행됩니다.

이제 이 책을 인쇄소에 넘기면 나는 더 많이 기도할 것입니다.

나는 하루 종일 성령님과 함께 기도에 푹 잠기고 싶습니다.

내 안에서 흘러넘치는 생수의 강을 따라 기도를 많이 하면 내 영혼과 몸이 덩실덩실 춤을 춥니다. 그리고 하루 종일 하나님을 부릅니다. "하나님, 하나님, 하나님." 예수님도 부릅니다. "예수님, 예수님, 예수님." 성령님도 부릅니다. "성령님, 성령님, 성령님."

몇 번 부르다 보면 리듬을 타고 수백 번 부르게 됩니다.

"성령님, 성령님, 성령님, 성령님, 성령님, 성령님, 성령님."

그렇게 이름을 방언하듯이 반복해서 부르면서 길을 걷는데 저절로 어깨가 덩실거리고 발도 폴짝거립니다. 이것을 성경에서는 "발행했다"고 표현합니다. "구름이 성막 위에서 떠오를 때에는 이스라엘 자손이 그 모든 행하는 길에 앞으로 발행하였고……."(출 40:36)

"예수님이 좋은 걸 어떡합니까?"라는 노래를 안 불러도 하루 종일 덩실덩실 춤을 추며 환하게 웃습니다. 구름 위를 둥실둥실 떠다니는 것 같고 이미 죽어서 천국에 들어간 사람 같습니다.

당신도 '발행' 곧 구름 위를 둥실둥실 떠다니듯 살기 바랍니다.

나는 30대에 일 중독자가 되어 10년 동안 죽어라고 일만 했습니다. 단기간에 많은 양의 책을 쓰겠다고 하루에 10~20시간씩 책상에 앉아 꼼짝 않고 컴퓨터 자판을 계속 두드렸습니다. 그러자 하루에 30쪽, 50쪽의 뭉치 원고가 나왔습니다. 하루에 50쪽을 쓰니 6일 만에 300쪽이나 되는 두꺼운 책을 한 권 완성할 정도였습니다.

그 당시 내 집필실은 반 지하도 아닌 완전 지하에 있었습니다.

한 평 밖에 안 되는 좁은 사무실의 절반은 머리 위 천장까지 책을 쌓아 두었기 때문에 실제로 내 공간은 딱 반 평 정도밖에 되지 않았습니다. 그곳에서 밤낮 미친 듯이 자판을 두드렸던 것입니다.

내 어깨가 뭉치고 등골이 휘어지고 손가락 지문이 닳을 정도로 계속 자판을 두드렸습니다. 지하의 좁은 공간에 허리를 앞으로 숙여 자판을 두드리니 산소가 부족해서 헐떡거렸습니다. 그래도 큰 숨을 한 번 들이켜고 다시 자판을 두드렸습니다. 그때 10년 동안 평생 써야 할 책을 다 쓴 것 같습니다. 사실 그렇게 많은 일을 해야 할 필요가 없었는데 미련했습니다. 하루에 한두 시간만 책을 써도 충분했는데 그 당시에 내 의식 수준이 낮아 노예처럼 몸을 혹사하며 하루 종일 일을 많이 해야 되는 줄로 잘못 생각했던 것입니다.

그로부터 10년이 지난 후에야 내 몸에 생긴 내가 모르는 병이 통증으로 나타났고 계속 참고 견디다가 결국 나는 다리에 12개의 구멍을 뚫고 세 군데를 찢어 꿰매는 수술을 해야 했습니다. 내 다리는 더러운 걸레처럼 엉망이 되었고 나는 그 불쌍한 다리를 보며 눈물을 터트렸습니다. 그리고 짜증과 화가 났습니다.

'도대체 의사가 내 다리에 뭔 짓을 한 거야?'

의사는 나를 치료했을 뿐입니다. 의사는 말했습니다.

"한 달 정도 지나면 새 살이 차고 아물어 다리가 깨끗해질 겁니다. 그동안은 내 다리가 아닌 것처럼 얼얼하고 쑤실 겁니다."

나는 지난 10년의 세월 동안 내가 미련하게 일했음을 깨달았습니다. 나는 얼마 전에도 아내와 산책하며 이런 말을 했습니다.

"그렇게 죽어라고 일할 필요가 없었는데 내가 미련했어. 그때는 내 의식 수준이 너무 낮았던 것 같아. 그게 아닌데."

지금은 하루에 30분에서 한 시간 정도만 책을 씁니다.

강연도 예전에는 120분씩 한 적이 많았습니다. 120분짜리 강연을 하루에 세 번 한 적도 있었습니다. 지금은 그렇게 무리하게 강연하지 않습니다. 내가 깨달은 마음으로 다섯 마디만 가르쳐도 그들의 잔이 넘칩니다. 10분도 괜찮고 30분이나 한 시간 정도면 충분합니다. 지금은 주일에도 한 시간 정도로 짧게 설교합니다.

내가 10분 라디오 설교를 10년 동안 한 적이 있는데 10분 만에 엄청나게 많은 양의 깨달음을 전할 수 있었습니다. 30분 텔레비전 설교는 2년 동안 했는데 30분이면 굉장히 긴 시간입니다.

내가 강연하면서 왜 그렇게 많은 내용을 전하려고 했을까요?

내가 책을 써내면서 왜 그렇게 많은 내용을 담으려고 했을까요?

그래야만 사람들이 빨리 변화될 거라는 기대감 때문이었습니다.

그렇지 않습니다. "미련한 자를 곡물과 함께 절구에 넣고 공이로 찧을지라도 그의 미련은 벗겨지지 않는다"(잠 27:22)는 말씀처럼 미련한 사람은 하루 종일 매를 들고 꾸짖으며 가르쳐도 깨닫지 못하고 지혜로운 사람은 칭찬하며 조용히 한 마디만 해도 깨닫고 변화됩니다. 많은 말이 아니라 한두 마디만 해도 충분합니다.

인생은 무엇일까요? 일 중독자가 되어서 밤낮 미친 듯이 일하는 것이 아닙니다. 성령님과 산책하며 행복하게 사는 것입니다. 그리고 성령님의 인도하심을 따라 전도하는 것이 최고의 인생입니다.

"성령님, 오늘도 전도할 문을 열어 주세요"라고 말씀드리며 하루를 출발하십시오. 그러면 하나님이 준비하신 전도 대상자들을 만나게 될 것입니다. "이방인들이 듣고 기뻐하여 하나님의 말씀을 찬송하며 영생을 주시기로 작정된 자는 다 믿더라."(행 13:48)

요즘 나는 일을 많이 하지 않습니다. 그 많던 일의 양을 거의 줄였는데 망하거나 가난해진 것이 아니라 오히려 더 많은 복을 받았습니다. 인생은 더 많은 일이 아닌 은혜로 사는 것입니다.

나는 매일 혼자만의 시간을 가지며 카페에 조용히 앉아 책을 읽습니다. 또 나의 하나님이신 성령님과 단둘이 산책하며 그분과 친밀한 교제를 나눕니다. 나는 중얼거리며 사랑을 고백합니다.

"성령님, 사랑합니다. 제 온 마음을 다해 사랑합니다."

네가 범사에 잘되고 강건하기를 내가 간구하노라

당신은 어떤 리더십을 발휘하고 있습니까?

온전한 리더십입니까? 아니면 부족한 리더십입니까?

온전한 리더십은 온전한 복음과 온전한 믿음과 온전한 순종을 통해 주어집니다. 노아는 그런 온전한 사람이었습니다. 하지만 노아 시대의 사람들은 심히 부패했습니다. 왜 그랬을까요? 영의 리더십에 육의 리더십이 섞였기 때문입니다. 영의 리더십에 육의 리더십이 섞이면 공동체가 썩습니다. 썩으면 공동체가 망합니다.

하나님은 당신이 하는 모든 일이 잘되기를 원하십니다.

사도 요한은 말했습니다. "사랑하는 자여, 네 영혼이 잘됨 같이 네가 범사에 잘되고 강건하기를 내가 간구하노라."(요삼 1:2)

영혼이 잘됨 같이 범사에 잘되고 강건하려면 잘 다스려야 합니다. 자신이 하는 일과 자신의 몸을 잘 다스리지 못하면 오히려 다스림을 받습니다. 다스리지 못하면 멍에가 되고 괴로움을 겪습니다.

어떻게 하면 잘 다스릴 수 있을까요? 모든 일과 몸에서 더러운 것들을 내쫓아야 합니다. 곧 더러운 영과 더러운 음식입니다.

예수님은 자신이 원하는 제자 열두 명을 불러 세우시는 순간 가장 먼저 '더러운 귀신을 쫓아내는 권능'을 주셨습니다. 여기서 '권능'은 악한 영들과 그들의 활동을 다스리는 초자연적인 힘입니다.

"예수께서 그의 열두 제자를 부르사 더러운 귀신을 쫓아내며 모든 병과 모든 약한 것을 고치는 권능을 주시니라."(마 10:1)

예수님은 제자들에게 복음을 전파할 때 "너희가 내 이름으로 귀신을 쫓아내라"고 명령하셨습니다. 바울은 "묵은 누룩을 내버리라. 악한 사람은 너희 중에서 내쫓으라"고 명령했습니다. 강하게 다스리며 악한 사람을 내쫓고 더러운 교훈과 음식은 버려야 합니다.

"너희가 자랑하는 것이 옳지 아니하도다. 적은 누룩이 온 덩어리에 퍼지는 것을 알지 못하느냐? 너희는 누룩 없는 자인데 새 덩어리가 되기 위하여 묵은 누룩을 내버리라. 우리의 유월절 양 곧 그리스도께서 희생되셨느니라. 이러므로 우리가 명절을 지키되 묵은 누룩으로도 말고 악하고 악의에 찬 누룩으로도 말고 누룩이 없이 오직 순전함과 진실함의 떡으로 하자. 내가 너희에게 쓴 편지에 음행하는 자들을 사귀지 말라 하였거니와 이 말은 이 세상의 음행하는 자들이나 탐하는 자들이나 속여 빼앗는 자들이나 우상 숭배하는 자들을 도무지 사귀지 말라 하는 것이 아니니 만일 그리하려면 너희가 세상 밖으로 나가야 할 것이라. 이제 내가 너희에게 쓴 것은 만일 어떤 형제라 일컫는 자가 음행하거나 탐욕을 부리거나 우상 숭배를 하거나 모욕하거나 술 취하거나 속여 빼앗거든 사귀지도 말고 그런 자와는 함께 먹지도 말라 함이라. 밖에 있는 사람들을 판단하는 것이야 내게 무슨 상관이 있으리요마는 교회 안에 있는 사람들이야 너희가 판단하지 아니하랴. 밖에 있는 사람들은 하나님이 심판하시려니와 이 악한 사람은 너희 중에서 내쫓으라." (고전 5:6~13)

"이 악한 사람은 너희 중에서 내쫓으라"는 말은 그런 사람과 사귀거나 함께 먹지 말고 공동체에서 '추방'하라는 것입니다.

많은 사람들이 "아무리 그래도 그렇지. 하나님은 사랑이신데, 어떻게 그 사람을 공동체에서 내쫓느냐?"라고 반문할 것입니다.

그건 인간적인 생각이고 성경은 다르게 말합니다.

하갈과 이스마엘을 내쫓으라고 했습니다. "그러나 성경이 무엇을 말하느냐 여종과 그 아들을 내쫓으라 여종의 아들이 자유 있는 여자의 아들과 더불어 유업을 얻지 못하리라 하였느니라."(갈 4:30)

무익한 종을 내쫓으라고 했습니다. "이 무익한 종을 바깥 어두운 데로 내쫓으라 거기서 슬피 울며 이를 갈리라 하니라."(마 25:30)

더 무서운 말도 나옵니다. "내가 왕 됨을 원하지 아니하던 저 원수들을 이리로 끌어다가 내 앞에서 죽이라 하였느니라."(눅 19:27)

하나님은 은혜와 징계와 심판, 세 가지를 행하시는 분입니다.

베드로는 엉뚱한 소리를 하는 시몬을 꾸짖었습니다.

"너의 이 악함을 회개하고 주께 기도하라."(행 8:22)

마귀의 종노릇하는 사람은 꾸짖어 회개하게 해야 합니다.

그렇지 않으면 밤낮 와서 행패를 부리며 교회를 더럽힙니다.

마귀의 종이 되면 교회를 압박하고 공격하며 질서를 어지럽히고 무너뜨립니다. 몇 번을 경고하며 가르치고 코치해도 듣지 않고 계속 그런 행동을 반복하는 사람은 온 교회를 힘들게 하므로 절대로 가만 두면 안 됩니다. 열배, 백배로 압박하고 공격하고 추격하고 추방해야 합니다. 만약 성령님이 "쫓아내라"고 지시하시면 성령을 힘입어 귀신을 쫓아내듯 그 사람을 공동체에서 쫓아내야 합니다.

"성령을 힘입어 복음을 전하는 자들"(벧전 1:12)이라고 했습니다. 그렇게 성령을 힘입어 복음을 전하는 것만 중요한 것이 아니라 성령을 힘입어 더러운 귀신과 귀신의 종을 쫓아내는 것도 중요합니다. 그렇게 성령을 힘입어 더러운 귀신과 귀신의 종을 쫓아내야 하나님의 나라 곧 성령 안에 있는 의와 평강과 희락이 임합니다.

"그러나 내가 하나님의 성령을 힘입어 귀신을 쫓아내는 것이면 하나님의 나라가 이미 너희에게 임하였느니라."(마 12:28)

당신이 말씀으로 꾸짖었을 때 그 사람이 회개하면서 도와 달라고 말하면 그 사람 안에 있는 귀신을 예수 이름으로 쫓아내 주면 됩니다. 하지만 말씀으로 꾸짖어도 회개하지 않고 계속 미혹의 영과 귀신을 가르침을 받아 귀신의 종노릇하면서 교회를 대적하면 그 사람은 양심이 화인을 맞아서 외식함으로 거짓말하는 자이므로 단호하게 쫓아내야 합니다. 그런 자를 가만 두면 문제가 더 커집니다. "그러나 성령이 밝히 말씀하시기를 후일에 어떤 사람들이 믿음에서 떠나 미혹하는 영과 귀신의 가르침을 따르리라 하셨으니 자기 양심이 화인을 맞아서 외식함으로 거짓말하는 자들이라."(딤전 4:1~2)

만약 그런 사람을 인정으로 봐주고 쫓아내지 않으면 당신이 그 사람에게 쫓겨나게 됩니다. 하나님은 그 사람을 쫓아내라고 했는데 당신이 "그 사람을 쫓아내는 것이 싫어요"라고 하면서 하나님께 순종하지 않으면 당신이 그 사람에게 쫓겨나는 수밖에 없습니다.

당신이 쫓겨나면 교회 바깥으로 나와야 합니다.

당신은 도대체 누구의 종입니까?

하나님의 종입니까? 사람의 종입니까?

하나님의 종이라면 어떤 대가를 치르더라도 그분의 음성에 순종하십시오. "사무엘이 이르되 여호와께서 번제와 다른 제사를 그의 목소리를 청종하는 것을 좋아하심 같이 좋아하시겠나이까? 순종이 제사보다 낫고 듣는 것이 숫양의 기름보다 나으니 이는 거역하는 것은 점치는 죄와 같고 완고한 것은 사신 우상에게 절하는 죄와 같음이라. 왕이 여호와의 말씀을 버렸으므로 여호와께서도 왕을 버려 왕이 되지 못하게 하셨나이다 하니……."(삼상 15:22~23)

무례한 사람을 대처하는 방법

당신은 무례한 사람을 어떻게 대처합니까?

귀신의 가르침을 받으며 하나님이 기름 부어 세우신 종을 무시하고 그리스도의 피로 값 주고 산 교회를 망치려는 사람에 대해 너그럽게 대하면 안 됩니다. 성령님과 함께 단호하게 대처해야 합니다.

어떻게 하면 좋을까요? 일곱 가지 방법이 있습니다.

첫째, 무시하는 것입니다.

"기분 상했어. 너와는 안 놀아"라며 왕따 시키는 건데 동네 아이들이 하는 행동입니다. 교회에서도 서로 이렇게 하는 경우가 많은데 문제는 전혀 해결되지 않습니다. 암 덩어리에 작은 반창고를 붙여 놓은 것과 같아 나중에 더 큰 문제가 터지고 교회가 쪼개집니다.

당장 기분 나쁘고 힘들다며 차단하지 말고 일단 부딪혀서 대화하며 문제를 해결해야 합니다. "여호와께서 말씀하시되 오라 우리가 서로 변론하자 너희의 죄가 주홍 같을지라도 눈과 같이 희어질 것이요 진홍 같이 붉을지라도 양털 같이 희게 되리라."(사 1:18)

둘째, 차단하는 것입니다.

무익한 논쟁과 이단은 피하라고 했습니다. 그 외에는 부딪혀서 해결해야 합니다. "그러나 어리석은 변론과 족보 이야기와 분쟁과 율법에 대한 다툼은 피하라. 이것은 무익한 것이요 헛된 것이니라. 이단에 속한 사람을 한두 번 훈계한 후에 멀리하라."(딛 3:9~10)

셋째, 용서하는 것입니다.

그 사람을 불러 다음부터는 절대로 그러지 말라고 강력하게 경고하고 그 사람이 회개하거든 그때 용서해 주어야 합니다. 경고하지도 않고 회개하지 않았는데 용서하는 것은 그 사람과 교회를 망칩니다. 경고하지 않고 용서하거나 그를 자르면 안 됩니다.

하루에 일곱 번 죄를 지었다는 것은 자기가 무슨 잘못을 했는지 알지 못한다는 말입니다. 당신은 알아도 그는 모를 수 있습니다. "왜 모르지?"라고 말하지 말고 반복해서 지시해야 합니다. 구체적으로 무엇을 잘못 했는지, 어떻게 고쳐야 하는지 정확하게 알려주고 자세하게 가르쳐야 합니다. 안 그러면 그 사람은 다른 곳에서도 똑같은 실수를 반복하게 됩니다. "너희는 스스로 조심하라. 만일 네 형제가 죄를 범하거든 '경고'하고 '회개'하거든 '용서'하라. 만일 하루에 일곱 번이라도 네게 죄를 짓고 일곱 번 네게 돌아와 내가 회개하노라 하거든 너는 용서하라 하시더라."(눅 17:3~4)

넷째, 코치하는 것입니다.

교회에서 형제가 죄를 범한 것이 드러나면 주관적인 추측이 아닌 객관적인 사실을 1~100까지 수집해서 종이에 적고 그것을 근거로 강력하게 권해야 합니다. 추측하거나 주워들은 말로 권하다가는 오히려 무고죄로 고소당하고 당신이 쫓겨날 수도 있습니다.

1차는 일대일로 권하고 2차는 한두 사람을 더 데리고 가서 두 세 증인(명백한 증거를 가진 사람을 데리고 가야 함)의 입으로 '말마다' 확증하게 해야 합니다. 그래도 안 되면 이방인처럼 여겨야 합니다.

"네 형제가 죄를 범하거든 가서 너와 그 사람과만 상대하여 권고하라. 만일 들으면 네가 네 형제를 얻은 것이요. 만일 듣지 않거든 한두 사람을 데리고 가서 두세 증인의 입으로 말마다 확증하게 하라. 만일 그들의 말도 듣지 않거든 교회에 말하고 교회의 말도 듣지 않거든 이방인과 세리와 같이 여기라."(마 18:15~17)

다섯째, 추격하는 것입니다.

아브라함은 조카 롯을 찾기 위해 적들을 추격해서 쳐부수고 모든 것을 찾아왔습니다. "아브람이 그의 조카가 사로잡혔음을 듣고 집에서 길리고 훈련된 자 삼백십팔 명을 거느리고 단까지 쫓아가서 그와 그의 가신들이 나뉘어 밤에 그들을 쳐부수고 다메섹 왼편 호바까지 쫓아가 모든 빼앗겼던 재물과 자기의 조카 롯과 그의 재물

과 또 부녀와 친척을 다 찾아왔더라."(창 14:14)

여섯째, 압박하는 것입니다.

하나님은 모세에게 바로 왕을 압박하라고 하셨습니다. 하나님은 모세를 통해 열 가지 재앙으로 바로를 강하게 압박했습니다. 압박하지 않으면 압박당합니다. 마지막 장자를 치는 초토화 공격까지 있은 후에야 이스라엘 백성을 애굽에서 구원해 냈습니다. "내가 아노니 강한 손으로 치기 전에는 애굽 왕이 너희가 가도록 허락하지 아니하다가 내가 내 손을 들어 애굽 중에 여러 가지 이적으로 그 나라를 친 후에야 그가 너희를 보내리라."(출 3:19~20)

일곱째, 공격하는 것입니다.

다윗은 골리앗보다 더 큰 소리를 지르며 달려가 물맷돌로 그를 쳤고 그의 칼을 빼내 목을 베었습니다. 교회 안에서 골리앗처럼 큰 소리를 지르며 하나님의 이름을 망령되이 일컫고 공동체를 떨게 하는 사람은 절대로 가만 두면 안 됩니다. 그 사람은 불쌍히 여기며 사랑하고 축복하되 그런 마귀의 행동은 완전히 잘라야 합니다.

다윗은 골리앗의 칼로 골리앗의 목을 베었지만 우리는 성령의 검 곧 하나님의 말씀으로 그런 사람의 목을 베어 높이 쳐들어야 합니다. 마귀는 원숭이 새끼와 같습니다. 그런 놈이 사자의 탈을 쓰고 교회를 공격합니다. 성경은 그런 마귀를 보고 두려워 떨거나 가만 두지 말고 믿음을 굳게 하여 대적하라고 했습니다.

마귀는 사람을 통해 가정과 교회를 공격해서 무너뜨리려고 합니다. 그러므로 하나님의 전신 갑주를 입고 믿음을 굳게 하여 성령의 검 곧 하나님의 말씀으로 그 사람보다 열배 또는 백배로 강하게 대적해서 마귀의 일을 완전히 멸해야 합니다. 하나님의 아들 예수님이 나타나신 것은 마귀의 일을 멸하기 위함입니다. "근신하라. 깨어라. 너희 대적 마귀가 우는 사자 같이 두루 다니며 삼킬 자를 찾나니 너희는 믿음을 굳건하게 하여 그를 대적하라. 이는 세상에 있는 너희 형제들도 동일한 고난을 당하는 줄을 앎이라."(벧전 5:8~9)

이런 일곱 가지 방법이 있지만 모든 것의 주인님이신 성령님께 물어야 합니다. "성령님, 어떻게 할까요?"라고 물으십시오.

바울은 회심 첫날부터 중대한 두 가지를 물었습니다.

"주님, 누구십니까?"

"주님, 무엇을 하리이까?"

"내가 대답하되 '주님, 누구시니이까?' 하니 이르시되 '나는 네가 박해하는 나사렛 예수라' 하시더라. 나와 함께 있는 사람들이 빛은 보면서도 나에게 말씀하시는 이의 소리는 듣지 못하더라. 내가 이르되 '주님, 무엇을 하리이까?' 주께서 이르시되 '일어나 다메섹으로 들어가라. 네가 해야 할 모든 것을 거기서 누가 이르리라' 하시거늘……."(행 22:8~10)

당신도 주님께 물으면 그분이 대답하실 것입니다.

그분의 음성을 듣고 순종하십시오.

성령의 리더십으로 가문을 다스리라

성령의 리더십과 육신의 리더십

노아 시대에는 영의 리더십과 육의 리더십이 섞였습니다.

경건한 아들들이 불경건한 딸들의 아름다움을 보고 미혹되어 자기들의 기준대로 모든 여자를 아내로 삼았고 자식을 낳았던 것입니다. 그들은 외모가 훌륭한 용사였지만 하나님을 경외하지 않았습니다. 그렇게 마구 섞이자 순식간에 죄악이 세상에 가득하게 되었고 그들의 마음으로 생각하는 모든 계획이 항상 악할 뿐이었습니다.

당신은 어떻습니까? 평생을 함께할 배우자나 동역자를 선택할 때 그 기준이 외모입니까? 중심입니까? "순간의 선택이 100년 간다"는 말이 있듯이 선택은 순간이지만 결과는 완전히 달라집니다.

외모로 사람을 취하면 안 됩니다. "사람이 땅 위에 번성하기 시작할 때에 그들에게서 딸들이 나니 하나님의 아들들이 사람의 딸들의 아름다움을 보고 자기들이 좋아하는 모든 여자를 아내로 삼는지라. 여호와께서 이르시되 '나의 영'이 영원히 사람과 함께 하지 아니하리니 이는 그들이 '육신이 됨'이라. 그러나 그들의 날은 백이십 년이 되리라 하시니라. 당시에 땅에는 네피림이 있었고 그 후에도 하나님의 아들들이 사람의 딸들에게로 들어와 자식을 낳았으니 그들은 용사라. 고대에 명성이 있는 사람들이었더라."(창 6:1~4)

그들은 외적으로는 용사들이었고 명성 있는 사람이었지만 내면은 그렇지 않았습니다. 외모와 명성보다 중요한 것이 중심입니다.

하나님은 사람의 외모가 아닌 중심을 보십니다. "여호와께서 사람의 죄악이 세상에 가득함과 그의 마음으로 생각하는 모든 계획이 항상 악할 뿐임을 보시고 땅 위에 사람 지으셨음을 한탄하사 마음에 근심하시고 이르시되 내가 창조한 사람을 내가 지면에서 쓸어버리되 사람으로부터 가축과 기는 것과 공중의 새까지 그리하리니 이는 내가 그것들을 지었음을 한탄함이니라 하시니라."(창 6:5~7)

그들은 성령의 리더십이 아닌 육신의 리더십을 가졌습니다.

하나님은 그들을 창조하신 것을 탄식하셨고 "마음에 근심하시고" 심판하기로 작정하셨습니다. 그들은 성령으로 육신을 다스리지 못하고 육신을 따라 살며 하나님의 성령을 근심시켰습니다.

에베소서 4장 30절에 "하나님의 성령을 근심하게 하지 말라. 그 안에서 너희가 구원의 날까지 인치심을 받았느니라"고 했습니다.

"그들이 반역하여 주의 성령을 근심하게 하였으므로 그가 돌이켜

그들의 대적이 되사 친히 그들을 치셨더니……."(사 63:10)

성령의 리더십은 다스리며 섬기는 것입니다. 그에 비해 육신의 리더십은 세상 권력으로 지배하는 것입니다. 다스리지 못하는 사람들은 인간적인 마음으로 무작정 엎드려 섬기려고만 합니다.

"섬기면서 조금씩 다스리면 되지 않나요?"

사실 그렇게 섬기면서 다스리는 것은 불가능합니다. 사람들을 섬길 때 이미 그들의 종이 되기 때문입니다. 다스리며 섬겨야 합니다.

오뚝이를 거꾸로 세우려고 하면 안 되는 것처럼 영적인 원리도 순서를 바꾸면 모두 뒤틀어지고 상하게 됩니다. 예를 들면, '평강과 은혜'가 올바른 순서가 아닙니다. '은혜와 평강'입니다. 은혜가 먼저 와야 평강이 따라온다는 것입니다. 그래서 사도들은 항상 "은혜와 평강이 너희에게 있을지어다"(골 1:2)라고 인사했던 것입니다.

온전한 음식이 아닌 것은 '상한 음식'입니다. 상한 음식을 먹으면 식중독에 걸려 몸이 상하고 병들게 됩니다. 이처럼 온전한 리더십이 아닌 것은 '상한 리더십'이며 그렇게 하면 식중독에 걸려 공동체가 상하고 병들게 됩니다. 이것을 성경은 "부패했다"고 말합니다.

상한 리더십은 온 땅을 부패하게 하고 그 땅에 사는 모든 사람의 행위가 부패하게 합니다. 그로 인해 하나님의 심판을 받습니다.

"그 때에 온 땅이 하나님 앞에 '부패'하여 포악함이 땅에 가득한지라. 하나님이 보신즉 땅이 '부패'하였으니' 이는 땅에서 모든 혈육 있는 자의 행위가 '부패'함이었더라. 하나님이 노아에게 이르시되 모든 혈육 있는 자의 포악함이 땅에 가득하므로 그 끝 날이 내 앞에 이르렀으니 내가 그들을 땅과 함께 멸하리라."(창 6:11~13)

노아의 리더십은 어땠을까요? 노아의 리더십은 하나님이 원하시고 기뻐하시는 성령의 리더십 곧 '온전한 리더십'이었습니다.

"그러나 노아는 여호와께 은혜를 입었더라.

이것이 노아의 족보니라.

노아는 의인이요 당대에 완전한 자라.

그는 하나님과 동행하였으며

세 아들을 낳았으니 셈과 함과 야벳이라."(창 6:8~10)

온전한 리더십을 통해 풍성한 은혜를 누려라

당신은 풍성한 은혜를 누리고 있습니까?

노아는 온전한 리더십을 통해 풍성한 은혜를 누렸습니다.

첫째, 노아는 여호와께 은혜를 입었습니다.

그때나 지금이나 하나님의 은혜를 입는 방법은 일만 가지가 아닌 딱 한 가지뿐입니다. 그것은 곧 '하나님의 복음'을 인정하고 믿는 것입니다. 하나님의 복음이 무엇일까요? 하나님이 주신 복음 곧 "하나님이 아담과 하와 대신 양을 죽여 피 흘리고 껍질을 벗겨 가죽옷을 만들어 입혔다"는 것입니다.

아담은 '믿음의 대물림'을 통해 이 은혜를 자손들에게 가르쳤고 아벨을 이어 노아에게까지 왔습니다. 노아는 속죄 제사를 인정하고 믿고 그대로 지키므로 여호와께 은혜를 입었던 것입니다.

"하나님의 집에서 심판을 시작할 때가 되었나니 만일 우리에게 먼저 하면 '하나님의 복음'을 순종하지 아니하는 자들의 그 마지막은 어떠하며 또 의인이 겨우 구원을 받으면 경건하지 아니한 자와 죄인은 어디에 서리요"(벧전 4:17~18)라고 했습니다. 우리도 노아처럼 "세상 죄를 지고 가는 하나님의 어린 양, 예수 그리스도를 믿어야 구원 받는다"는 하나님의 복음에 순종해야 합니다.

둘째, 노아는 경건한 족보가 있었습니다.

이것도 중요합니다. 자녀는 부모의 언행과 습관을 보고 들은 대로 따라 하기 때문입니다. 당신은 어떤 족보를 갖고 있습니까?

나의 족보는 '성경책'입니다. 우리가 예수를 구주로 믿고 성령으로 거듭난 순간 세상 족보가 아닌 하늘 족보로 바뀝니다. 믿음의 조상이 우리의 족보가 됩니다. 하나님의 족보, 경건한 족보, 믿음의 족보, 영의 족보를 따라 아브라함, 이삭, 야곱, 요셉, 모세, 다윗, 바울 등이 우리의 조상이 됩니다.

셋째, 노아는 의인이었습니다.

그때는 율법이 없었기 때문에 율법을 완벽하게 지킴으로가 아닌 믿음으로 의로워진 것입니다. 당신도 그렇습니다.

"사람이 의롭게 되는 것은 율법의 행위로 말미암음이 아니요 오직 예수 그리스도를 믿음으로 말미암는 줄 알므로 우리도 그리스도 예수를 믿나니 이는 우리가 율법의 행위로써가 아니고 그리스도를 믿음으로써 의롭다 함을 얻으려 함이라. 율법의 행위로써는 의롭다 함을 얻을 육체가 없느니라."(갈 2:16)

넷째, 노아는 당대에 완전한 자였습니다.

행위가 완전했다는 것이 아닙니다. 완전한 믿음 곧 완전한 신뢰를 했다는 말입니다. 그랬기 때문에 그는 100년 동안 한결 같이 방주를 지으며 세상에 의를 전파할 수 있었습니다.

다섯째, 노아는 하나님과 동행했습니다.

노아는 하나님의 임재를 존중했고 그분의 음성을 듣고 순종하므로 그분과 동행했습니다. 모든 일에 그분을 인정하기 바랍니다.

여섯째, 노아는 결혼해서 자녀를 낳았습니다.

그는 정상적인 가정을 이루었고 그 가정은 경건하고 행복한 가정이었습니다. 노아가 행복했는지 어떻게 아냐고요? 성경에 "믿음으로 의로워진 사람은 행복하다"(롬 4:6)고 했기 때문입니다.

노아의 마음은 행복했고 그의 가정도 행복했습니다. 그리고 그는 하나님을 경외하는 믿음으로 자녀를 '교육하고 코치하며 양육'했습니다. 그는 선지자이자 한 가정의 지도자로서 '다스리고 섬기며' 봉사했습니다. 당신도 가정을 잘 다스리고 섬기기 바랍니다.

일곱째, 노아는 하나님의 말씀대로 다 준행했습니다.

노아의 가족은 여덟 명이었습니다. 그는 혼자 방주를 지은 것이 아니라 온 가족이 함께 지었습니다. 이는 '교육과 코칭, 다스림과 섬김'이 없이 불가능한 일입니다. 그는 인내하며 온 가족이 하나님의 말씀대로 준행하도록 교육하고 코치하고 다스리고 섬겼습니다.

"너는 고페르 나무로 너를 위하여 방주를 만들되 그 안에 칸들을 막고 역청을 그 안팎에 칠하라. 네가 만들 방주는 이러하니 그 길이는 삼백 규빗, 너비는 오십 규빗, 높이는 삼십 규빗이라. 거기에 창을 내되 위에서부터 한 규빗에 내고 그 문은 옆으로 내고 상 중 하삼층으로 할지니라. 내가 홍수를 땅에 일으켜 무릇 생명의 기운이 있는 모든 육체를 천하에서 멸절하리니 땅에 있는 것들이 다 죽으리라. 그러나 너와는 내가 내 언약을 세우리니 너는 네 아들들과 네 아내와 네 며느리들과 함께 그 방주로 들어가고 혈육 있는 모든 생물을 너는 각기 암수 한 쌍씩 방주로 이끌어 들여 너와 함께 생명을 보존하게 하되 새가 그 종류대로, 가축이 그 종류대로, 땅에 기는 모든 것이 그 종류대로 각기 둘씩 네게로 나아오리니 그 생명을 보존하게 하라. 너는 먹을 모든 양식을 네게로 가져다가 저축하라. 이것이 너와 그들의 먹을 것이 되리라. 노아가 그와 같이 하여 하나님이 자기에게 명하신 대로 다 준행하였더라."(창 6:14~22)

여덟째, 노아는 '의를 전파하는 선지자'였습니다. 하나님은 노아와 그 일곱 식구를 온전히 보존하셨습니다. "옛 세상을 용서하지 아니하시고 오직 '의를 전파하는 노아'와 그 일곱 식구를 보존하시고 경건하지 아니한 자들의 세상에 홍수를 내리셨으며……."(벧후 2:5)

당신도 노아처럼 "하나님의 복음 곧 하나님의 은혜를 믿음으로 의로워진다"는 의를 전파하는 선지자가 되기 바랍니다.

노아는 온전한 사람, 온전한 주의 종이었다

당신은 온전한 사람, 온전한 주의 종입니까?

노아는 죄악이 가득한 세상에서 자신과 가족, 동물들이 살 수 있는 큰 방주를 지었습니다. 그것도 100년 동안 지었습니다. 노아는

'온전한 사람'이었고 '온전한 주의 종'이었습니다. 그는 하나님의 음성에 순종하므로 맡겨진 사명을 잘 감당했습니다. 우리도 하나님의 음성에 순종하므로 사명을 잘 감당하려면 온전한 사람, 온전한 주의 종이 되어야 합니다. 노아는 어떤 면에서 온전했을까요?

그는 일곱 가지 전인적인 면에 있어 온전하고 구비했습니다.

첫째, 노아는 의인이었습니다.

둘째, 노아는 성령 충만했습니다.

셋째, 노아는 건강했습니다.

넷째, 노아는 부요했습니다.

다섯째, 노아는 지혜로웠습니다.

여섯째, 노아는 평화를 가졌습니다.

일곱째, 노아는 생명을 가졌습니다.

우리는 여기에 대해 분명한 깨달음을 얻어야 합니다.

첫째, 노아는 믿음으로 의로워진 '의인'으로 하나님이 주신 '의의 힘'을 따라 거룩한 삶을 살았습니다. 방주를 지으면서 죄를 지었다는 말이 안 나옵니다. 거룩한 삶을 살아야 선지자의 일을 감당할 수 있습니다. "죄를 지어도 괜찮아. 어쩔 수 없어"라고 말하면 안 됩니다. 하나님과 동행하는 사람은 세상 사람들과 구별되어 거룩하게 살아야 합니다. 내가 죄를 지으면서 어떻게 세상을 정죄할 수 있겠습니까? 아무리 큰 교회 곧 방주를 짓고 있어도 자신과 가정에 죄가 들어오면 온전한 사람과 온전한 주의 종이 될 수 없습니다. 세상 사람들의 비난과 조롱거리가 되며 믿음의 경주에서 탈락됩니다. 실수하여 다윗처럼 죄를 지었다면 눈물로 침상을 띄우며 회개하고 다시는 죄를 짓지 말아야 합니다. 다윗은 그 이후로 동일한 죄를 다시는 짓지 않았습니다. 바울은 "은혜가 넘친다고 죄를 허용하는 것은 결코 아니다. 너희 몸을 죄의 종으로 드리지 말라"고 했습니다. 예수님도 현장에서 간음하다 잡힌 여인에게 말씀하셨습니다. "나도 너를 정죄하지 않는다. 가서 다시는 죄를 범하지 말라."(요 8:11)

둘째, 노아는 성령 충만했습니다. "노아가 성령 충만했다니, 그런 말이 어디에 나와요?"라고 할 것입니다. 노아가 100년 동안 방주를 지었는데 제 정신으로 가능했을까요? 성령의 술에 취해야 가능한 일입니다. 그는 하나님의 영에 크게 감동된 선지자였고 인간의 힘과 능으로가 아닌 성령님과 함께 방주를 지었던 것입니다.

"그러므로 어리석은 자가 되지 말고 오직 주의 뜻이 무엇인가 이해하라. 술 취하지 말라. 이는 방탕한 것이니 오직 성령으로 충만함을 받으라. 시와 찬송과 신령한 노래들로 서로 화답하며 너희의 마음으로 주께 노래하며 찬송하며 범사에 우리 주 예수 그리스도의 이름으로 항상 아버지 하나님께 감사하며 그리스도를 경외함으로 피차 복종하라"(엡 5:17~21)고 했는데 노아가 그런 상태였습니다.

노아는 성령님을 통해 주의 뜻이 무엇인가 이해했습니다.

노아는 방주를 짓는 내내 술 취하지 않았고 오직 성령의 충만함을 받았습니다. 노아는 시와 찬송과 신령한 노래들로 서로 화답하며 마음으로 주께 노래하며 찬송하며 행복한 마음으로 방주를 지었습니다. 노아의 온 가족은 한 마음과 한 뜻이 되어 항상 하나님께 감사하며 하나님을 경외했고 서로 복종하며 방주를 지었습니다.

"노아는 하나님과 동행했다"고 했는데 동행에 '우정과 사랑'을 빼놓고 설명할 수 없습니다. 노아는 하나님의 영이신 성령님과 친밀한 교제를 나누며 우정과 사랑을 키웠습니다. 노아는 육신의 사람이 아닌 영의 사람이었습니다. 그런 노아가 홍수가 끝난 후에는 깨어 있지 못하고 술에 취해 실수했습니다. 노아처럼 완전한 하나님의 종도 막중한 일이 끝난 후에 깨어 있지 못하면 시험에 듭니다.

나는 주일 예배 전에 몇 시간 기도하지만, 사역이 끝난 후에도 집에서 좀 쉬었다가 아내와 함께 다시 교회에 가서 1~2시간 정도 기도합니다. 기도로 시작해서 기도로 마무리하는 것입니다. 그렇게 기도하고 나면 모든 피로가 사라지고 새 힘이 넘치게 됩니다.

우리는 처음부터 끝까지 성령의 술에만 취해야 합니다. 육신의 술에 취하지 말고 오직 성령의 술에 취해 살기 바랍니다. 성경은 포도주에 대해서도 "너는 그것을 보지도 말지어다"라고 명령합니다.

"재앙이 뉘게 있느뇨. 근심이 뉘게 있느뇨. 분쟁이 뉘게 있느뇨. 원망이 뉘게 있느뇨. 까닭 없는 상처가 뉘게 있느뇨. 붉은 눈이 뉘게 있느뇨. '술'에 잠긴 자에게 있고 혼합한 술을 구하러 다니는 자에게 있느니라. '포도주'는 붉고 잔에서 번쩍이며 순하게 내려가나니 '너는 그것을 보지도 말지어다' 그것이 마침내 뱀 같이 물 것이요 독사 같이 쏠 것이며 또 네 눈에는 괴이한 것이 보일 것이요 네 마음은 구부러진 말을 할 것이며 너는 바다 가운데에 누운 자 같을 것이요 돛대 위에 누운 자 같을 것이며 네가 스스로 말하기를 사람이 나를 때려도 나는 아프지 아니하고 나를 상하게 하여도 내게 감각이 없도다.

내가 언제나 깰까 다시 술을 찾겠다 하리라."(잠 23:29~35)

술은 중독이기 때문에, 술을 끊는 것은 내 힘으로 안 됩니다. 하지만 성령님께 도움을 구하면 하루 만에 끊을 수 있습니다.

"성령님, 제가 술을 끊게 해주세요."

노아는 그 후로 다시는 동일한 실수를 하지 않았습니다.

셋째, 노아는 건강했습니다. 100년 동안 그렇게 큰 방주를 지어야 했는데, 아픈 몸으로는 결코 그렇게 할 수 없습니다. 하루만 감기, 몸살이 걸려도 끙끙거리며 누워 있어야 하며 만사가 다 귀찮습니다. 노아는 암이나 중풍, 간질, 당뇨병에 걸리지 않았습니다.

노아는 믿음으로 의로워진 의인이었기 때문에 마음에 정죄함이 없었고, 영적으로 하나님과 동행하며 거룩한 삶을 살며 죄를 짓지 않았고, 몸도 잘 관리하여 건강했습니다. 그와 식구들의 온 영과 혼과 몸이 건강했습니다. "평강의 하나님이 친히 너희를 온전히 거룩하게 하시고 또 '너희의 온 영과 혼과 몸이' 우리 주 예수 그리스도께서 강림하실 때에 흠 없게 보전되기를 원하노라."(살전 5:23) 당신도 120세까지 하루도 아니 한 시간도 아프지 말기 바랍니다.

넷째, 노아는 부요했습니다. 그는 모든 일에 자급자족했습니다.

노아는 방주를 짓기 위해 돈이 필요하니 도와 달라며 사람들을 찾아다니며 후원을 요청하지 않았습니다. 그는 "너는 먹을 모든 양식을 네게로 가져다가 저축하라"(창 6:21)는 말씀대로 가족을 위해 농사짓고 371일간의 방주 생활을 위해 '저축한 사람'이었습니다.

그에 비해 노아 시대 사람들은 하루살이 인생을 살았습니다.

"인생은 오늘뿐이야. 당장 먹고 살기도 바쁜데 10년, 50년, 100

년 후의 일에 대해 알게 뭐람. 그런 건 내 인생에 없어."

그들은 다가올 미래를 전혀 준비하지 않았습니다.

"홍수전에 노아가 방주에 들어가던 날까지 사람들이 먹고 마시고 장가들고 시집가고 있으면서 홍수가 나서 그들을 다 멸하기까지 깨닫지 못하였으니 인자의 임함도 이와 같으리라."(마 24:38~39)

노아는 하나님의 명령을 따라 100년 동안 방주를 지으며 미래를 준비했고 의의 말씀을 전파했지만 그들의 미련은 조금도 벗겨지지 않았습니다. "미련한 자를 곡물과 함께 절구에 넣고 공이로 찧을지라도 그의 미련은 벗겨지지 아니하느니라."(잠 27:22)

우리는 노아처럼 100년 마인드로 일해야 합니다.

"노아처럼 100년 마인드로 전도와 양육, 저축과 투자를 하라."

하루살이 인생으로 살면 안 됩니다. 하나님은 "내일 일을 염려하지 말라. 내일 일을 자랑하지 말라"고 하셨지 "내일 일을 준비하지 말라"고 하지 않으셨습니다. 내일 일을 준비하는 것은 하나님의 성품과 지혜에 속합니다. 영원한 세계를 준비한다는 하나님의 사람들이 왜 내일 일은 준비하지 않습니까? 젊을 때 부지런히 일하며 수입의 십분의 일 정도를 먼저 떼어 저축하고 투자해야 합니다. '선십일조 후지출' 하는 것처럼 '선저축 후지출' 해야 합니다.

나는 사람들에게 분명히 가르치고 코치합니다.

"영원을 위해 십분의 일을 드리고 미래를 위해 십분의 일을 저축하라. 그리고 십분의 팔로만 생활하라."

십분의 일을 헌금하고 저축하는 것은 적다고요? 그러면 두 배의 법칙을 따라 하면 됩니다. "영원을 위해 오분의 일을 드리고 미래를 위해 오분의 일을 저축하라. 그리고 오분의 삼으로 생활하라."

어떤 사람은 내가 아무리 저축에 대한 이야기를 해도 피부에 와 닿지 않고 남의 일 같다고 말합니다. "김열방 목사님이 정신 나간 소리 하고 있네. 하나님이 다 책임지시는데 무슨 저축을 해."

하나님의 경제 주기는 7년 풍년, 7년 흉년이 반복됩니다. 야곱은 7년, 7년, 14년간 빈손이었다가 6년간 저축하고 투자해서 거부가 되었고 그의 아들 요셉은 7년 풍년의 때에 수확의 오분의 일을 저축하고 7년 흉년의 때에 조금씩 내다 팔므로 모든 백성을 살렸습니다. 다윗도 환난 중에 금 10만 달란트를 저축해서 성전 건축을 위해 드렸습니다. 이렇게 저축하며 준비하는 것이 하나님의 지혜입니다.

10년, 20년은 금방 지나갑니다. 지금부터 준비하지 않으면 노숙자나 거지가 되고 '비옥한 노후'가 아닌 '비참한 노후'를 맞이하게 됩니다. 자녀에게 기대지 말고 직접 노후를 준비해야 합니다.

"게으른 자여, 개미에게 가서 그가 하는 것을 보고 지혜를 얻으라. 개미는 두령도 없고 감독자도 없고 통치자도 없으되 먹을 것을 여름 동안에 예비하며 추수 때에 양식을 모으느니라."(잠 6:6~8)

개미처럼 꾸준히 저축하며 미래를 준비해야 합니다.

조금 성공했다고 함부로 생활수준을 높이지 말아야 합니다.

물론 생활수준을 높이지 않는다고 하나님의 자녀가 평생 쪽방이나 고시원, 원룸에서 생활하면 안 됩니다. 하나님이 그분의 자녀에게 계속 더 많은 복을 주고 계시기 때문입니다. 결국 이 땅에서 살다가 천국에 가는 것도 생활수준이 높아지는 것 중에 하나입니다.

그렇다면 어떻게 해야 할까요? 생활수준은 비율로 정하는 것이 지혜입니다. 예를 들어, 월수입이 100만 원인데 50만 원을 생활비로 쓰고 있다면 하나님이 복을 주셔서 월수입이 두 배인 200만 원으로 늘어났을 경우 생활비도 두 배인 100만 원을 쓰면 됩니다.

기본은 '십분의 일 법칙'입니다. 500만 원이 월수입일 경우 십일조 50만 원, 저축 50만 원, 생활비 400만 원입니다. 두 배의 법칙으로 들어가면 '오분의 일 법칙'입니다. 500만 원이 월수입인 경우 십이조 100만 원, 저축 100만 원, 생활비 300만 원입니다.

기본은 모든 사람에게 적용되는 것이고 두 배의 법칙은 각자 믿음대로 하면 됩니다. 이렇게 하므로 하나님이 복을 주시는 것에 따라 조금 더 넓은 아파트, 새 자동차, 고급 옷과 신발을 마련하는 것은 괜찮습니다. 폐차 직전의 차를 계속 몰면 큰 사고가 납니다.

헌금에 대해서도 진보를 보여야 합니다. "생활수준을 높이면 안 되니까 헌금도 10년 동안 동결이야. 아내 생활비와 아이들 용돈도 10년 동안 동결이야"라고 하면 문제가 생깁니다. 하나님은 계속 복을 쌓을 곳이 없도록 부어 주고 계시기 때문에 거기에 맞춰 생활수준도 높이되 비율을 따라 하면 됩니다. 나는 성도들에게 "십일조와 헌금에도 진보를 보여라. 감사 헌금을 작년에 1만 원 했으면 새해에는 2만 원으로 늘여라. 기도와 말씀, 전도와 양육, 봉사와 헌신에도 진보를 보이며 수준을 높이라"고 말합니다. "이 모든 일에 전심전력하여 너의 진보를 모든 사람에게 나타나게 하라."(딤전 4:15)

고정 수입은 늘어나지 않았는데 지출 규모를 늘리는 것은 빚지는 지름길입니다. 고정 수입이 늘어나지 않은 사람은 생활수준도 높이면 안 됩니다. 일회적인 수입 증가는 생활수준을 높이는 기준이 아님니다. 모든 일에 자제해야 합니다. 나는 수입이 늘어도 지출은 동일합니다. 하루에 커피 한 잔 값과 책값 외에 돈 드는 일이 거의 없습니다. 자동차는 7년 동안 12만 킬로를 탔는데 100만 킬로까지 탈 예정이고 구두도 100년 동안 신고 자녀에게 물려줄 예정입니다.

물건은 허접한 것을 사서 며칠 쓰다 버리지 말고 괜찮은 것을 사서 오래 사용하는 것이 지혜입니다. 바울은 규모 없이 행하지 말라고 했습니다. "너희 가운데 규모 없이 행하여 도무지 일하지 아니하고 일만 만드는 자들이 있다."(살후 3:11) 지출을 다스리십시오.

다섯째, 노아는 지혜로운 사람이었습니다. 지혜로우신 하나님은 그에게 방주의 설계도를 주시며 "이렇게 지어라"고 구체적인 지시를 하셨습니다. 하나님은 막연한 분이 아닙니다. 그분의 꿈을 이루기 위해 사람을 선택하신 후에 그에게 구체적인 꿈과 소원, 전략과 은사를 주시는 분입니다. 노아가 방주를 짓는데 건강과 재정도 중요하지만 가장 필요한 것은 지혜였습니다. 설계도를 이해하고 순서를 따라 정확하게 짓지 않으면 방주는 한순간에 무너질 것입니다. 노아는 하나님께 천재적인 지혜를 받아 방주를 정교하게 잘 지었습니다. 초자연적인 지혜는 지혜의 영이신 성령님께로부터 옵니다.

성령님은 성경과 세미한 음성을 통해 말씀하십니다.

난해한 것을 억지로 풀려고 하면 멸망에 이릅니다. "또 그 모든 편지에도 이런 일에 관하여 말하였으되 그 중에 알기 어려운 것이 더러 있으니 무식한 자들과 굳세지 못한 자들이 다른 성경과 같이 그것도 억지로 풀다가 스스로 멸망에 이르느니라."(벧후 3:16)

내게 이런 질문을 하는 사람이 있었습니다.

"사람의 영혼은 언제 만들어졌고 어디서 오나요?"

영혼 유래에 대해서는 다양한 견해가 있고 나는 잘 모릅니다. 성경은 하나님이 사람을 모태에서 만드셨다고 합니다. "주께서 내 내장을 지으시며 나의 모태에서 나를 만드셨나이다."(시 139:13)

하루는 노아 이야기를 읽다 보니 난해한 내용이 나왔습니다.

"노아가 농사를 시작하여 포도나무를 심었더니 포도주를 마시고 취하여 그 장막 안에서 벌거벗은지라. 가나안의 아버지 함이 그의 아버지의 하체를 보고 밖으로 나가서 그의 두 형제에게 알리매 셈과 야벳이 옷을 가져다가 자기들의 어깨에 메고 뒷걸음쳐 들어가서 그들의 아버지의 하체를 덮었으며 그들이 얼굴을 돌이키고 그들의 아버지의 하체를 보지 아니하였더라. 노아가 술이 깨어 그의 작은 아들이 자기에게 행한 일을 알고 이에 이르되 가나안은 저주를 받아 그의 형제의 종들의 종이 되기를 원하노라 하고 또 이르되 셈의 하나님 여호와를 찬송하리로다. 가나안은 셈의 종이 되고 하나님이 야벳을 창대하게 하사 셈의 장막에 거하게 하시고 가나안은 그의 종이 되게 하시기를 원하노라 하였더라. 홍수 후에 노아가 삼백오십 년을 살았고 그의 나이가 구백오십 세가 되어 죽었더라."(창 9:20~29)

이 내용에 대해 어떻게 해석해야 할지 궁금해서 원어 성경을 비롯한 7개의 번역본과 각종 자료를 찾아 연구해 보니 명확한 설명이 없었고 해석 또한 백 명이면 백 명 모두 달랐습니다. "추측하건대, 내가 생각하는 것이 확실하다"라고 말하면서 각자 자신의 해석이 옳다고 강하게 주장하는 것이었습니다. 나는 '추측이면 추측이지 왜 확실하다고 말하지?' 라는 생각이 들어 주님께 묻기로 했습니다.

"주님, 그들의 해석이 저와는 좀 다릅니다. 그들의 중심은 어떻게든 이 사건을 바르게 해석하려고 애쓰는 것 같고 나름대로 주님을 사랑하는 것 같습니다. 원어를 가장 잘 아는 유대인 랍비에게 직접 물으면 좋겠는데, 제가 아는 유대인 랍비는 예수님뿐입니다. 유대인 랍비이신 예수님, 이 성경 내용에 대한 명쾌한 해석을 알고 싶습니다."

내 입에서 이 말이 끝나자마자 즉시 이렇게 말씀하셨습니다.

"그들이 그렇게 해석하든 말든 그것이 너와 무슨 상관이냐? 너는 나를 따르라."

나는 깜짝 놀랐습니다. 그리고 너무 신기하고 놀랍고 또 명쾌한 대답인 것 같아 아내에게 소리를 질렀습니다.

"내가 묻자마자 주님께서 즉시 말씀하셨어."

그렇습니다. 하나님은 성경을 주셨고 그것을 해석하는 것은 각자의 몫입니다. 모든 사람의 해석이 나와 똑같을 수는 없습니다.

주님은 "그들을 상관하지 말고 나를 따르라"고 하셨습니다.

"예수께서 이르시되 내가 올 때까지 그를 머물게 하고자 할지라도 네게 무슨 상관이냐 너는 나를 따르라 하시더라."(요 21:22)

어린 아이는 어린 아이 수준에서 성경을 해석할 것이고 장성한 자는 장성한 자의 수준에서 성경을 해석할 것입니다. 그들 모두 하나님의 사랑받는 자녀입니다. 이단이 아니면 각자 성경을 좀 다르게 해석해도 이해하고 사랑하고 용납해야 합니다. 그리고 성경을 읽다가 지혜가 부족하다고 느끼면 언제든지 주님께 구하면 됩니다. "너희 중에 누구든지 지혜가 부족하거든 모든 사람에게 후히 주시고 꾸짖지 아니하시는 하나님께 구하라. 그리하면 주시리라."(약 1:5)

지금 당신 안에 하나님의 지혜가 가득합니다.

여섯째, 노아는 평화를 가진 사람이었습니다. 수많은 사람들이 노아를 보고 "괴짜다. 미쳤다. 광신자다. 마른하늘에 무슨 비가 쏟아지고 홍수가 난단 말이냐? 하루 이틀도 아니고 100년 동안 저 짓을 하다니"라며 놀리고 조롱하고 비판하고 정죄했을 것입니다. 그러나 노아는 마음에 초자연적인 하늘의 평강이 가득했습니다.

하나님이 세상을 심판하신다는 것을 알았지만 그 심판이 자기와는 상관이 없었습니다. 왜일까요? 자기가 받아야 할 심판을 조상인 아담이 전해 준 '세상 죄를 지고 가는 어린 양'이 다 받았다는 것을 알았기 때문입니다. 아담과 노아, 이사야처럼 "그가 징계를 받으므로 우리는 평화를 얻었다"(사 53:5)는 사실을 믿는 사람은 마음에 평화가 가득합니다. 이것은 세상이 줄 수 없는 큰 평화입니다.

일곱째, 노아는 생명을 가진 사람이었습니다. "여호와께서 이르시되 '나의 영'이 영원히 사람과 함께 하지 아니하리니 이는 그들이 육신이 됨이라"(창 6:3)고 했는데, 노아는 하나님의 영이 함께 하는 사람이었으므로 큰 생명, 새 생명, 영원한 생명을 가졌습니다.

노아는 이 땅에서의 삶이 전부가 아닌 것을 알았고 영원한 생명을 믿었습니다. 그 영원한 생명이 선지자였던 노아의 삶과 가정에서부터 시작된 것입니다. "믿음의 결국 곧 영혼의 구원을 받음이라. 이 구원에 대하여는 너희에게 임할 은혜를 예언하던 선지자들이 연구하고 부지런히 살펴서 자기 속에 계신 그리스도의 영이 그 받으실 고난과 후에 받으실 영광을 미리 증언하여 누구를 또는 어떠한 때를 지시하시는지 상고하니라. 이 섬긴 바가 자기를 위한 것이 아니요 너희를 위한 것임이 계시로 알게 되었으니 이것은 하늘로부터 보내신 성령을 힘입어 복음을 전하는 자들로 이제 너희에게 알린 것이요 천사들도 살펴보기를 원하는 것이니라."(벧전 1:9~12)

노아는 이러한 일곱 가지 곧 의와 성령 충만, 건강과 부요, 지혜와 평화, 생명을 풍성히 받아 누린 사람이었습니다. 이러한 풍성한 생명을 주시기 위해 하나님의 어린 양 예수님이 대신 죽으셨습니다.

예수님은 우리의 죄와 목마름, 병과 가난, 어리석음과 징계, 죽음을 다 짊어지시고 십자가에서 피와 땀과 눈물을 흘리며 값을 다 지불하고 "다 이루었다"(요 19:30)고 외치며 죽으셨습니다. 그분은 죄가 없는 하나님의 아들이시므로 죽은 지 사흘 만에 부활하셨고 그분의 이름을 믿는 자에게 일곱 가지의 풍성한 은혜를 다 주십니다.

노아는 믿음으로 이 모든 은혜를 다 받아 누렸습니다.

당신도 이 모든 은혜를 다 받아 누리기 바랍니다.

"은혜가 너희 모든 사람에게 있을지어다."(히 13:25)

빌립처럼 영혼을 보는 눈을 가지라

당신은 빌립 집사의 리더십에 대해 아십니까?

나는 사도행전을 읽고 연구하면서 놀라운 사실을 발견했습니다. 그것은 바로 빌립 집사의 리더십이었습니다. 리더십은 '영향을 끼친다'는 뜻입니다. 빌립은 비록 집사였지만 사도들 못지않은 영향을 끼쳤습니다. 리더십에 있어 신분이나 위치, 직분과 사명도 중요하지만 가장 큰 힘은 주변 사람에게 끼치는 '영향력'입니다.

도대체 빌립은 어떤 영향력을 끼쳤기에 성경에 기록되었을까요?

그는 성령님의 음성에 즉시 순종했고 가는 곳마다 하나님 나라와 및 예수 그리스도의 이름에 관하여 전도했습니다. 그의 리더십은 순종과 전도의 리더십이었습니다. 빌립은 집사였지만 아주 지혜로운 사람이었습니다. 그 지혜는 성령님으로부터 온 것이었습니다.

나는 하나님께 지혜를 구했고 받았다

당신은 하나님께 지혜를 구하고 받았습니까?

나는 20세에 길을 걷던 중 성령이 내 온몸에 임하여 크게 흐느껴 울며 회개했습니다. 그 순간 내 입에서 생소한 언어인 방언이 흘러 나왔습니다. 며칠 후에 나는 하나님께 지혜를 달라고 구했습니다.

"하나님, 저는 미련하고 연약합니다. 저에게 지혜를 주세요."

하나님은 내가 한 번만 구했는데 즉시 세미한 음성으로 응답하셨습니다. "아들아, 내가 네게 지혜를 주었다. 받은 줄로 믿어라."

그 즉시 나는 예수님이 하신 말씀이 떠올랐습니다.

"내가 너희에게 말하노니 무엇이든지 기도하고 구하는 것은 받은 줄로 믿으라. 그리하면 너희에게 그대로 되리라."(막 11:24)

나는 이 말씀에 근거하여 지혜를 받았다고 믿었습니다. 하지만 하나님이 주신 지혜는 하루아침에 큰 열매를 맺는 것이 아니었습니다. 누가복음 2장 52절에 "예수는 지혜와 키가 자라가며 하나님과 사람에게 더욱 사랑스러워 가시더라"고 했습니다. 이는 점진적인 성장을 말하며 네 종류의 성장을 말하고 있습니다. 첫째, 지혜는 지적인 성장입니다. 둘째, 키는 신체적인 성장입니다. 셋째, "하나님에게 더욱 사랑스러워 갔다"는 말은 영적인 성장입니다. 넷째, "사람에게 더욱 사랑스러워 갔다"는 말은 사회적인 성장입니다.

지혜는 키가 자라는 것처럼 점점 자라는 것입니다. 그날로부터 10년 정도 지났을 때 첫 열매가 맺혔는데 그것은 바로 내가 29세에 쓴 〈성령님과 친밀하게 교제하는 법〉이란 책이 출간된 것이었습니다. 그 책은 10년간의 삶을 30일 만에 저술해서 완성한 것입니다.

나는 지혜를 받으면 공부를 잘하게 될 거라고 생각했습니다.

"나는 하나님께 지혜를 구하고 받았으니 이제 쉽게 공부해서 서울대를 수석으로 입학, 졸업하고 일본이나 미국으로 유학 가서 박사 학위를 받고 세계적인 사업가나 디자이너, 교수가 되어야지."

하지만 하나님의 생각은 달랐습니다. 내게 단순히 학과 공부를 잘하는 '수재의 지혜'가 아닌 예수님과 함께 하는 행복한 삶과 복음을 깨닫고 정립하여 책에 담아내는 '천재의 지혜'를 주신 것입니다.

'책을 외우는 지혜'는 교과서와 문제집, 참고서를 달달 외워서 100점을 맞고 특정 분야에 전문가가 되는 것이 목적인 반면에, 하나님이 내게 주신 '책을 쓰는 지혜'는 예수 그리스도 복음으로 말미암아 행복하게 된 내 삶을 책에 담아 수많은 사람들을 변화시키는 것이 목적입니다. 복음 전도를 위한 하나님의 지혜인 것입니다.

하나님이 그분의 자녀에게 주시는 지혜는 철학이나 신화 등 잡다한 지식을 습득하고 설명하는 것이 아닙니다. 오직 하나님 나라와 및 예수 그리스도의 이름에 관한 도를 전하는 것입니다.

성경에 나오는 인물 중에 하나님께 큰 지혜를 받은 사람이 있습니다. 누굴까요? 구약에 나오는 아브라함, 이삭, 야곱, 요셉, 모세, 다윗이 아닌 신약에 나오는 빌립 집사입니다. 그는 사도나 목사가 아니었습니다. 그런데도 성령과 지혜가 충만한 사람이었습니다.

"빌립이 하나님 나라와 및 예수 그리스도의 이름에 관하여 전도함을 그들이 믿고 남녀가 다 세례를 받으니라."(행 8:12)

빌립은 복음 전도자의 리더십을 발휘했다

사람이 마음에 가득한 것을 입으로 말한다고 했는데 빌립이 무엇을 말했습니까? '하나님 나라와 예수 그리스도의 이름'입니다.

이것이 사람이 가질 수 있는 가장 큰 지혜와 지식입니다.

빌립은 그 어떤 학자나 마법사보다 지혜로운 사람이었습니다.

빌립은 그리스도를 백성에게 전했고 그 결과 많은 사람에게 붙었던 더러운 귀신들이 크게 소리를 지르며 나가고 또 많은 중풍병자와 못 걷는 사람이 나았습니다. 그 성에 큰 기쁨이 있었습니다.

"빌립이 사마리아 성에 내려가 '그리스도'를 백성에게 전파하니 무리가 빌립의 말도 듣고 행하는 표적도 보고 한마음으로 그가 하는 말을 따르더라. 많은 사람에게 붙었던 더러운 귀신들이 크게 소리를 지르며 나가고 또 많은 중풍병자와 못 걷는 사람이 나으니 그 성에 큰 기쁨이 있더라. 그 성에 시몬이라 하는 사람이 전부터 있어 마술을 행하여 사마리아 백성을 놀라게 하며 자칭 큰 자라 하니 낮은 사람부터 높은 사람까지 다 따르며 이르되 이 사람은 크다 일컫는 하나님의 능력이라 하더라. 오랫동안 그 마술에 놀랐으므로 그들이 따르더니 빌립이 '하나님 나라'와 및 '예수 그리스도의 이름'에 관하여 전도함을 그들이 믿고 남녀가 다 세례를 받으니 시몬도 믿고 세례를 받은 후에 전심으로 빌립을 따라다니며 그 나타나는 표적과 큰 능력을 보고 놀라니라."(행 8:5~13)

그때 마법사 시몬을 따랐던 사람들이 누구였습니까? 낮은 사람부터 높은 사람까지 다 그를 따랐다고 했습니다. 못 배운 자나 배운 자나 모두 그를 높이 떠받들며 추종했다는 말입니다. 마법사 시몬과 그를 따르는 모든 사람보다 지혜로운 사람이 빌립이었습니다.

참된 지혜는 무엇일까요? 많이 배워서 높은 지위에 앉은 사람일까요? 무소유의 정신으로 다 비우고 낮은 위치에 앉은 사람일까요? 아니면 그 모든 사람들이 떠받드는 마법사일까요? 아닙니다.

참된 지혜는 하나님의 나라와 및 예수 그리스도의 이름에 대해 알고 전하는 것입니다. 이것이 전도입니다. 하나님은 전도의 미련한 것으로 사람들을 구원하기를 기뻐하셨습니다.

"하나님의 지혜에 있어서는 이 세상이 자기 지혜로 하나님을 알지 못하므로 하나님께서 '전도의 미련한 것'으로 믿는 자들을 구원하시기를 기뻐하셨도다. 유대인은 표적을 구하고 헬라인은 지혜를 찾으나 우리는 '십자가에 못 박힌 그리스도'를 전하니 유대인에게는 거리끼는 것이요 이방인에게는 미련한 것이로되 오직 부르심을 받은 자들에게는 유대인이나 헬라인이나 '그리스도는 하나님의 능력이요 하나님의 지혜'니라. 하나님의 어리석음이 사람보다 지혜롭고 하나님의 약하심이 사람보다 강하니라."(고전 1:21~25)

철학과 온갖 신화와 변론에 빠지지 마십시오. "인생이란 무엇인가? 어디서 와서 왜 살며 어디로 가는가?"라는 질문을 던지고 답을 주지 못하는 '철학'은 세상의 초등학문입니다. 교회는 초등학문을 가르치고 따르거나 그런 자들을 지도자로 세우지 말아야 합니다.

"너희가 세상의 초등학문에서 그리스도와 함께 죽었거든 어찌하여 세상에 사는 것과 같이 규례에 순종하느냐?"(골 2:20)

어떤 교회와 신학교는 세상 철학을 수준 높다며 떠받들고 그런 학위를 가진 사람을 담임목사로 초빙하고 그들의 종노릇을 합니다.

철학은 하나님 앞에서 약하고 천박한 초등학문에 불과합니다.

"이제는 너희가 하나님을 알 뿐 아니라 더욱이 하나님이 아신 바 되었거늘 어찌하여 다시 '약하고 천박한 초등학문'으로 돌아가서 다시 그들에게 종노릇 하려 하느냐?"(갈 4:9)

목회자는 철학과 헛된 속임수를 짜깁기해서 성도를 사로잡는 설교를 하지 말아야 합니다. 이것은 사람의 전통과 세상의 초등학문을 따르는 것이며 그리스도를 따름이 아닙니다. "누가 철학과 헛된 속임수로 너희를 사로잡을까 주의하라. 이것은 사람의 전통과 세상의 초등학문을 따름이요 그리스도를 따름이 아니니라."(골 2:8)

빌립처럼 모든 사람이 오직 그리스도를 따르게 해야 합니다.

사도 바울도 빌립과 똑같은 내용 곧 예수 이름을 전했습니다.

"바울이 온 이태를 자기 셋집에 머물면서 자기에게 오는 사람을 다 영접하고 '하나님의 나라'를 전파하며 '주 예수 그리스도'에 관한 모든 것을 담대하게 거침없이 가르치더라."(행 28:30~31)

바울은 믿음의 아들인 디모데에게 지시했습니다.

"디모데야, 어떤 사람들을 명하여 다른 교훈과 신화와 끝없는 족보에 몰두하지 말게 하라. 그리고 너는 망령되고 허탄한 신화를 버리고 경건에 이르도록 네 자신을 연단하라."(딤전 1:4, 4:7)

그렇습니다. 세상의 잡다한 지식은 참된 지혜가 아닙니다.

하나님의 나라와 및 예수 그리스도의 이름이 참된 지혜입니다.

하나님의 나라는 무엇일까요?

첫째, "하나님의 나라는 말에 있지 아니하고 오직 능력에 있으니라."(고전 4:20) 하나님의 나라는 오직 성령의 능력에 있습니다.

둘째, "하나님의 나라는 볼 수 있게 임하는 것이 아니요 또 여기 있다 저기 있다고도 못하리니 하나님의 나라는 너희 안에 있느니라."(눅 17:20~21) 하나님의 나라는 성령으로 당신 안에 있습니다.

셋째, "하나님의 나라는 먹는 것과 마시는 것이 아니요 오직 성령 안에 있는 의와 평강과 희락이라."(롬 14:17) 먹는 것과 마시는 것에 너무 집착하지 말고 성령님과 복음의 은혜를 누려야 합니다.

넷째, "하나님의 나라는 사람이 씨를 땅에 뿌림과 같다"고 했는데, 씨앗처럼 아주 작게 뿌려지지만 나중에 나무처럼 아주 크게 자랍니다.(막 4:26) 씨앗이 자라게 하시는 분은 성령님이십니다.

다섯째, "내가 하나님의 성령을 힘입어 귀신을 쫓아내는 것이면 하나님의 나라가 이미 너희에게 임하였느니라."(마 12:28) 예수님은 성령을 힘입어 귀신 들린 사람들을 치유하고 자유케 했습니다.

하나님의 나라는 하나님이 통치하시는 왕국 곧 천국을 말합니다.

하나님은 좋으신 분입니다. 그분이 다스리는 천국에는 나쁜 것 곧 죄와 목마름과 병과 가난과 어리석음과 징계와 죽음이 없습니다.

천국에는 오직 좋은 것만 있는데 곧 의와 성령 충만과 건강과 부요와 지혜와 평화와 생명이 있습니다. 그러한 천국이 성령을 통해 당신 안에 가득히 들어와 있습니다. 그래서 행복한 것입니다.

천국은 행복한 곳입니다. 사람이 아무리 많은 지식을 갖고 있어도 마음이 행복하지 못하면 무슨 소용이 있습니까? 이러한 천국의 행복을 얻으려면 예수 그리스도의 이름을 알아야 합니다.

예수 그리스도의 이름은 무엇일까요?

마태복음 1장 21절에 "아들을 낳으리니 이름을 예수라 하라. 이는 그가 자기 백성을 그들의 죄에서 구원할 자이심이라 하니라"고 했습니다. 예수는 '구원자'라는 뜻입니다. '그리스도'도 기름 부음 받은 자라는 말인데 동일하게 '구원자'라는 뜻입니다. 예수 그리스도는 한마디로 '구원자'라는 말입니다. 예수는 구원자이십니다.

예수 이름에 모든 것을 구원하는 능력이 있습니다.

예수님은 제자들에게 '예수 이름'을 전하라고 명령하셨습니다.

"내 이름을 전파하라. 내 이름을 믿으면 구원을 받으리라. 내 이름으로 귀신을 쫓아내라. 내 이름으로 새 방언을 말하라. 내 이름으로 뱀을 집어 올려라. 내 이름으로 무슨 독을 마실지라도 해를 받지 않으리라. 내 이름으로 병든 사람에게 손을 얹으면 나으리라."

예수 이름을 알고 믿고 전하는 것이 가장 큰 지혜입니다.

나는 평생 예수 이름을 알고 믿고 전하기로 작정했습니다.

당신도 평생 예수 이름만 전하기 바랍니다.

"또 이르시되 너희는 온 천하에 다니며 만민에게 복음을 전파하라. 믿고 세례를 받는 사람은 구원을 얻을 것이요 믿지 않는 사람은 정죄를 받으리라. 믿는 자들에게는 이런 표적이 따르리니 곧 그들이 '내 이름으로' 귀신을 쫓아내며 새 방언을 말하며 뱀을 집어올리며 무슨 독을 마실지라도 해를 받지 아니하며 병든 사람에게 손을 얹은즉 나으리라 하시더라. 주 예수께서 말씀을 마치신 후에 하늘로 올려지사 하나님 우편에 앉으시니라. 제자들이 나가 두루 전파할새 주께서 함께 역사하사 그 따르는 표적으로 말씀을 확실히 증언하시니라."(막 16:15~20)

365일 예수 이름만 전하겠다고 작정하십시오.

첫째, 예수 이름을 전하기 위해 온 천하에 다니십시오.
둘째, 예수 이름을 전하기 위해 모든 사람을 만나십시오.
셋째, 예수 이름이 복음입니다. 예수 이름만 전하십시오.
넷째, 예수 이름을 믿고 세례를 받는 사람은 구원을 얻습니다.
다섯째, 예수 이름을 믿지 않는 사람은 정죄를 받습니다.
여섯째, 예수 이름을 믿는 자에겐 초자연적인 표적이 따릅니다.
일곱째, 예수 이름으로 귀신을 쫓아냅니다.
여덟째, 예수 이름으로 새 방언을 말하게 됩니다.
아홉째, 예수 이름으로 뱀을 집어올립니다.
열째, 예수 이름으로 무슨 독을 마실지라도 해를 받지 않습니다.
열한째, 예수 이름으로 병든 사람에게 손을 얹은즉 낫습니다.
열둘째, 예수 이름으로 성령이 오셨고 예수 이름을 전할 때 주께서 함께 역사하사 그 따르는 표적으로 말씀을 확증하십니다.

성령님은 오직 예수 이름과 함께 일하십니다. 그러므로 말에나 일에나 다 예수 이름으로 해야 합니다. 예수 이름을 많이 사용하십시오. 예수 이름으로 하늘과 땅과 땅 아래를 향해 명령하십시오.
"또 무엇을 하든지 말에나 일에나 다 주 예수의 이름으로 하고 그를 힘입어 하나님 아버지께 감사하라."(골 3:17)
왜 오늘날 교회 안에 성령의 역사가 없습니까?
목회자들이 예수를 전하지 않고 다른 것을 전하려고 애쓰기 때문입니다. 온갖 잡다한 철학과 신화, 사람의 전통과 세상의 초등학문을 짜깁기해서 설교하려고 하니 성령님이 역사하지 않으시는 것입니다. "오직 성령이 너희에게 임하시면, 내 증인이 되리라"(행 1:8)고 했는데 목회자들이 예수의 증인이 되지 않고 다른 잡다한 것을 전하려고 하니까 성령의 권능이 나타나지 않는 것입니다.

바울은 결심했습니다. "형제들아, 내가 너희에게 나아가 하나님의 증거를 전할 때에 말과 지혜의 아름다운 것으로 아니하였나니 내가 너희 중에서 예수 그리스도와 그가 십자가에 못 박히신 것 외에는 아무 것도 알지 아니하기로 작정하였음이라. 내가 너희 가운데 거할 때에 약하고 두려워하고 심히 떨었노라."(고전 2:1~3)

세상에서 일어난 어떤 감동적인 이야기도 설교하지 마십시오. 온 우주에서 가장 감동적인 이야기는 예수님과 그분의 십자가입니다.

항상 겸손한 마음으로 예수 그리스도 복음만 전하십시오.

'내 주 예수 그리스도를 아는 지식'이 가장 고상합니다.

바울은 고백했습니다. "그러나 무엇이든지 내게 유익하던 것을 내가 그리스도를 위하여 다 해로 여길뿐더러 또한 모든 것을 해로 여김은 내 주 그리스도 예수를 아는 지식이 가장 고상하기 때문이라. 내가 그를 위하여 모든 것을 잃어버리고 배설물로 여김은 그리스도를 얻고 그 안에서 발견되려 함이니 내가 가진 의는 율법에서 난 것이 아니요 오직 그리스도를 믿음으로 말미암은 것이니 곧 믿음으로 하나님께로부터 난 의라."(빌 3:7~9)

예수 이름을 아는 사람은 모두 천재입니다.

당신은 그리스도 안에서 천재입니다.

자신을 남과 비교하지 마라

세상의 빛으로 다스려야 한다

당신은 세상의 빛이 되어 세상을 다스리고 있습니까?

예수님은 제자들에게 "너희는 세상의 빛이라"(마 5:14)고 했는데 빛은 다스림을 의미합니다. 예수님은 "내가 세상의 빛이니 나를 따르라"고 하셨습니다. 이것은 다스리며 이끄는 리더십을 말합니다.

"내가 세상에 있는 동안에는 세상의 빛이다."(요 9:5)

"예수께서 또 말씀하여 이르시되 나는 세상의 빛이니 나를 따르는 자는 어둠에 다니지 아니하고 생명의 빛을 얻으리라."(요 8:12)

예수님은 세상의 빛이고 그 빛을 모신 우리도 세상의 빛입니다. 그러므로 예수님을 모신 사람이 세상을 다스리며 이끌어야 합니다.

"사람이 등불을 켜서 말 아래에 두지 아니하고 등경 위에 두나니 이러므로 집 안 모든 사람에게 비치느니라."(마 5:15)

나는 예수님을 빛으로 만났다

나는 20세에 예수님을 빛으로 만났습니다.

예수님을 믿기 전에는 삶에 대한 태도가 소극적이었습니다.

무엇을 하며 살아야 하는지도 몰랐고, 왜 살아야 하는지도 몰라 허무했습니다. 오죽하면 가족들이 나를 보며 '답답이'라고 말할 정도로 미련했고 삶에 대한 희망이 전혀 없었습니다. 그런 내가 예수님을 구주로 영접하는 순간 하나님의 딸로 다시 태어났습니다.

"영접하는 자 곧 그 이름을 믿는 자들에게는 하나님의 자녀가 되는 권세를 주셨으니 이는 혈통으로나 육정으로나 사람의 뜻으로 나지 아니하고 오직 하나님께로부터 난 자들이니라."(요 1:12~13)

예수님을 믿고 영접하자 내 인생에 목적이 생겼습니다.

'사람은 동물처럼 그냥 먹고 살다가 없어지는 것이 아니구나. 그럼 이제 무얼 하며 어떻게 살아야 할까? 나는 하나님의 자녀가 되었고 성령님이 빛으로 내 속에 가득히 들어와 계셔. 그러니 이제부터는 하나님의 영광을 위해 살아야겠다.'

이런 생각이 들면서부터 하나님께 도움을 구했습니다.

"주님, 저에게 지혜를 주세요."

"주님, 저와 동행해 주세요."

하나님은 구하는 모든 자에게 아끼지 않고 주시는 좋은 분이십니다. 하지만 우리가 먼저 해야 할 것이 있습니다. 그것은 곧 "온전히 주님이 원하시는 대로 저를 만져 주시고 다스려 주세요"라고 기도하며 하나님이 기뻐하시는 산 제물로 나를 드리는 것입니다.

"그러므로 형제들아, 내가 하나님의 모든 자비하심으로 너희를 권하노니 너희 몸을 하나님이 기뻐하시는 거룩한 산 제물로 드리라. 이는 너희가 드릴 영적 예배니라."(롬 12:1)

내가 매일 산책하며 길을 걸을 때 주님께서 나를 다스리며 하나씩 자세히 코치해 주셨습니다. 무엇보다 먼저 나 자신의 존재 가치가 얼마나 큰지를 가르쳐 주셨고 그리스도 밖에 있을 때의 잘못된 태도와 습관을 바로 잡아 주셨습니다. 또한 세상 사람들을 대할 때 어떻게 행동해야 하는지, 행복한 삶을 살려면 어떤 생각을 가져야 하는지, 사람들과의 관계에서 내 감정을 어떻게 다스려야 하는지, 그 외에도 하나님의 자녀로써 이 땅에서 성공적으로 살아가는데 필요한 모든 것을 구체적으로 가르치고 코치해 주셨습니다.

나의 하나님 아버지는 매우 자상한 분이십니다. 그분은 내가 혼자 앉아 성령님과 함께 성경책을 읽을 때, 그리고 목사님의 설교 말씀을 통해, 나의 생각을 통해, 그 외에도 다양한 방법으로 나를 가르치고 코치해 주셨습니다. 그때나 30년이 지난 지금이나 그분은 변함없이 나를 가르치고 코치해 주십니다. 날마다 더 크게 성장하도록 도우시므로 지금의 내 모습이 되도록 아름답게 다듬어 주셨습니다. 당신도 주님께 구체적으로 도움을 구하십시오. 주님은 가장 완벽한 지도자이십니다. "그가 자기 백성은 양 같이 인도하여 내시

고 광야에서 양 떼 같이 지도하셨도다."(시 78:52)

지도자는 자신의 가정을 잘 다스려야 한다

지도자의 위치에 있으려면 두 가지를 잘 다스려야 합니다.

첫째, 지도자는 먼저 자신을 잘 다스려야 합니다.

"감독은 책망할 것이 없으며, 한 아내의 남편이 되며, 절제하며, 신중하며, 단정하며, 나그네를 대접하며, 가르치기를 잘하며, 술을 즐기지 아니하며, 구타하지 아니하며, 오직 관용하며, 다투지 아니하며, 돈을 사랑하지 아니하며……."(딤전 3:2~3)

둘째, 지도자는 자신의 가정을 잘 다스려야 합니다.

"자기 집을 잘 다스려 자녀들로 모든 공손함으로 복종하게 하는 자라야 할지며, 사람이 자기 집을 다스릴 줄 알지 못하면 어찌 하나님의 교회를 돌보리요."(딤전 3:4~5)

자신과 자신의 가정을 잘 다스리는 것은 매우 중요합니다. 그래야 자신의 마음과 가정이 평온하고 또 주변 사람들의 필요를 온전히 살필 수 있기 때문입니다. 밤낮 내 문제로 정신없이 휘둘리는 사람이 어떻게 평온한 마음으로 다른 사람을 다스리고 이끌 수 있겠습니까? 하나님이 성령을 통해 당신에게 주신 '능력과 사랑과 절제하는 마음'으로 먼저 자신과 가정을 잘 다스리십시오.(딤후 1:7)

나는 아이들이 어릴 때부터 하나님의 말씀으로 양육했습니다.

나는 네 명의 자녀를 키웠는데 모두 성향이 다릅니다.

3세 정도 되었을 때 아이들의 독특한 성향을 알 수 있었고 각자에게 맞게 대했습니다. 아이들이 똑같다고 생각하며 똑같이 대하면 안 됩니다. 아이들은 잘하는 것도 좋아하는 것도 다릅니다.

나는 아이들에게 서로 비교하지 말라고 당부했습니다.

"너희들은 잘하는 것이 각각 달라."

"너희들은 상호 존중하며 보완해야 돼."

"형제자매끼리 서로 비교하면 안 돼."

"각각 다르다는 것을 인정해야 돼."

잘하는 것과 부족한 것은 서로의 도움을 통해 채워집니다. 이것이 관계요 질서요 연합입니다. 여기에 하나님이 기름 부으십니다.

"보라, 형제가 연합하여 동거함이 어찌 그리 선하고 아름다운고. 머리에 있는 보배로운 기름이 수염 곧 아론의 수염에 흘러서 그의 옷깃까지 내림 같고 헐몬의 이슬이 시온의 산들에 내림 같도다. 거기서 여호와께서 복을 명령하셨나니 곧 영생이로다."(시 133:1~3)

내가 모든 것을 다 잘할 수 없고 다 못하지도 않습니다.

각자 장 단점이 있습니다. 그것을 인정하고 존중해야 합니다.

당신의 자녀를 비교하지 말고 각각 존중하고 인정하십시오.

이것이 성공적인 자녀 양육의 비결입니다.

감정이 상하면 일으킬 자가 없다

당신은 최근에 감정이 상한 적이 없습니까?

사람들이 감정이 상하는 이유는 각자 다를 것입니다.

그 중에 큰 비중을 차지하는 것이 있다면 바로 '섭섭한 마음'입니다. '왜 나를 알아주지 않지? 왜 나를 존중하지 않고 무시하지?'

감정이 상하면 회복이 안 되고 오래 가는 경우가 많습니다.

잠언 18장 14절에 "사람의 심령은 그의 병을 능히 이기려니와 심령이 상하면 그것을 누가 일으키겠느냐?"라고 했습니다.

심령의 사전적인 의미는 '마음이나 정신 작용을 일으킨다고 여겨지는 근원적인 존재'입니다. 심령은 기분 곧 감정을 말합니다.

그러므로 우리는 매일 이렇게 도움을 구해야 합니다.

"성령님, 기분 상하지 않게 해주세요."

살다 보면 사람들과의 관계에서 감정적으로 부딪히게 됩니다.

때로는 그 감정이 상할 때가 있습니다. 내가 생각하지 못했던 기분 나쁜 말을 들었거나 상대가 나를 무시한다고 느껴질 때 더욱 그렇습니다. 기분이 상하면 어떻게 될까요? 순식간에 미움과 분노가 불같이 일어납니다. 사소한 말다툼이나 상대방이 무심히 툭 던진 한마디 말 때문에 그 사람과는 상대하기도 싫어지고 심하면 아예 등을 돌리고 관계를 끊기도 합니다. 가족도 마찬가지입니다.

당신은 감정을 잘 다스립니까? 아니면 감정에 이리저리 휘둘리는 편입니까? 감정은 여러 가지 이유로 '나쁘다, 좋다'고 생각합니다. 그래서 많은 사람들이 교회 안에서는 서로 감정 표현하는 것을 조심합니다. 괜히 감정을 잘못 표현했다가는 싸울 일이 생기기 때문입니다. 감정은 잘만 표현하면 좋은 약과 같아서 죽어 가던 사람을 살리기도 합니다. 그러나 잘못된 방법으로 표현하면 엄청난 재앙을 일으키기도 합니다. "분을 내어도 죄를 짓지 말며 해가 지도록 분을 품지 말고 마귀에게 틈을 주지 말라."(엡 4:26~27)

사람이 살면서 느끼는 감정에는 '희노애락'(喜怒哀樂) 네 가지가 있는데, 기쁨과 노여움과 슬픔과 즐거움입니다. 하나님은 이런 감정을 잘 다스리라고 하십니다. 감정을 통해 사탄이 틈타 사랑하는 사람들 사이에 단절이라는 쐐기를 박기 때문입니다. 그러므로 분을 내어도 죄를 짓지 말며 해가 지도록 분을 품지 말아야 합니다.

성령님께 이렇게 말씀드리며 도움을 구하십시오.

"성령님, 오늘도 분을 품지 않게 해주세요."

감정은 사람에게 주어진 특권이요 하나님이 주신 선물입니다.

감정이 있어야 서로 사랑할 수 있고 행복을 느낄 수 있습니다.

감정 자체가 나쁜 것은 아닙니다. 때로 분노하고 화를 낼 수도 있습니다. 하나님은 "사랑은 불의를 기뻐하지 않는다. 의분은 표현하라"고 말씀하셨고 예수님도 성전을 정화시킬 때 화를 내셨습니다.

그러나 그런 분노의 감정을 지속적으로 품고 있으면 안 됩니다.

"내 사랑하는 형제들아, 너희가 알지니 사람마다 듣기는 속히 하고 말하기는 더디 하며 성내기도 더디 하라. 사람이 성내는 것이 하나님의 의를 이루지 못함이라."(약 1:19~20)

마음이 상하면 가족도 친구도 순간 원수로 여기며 등을 돌리게 됩니다. 다시는 보지 않으려 합니다. 어떤 경우에는 평생 마음에 분노를 품고 그걸 곱씹으며 상대를 미워하고 저주까지 하게 됩니다.

이것은 결코 하나님 자녀의 행복한 삶이 아닙니다.

"그 형제를 미워하는 자마다 살인하는 자니 살인하는 자마다 영

생이 그 속에 거하지 아니하는 것을 너희가 아는 바라."(요일 3:15)

모든 사건은 어떤 시각으로 보고 느끼느냐에 따라 달라집니다. 어떤 사람에게는 크게 느껴지는 것이 또 다른 사람에게는 그저 사소한 것으로 여겨질 수도 있습니다. 그러므로 생각과 리더십을 키우도록 성령님께 도움을 구해야 합니다. 이렇게 말씀드리십시오.

"성령님, 리더십을 키워 주세요."

우리 부부도 각자 잘하는 것과 기질과 성향이 극과 극으로 다릅니다. 그래서 우리는 서로를 잘 돕습니다. 두 사람이 완벽하게 똑같으면 성장할 수 없고 한 사람은 필요 없다고 느껴질 것입니다.

다스리는 자는 자신의 장단점을 알고 주변 사람과 협력해야 합니다. 베드로와 요한은 달랐고 바울과 바나바도 달랐습니다. 그러기에 함께 있으면 편했고 서로에게 큰 도움이 되었습니다.

잘 다스리는 장로들은 배나 존경할 자로 알아야 합니다.

"잘 다스리는 장로들은 배나 존경할 자로 알되……."(딤전 5:17)

다스리는 자는 질서에 따라 다스려야 합니다. 다스리는 자는 사람들의 자질과 은사를 분별해서 각자 자기 위치에서 주어진 일을 할 수 있도록 도와줘야 합니다. 그래야 각자 맡은 바를 충성되게 행함으로 집을 온전히 세울 수 있습니다. 바울은 말했습니다.

"내게 주신 은혜로 말미암아 너희 각 사람에게 말하노니 마땅히 생각할 그 이상의 생각을 품지 말고 오직 하나님께서 각 사람에게 나누어 주신 믿음의 분량대로 지혜롭게 생각하라. 우리가 한 몸에 많은 지체를 가졌으나 모든 지체가 같은 기능을 가진 것이 아니니 이와 같이 우리 많은 사람이 그리스도 안에서 한 몸이 되어 서로 지체가 되었느니라. 우리에게 주신 은혜대로 받은 은사가 각각 다르니 혹 예언이면 믿음의 분수대로, 혹 섬기는 일이면 섬기는 일로, 혹 가르치는 자면 가르치는 일로, 혹 위로하는 자면 위로하는 일로, 구제하는 자는 성실함으로, 다스리는 자는 부지런함으로, 긍휼을 베푸는 자는 즐거움으로 할 것이니라. 사랑에는 거짓이 없나니 악을 미워하고 선에 속하라. 형제를 사랑하여 서로 우애하고 존경하기를 서로 먼저 하며 부지런하여 게으르지 말고 열심을 품고 주를 섬기라."(롬 12:3~11)

이 말씀에서 귀한 깨달음을 얻고 실천해야 합니다.

첫째, 바울은 사도의 은혜로 각 사람을 다스리며 말했습니다.

"내게 주신 은혜로 말미암아 너희 각 사람에게 말하노니……."

둘째, 마땅히 생각할 그 이상의 생각을 품지 말아야 합니다.

"마땅히 생각할 그 이상의 생각을 품지 말고 오직 하나님께서 각 사람에게 나누어 주신 믿음의 분량대로 지혜롭게 생각하라."

셋째, 모든 지체가 같은 기능을 가진 것이 아닙니다.

"우리가 한 몸에 많은 지체를 가졌으나 모든 지체가 같은 기능을 가진 것이 아니니 이와 같이 우리 많은 사람이 그리스도 안에서 한 몸이 되어 서로 지체가 되었느니라."

넷째, 하나님이 주신 은혜대로 받은 은사가 각각 다릅니다.

"우리에게 주신 은혜대로 받은 은사가 각각 다르니 혹 예언이면 믿음의 분수대로, 혹 섬기는 일이면 섬기는 일로, 혹 가르치는 자면 가르치는 일로, 혹 위로하는 자면 위로하는 일로, 구제하는 자는 성실함으로, 다스리는 자는 부지런함으로, 긍휼을 베푸는 자는 즐거움으로 할 것이니라."

다섯째, 악을 미워하고 선에 속해야 합니다.

"사랑에는 거짓이 없나니 악을 미워하고 선에 속하라."

여섯째, 형제를 사랑하여 서로 우애해야 합니다.

"형제를 사랑하여 서로 우애하고……."

일곱째, 존경하기를 서로 먼저 해야 합니다.

"존경하기를 서로 먼저 하며……."

여덟째, 부지런하여 게으르지 말고 열심을 품고 주를 섬겨야 합니다. "부지런하여 게으르지 말고 열심을 품고 주를 섬기라."

위의 내용 중에 어떤 것이 당신에게 필요한지 살피고 이렇게 말씀드리며 성령님께 구체적으로 도움을 구하기 바랍니다.

"성령님, 형제를 사랑으로 다정하게 대하게 해주세요."

현숙한 여인은 다스리는 사람이었다

나는 잠언 31장에 나오는 현숙한 여인을 좋아합니다.

그 여인은 하녀가 아닌 집안을 다스리는 여주인이었습니다.

"그는 밤이 새기 전에 일어나서 자기 집안사람들에게 음식을 나누어 주며 여종들에게 일을 정하여 맡기며……."(잠 31:15)

당신이 현숙한 여인이 되려면 성령님께 도움을 구해야 합니다.

"성령님, 제가 온 집안을 잘 다스리게 해주세요."

다스리는 여주인은 반드시 한 집안에 한 명이어야 합니다.

한 집안에 다스리는 여주인이 두 명이 되면 시기와 다툼이 생기고 그 결과 혼란과 모든 악한 일이 있습니다. "시기와 다툼이 있는 곳에는 혼란과 모든 악한 일이 있음이라."(약 3:16) 몇 가지 악한 일이 아닌 '모든 악한 일'이 있다고 했습니다. 시기와 다툼으로 인한 혼란과 모든 악한 일은 성령의 역사가 아닌 귀신의 역사입니다.

만약 당신이 그런 장소에 있다면 끝도 없는 혼란과 모든 악한 일에 휘말리게 되고 결코 행복하지 못할 것입니다.

그 모든 원인은 한 집에 두 명의 여주인이 있다는데 있습니다.

"그러나 너희 마음속에 독한 시기와 다툼이 있으면 자랑하지 말라. 진리를 거슬러 거짓말하지 말라. 이러한 지혜는 위로부터 내려온 것이 아니요 땅 위의 것이요 정욕의 것이요 귀신의 것이니 시기와 다툼이 있는 곳에는 혼란과 모든 악한 일이 있음이라. 오직 위로부터 난 지혜는 첫째 성결하고 다음에 화평하고 관용하고 양순하며 긍휼과 선한 열매가 가득하고 편견과 거짓이 없나니 화평하게 하는 자들은 화평으로 심어 의의 열매를 거두느니라."(약 3:14~18)

리더십이 한 사람에게 집중되면 안 된다며 여러 명의 사람들이 돌아가면서 한 번씩 다스리게 하는 것은 성경적이지 않습니다. 그렇게 하면 마귀에게 틈을 주는 것이며 얼마 안가 무너집니다.

예수님께서 분명히 말씀하셨습니다. "스스로 분쟁하는 나라마다 황폐하여지며 스스로 분쟁하는 집은 무너지느니라."(눅 11:17)

바울은 자신이 가르친 복음을 거슬러 분쟁을 일으키거나 죄짓게 하는 자들을 경계하고 그들을 멀리 하라고 했습니다. "형제들아. 내가 너희를 권하노니 너희가 배운 교훈을 거슬러 분쟁을 일으키거나 거치게 하는 자들을 살피고 그들에게서 떠나라."(롬 16:17)

어떤 모임이든 대표 권위는 오직 한 사람이어야 합니다. 아브라함, 이삭, 야곱, 요셉 등 한 사람의 대표 권위가 있었고 모세가 대표 권위로 일할 동안에 여호수아는 준비하며 기다려야 했습니다.

다스리는 자는 교향악단의 지휘자와 같습니다. 각 악기마다 적절하게 소리를 내어 잘 어우러지게 도와줘야만 아름다운 하모니를 이룰 수 있습니다. 지휘자가 다스리지 못하면 제각기 잘났다고 큰소리를 내게 되고 도저히 들을 수 없는 엉터리 연주가 되고 맙니다.

교향악단의 지휘는 누가 해야 할까요? 어떤 이는 말합니다.

"한 사람이 뛰어나서 그 사람을 중심으로 모임이 돌아가면 안 된다. 그래서 나는 돌아가면서 한 번씩 모임을 지휘하게 한다."

그렇지 않습니다. 오늘은 북 치는 사람이 지휘하고, 내일은 피아니스트가 지휘하고, 그 다음날은 첼리스트가 지휘하고, 그러면 매번 혼란이 오고 연주는 엉망이 되고 맙니다. 그리고 다른 사람들은 자기 자리에서 나와 앞에서 지휘를 해야 하는데, 자기 전공이 아닌 전체 지휘를 하는 것이 너무 부담스러워 잠을 못 이루게 되고 또 그렇게 지휘를 한 번 해보면 '지휘가 참 어렵구나. 내게 주어진 은사가 아니야'라며 겸손해지는 사람도 있지만 많은 경우 '나도 해봤어'라며 금방 교만해집니다. 지휘는 오직 지휘를 할 줄 아는 사람 곧 '지휘자 한 사람'이 해야 안정과 조화를 이룹니다. 지휘할 능력과 자격이 안 되는 사람에게 지휘를 맡기면 교만해집니다.

"새로 입교한 자도 말지니 교만하여져서 마귀를 정죄하는 그 정죄에 빠질까 함이요 또한 외인에게서도 선한 증거를 얻은 자라야 할지니 비방과 마귀의 올무에 빠질까 염려하라."(딤전 3:6~7)

지휘자는 누굽니까? 전체를 다스리는 자입니다. 이것은 그 사람에게만 하나님이 주신 은사와 재능과 권세입니다. 권세는 위로부터 나지 않음이 없습니다. 그러므로 지휘자는 하나님이 기름 부어 자신에게 그 일을 맡겼다는 것을 알고 자신의 자리를 잘 지키고 함부로 남에게 내주며 공유하는 어리석음을 범하지 말아야 합니다.

지휘자는 모든 사람이 지휘가 아닌 다른 일에서 충성하게 해야 합니다. 그들 모두 가자 자기의 위치에서 다른 사람과 균형과 조화를 맞추며 모든 일을 적절하게 할 수 있도록 도와주어야 합니다.

건물을 지을 때도 마찬가지입니다. 쾅쾅 망치질하는 것이 소리도 크고 멋져 보인다고 모두 망치질만 하고 있을 수는 없습니다. 톱질도 해야 하고 대패질도 해야 합니다. 그 중에 전체를 관리하고 다스리는 사람은 오직 한 명입니다. 여러 명이 다스리면 누구의 말을 들어야 할지 혼란이 옵니다. 한 사람이 두 주인을 섬길 수 없습니다.

다들 남들 보기에 멋진 일만 하려고 하면 온전한 집이 지어질 수 없습니다. 교회 공동체도 이와 같습니다. 주님께서 각 사람에게 꼭 필요한 은사를 주셨습니다. 그들을 모두 잘 다스려야만 질서와 조화를 이루며 하나님의 교회가 든든히 서갈 수 있습니다.

은사는 여러 가지나 주의 성령은 다스리는 분이십니다.

"은사는 여러 가지나 성령은 같고 직분은 여러 가지나 주는 같으며 또 사역은 여러 가지나 모든 것을 모든 사람 가운데서 이루시는 하나님은 같으니 각 사람에게 성령을 나타내심은 유익하게 하려 하심이라. 어떤 사람에게는 성령으로 말미암아 지혜의 말씀을, 어떤 사람에게는 같은 성령을 따라 지식의 말씀을, 다른 사람에게는 같은 성령으로 믿음을, 어떤 사람에게는 한 성령으로 병 고치는 은사를, 어떤 사람에게는 능력 행함을, 어떤 사람에게는 예언함을, 어떤 사람에게는 영들 분별함을, 다른 사람에게는 각종 방언 말함을, 어떤 사람에게는 방언들 통역함을 주시나니 이 모든 일은 같은 한 성령이 행하사 그의 뜻대로 각 사람에게 나누어 주시는 것이니라. 몸은 하나인데 많은 지체가 있고 몸의 지체가 많으나 한 몸임과 같이 그리스도도 그러하니라. 우리가 유대인이나 헬라인이나 종이나 자유인이나 다 한 성령으로 세례를 받아 한 몸이 되었고 또 다 한 성령을 마시게 하셨느니라. 몸은 한 지체뿐만 아니요 여럿이니 만일 발이 이르되 나는 손이 아니니 몸에 붙지 아니하였다 할지라도 이로써 몸에 붙지 아니한 것이 아니요 또 귀가 이르되 나는 눈이 아니니 몸에 붙지 아니하였다 할지라도 이로써 몸에 붙지 아니한 것이 아니니 만일 온 몸이 눈이면 듣는 곳은 어디며 온 몸이 듣는 곳이면 냄새 맡는 곳은 어디냐. 그러나 이제 하나님이 그 원하시는 대로 지체를 각각 몸에 두셨으니 만일 다 한 지체뿐이면 몸은 어디냐. 이제 지체는 많으나 몸은 하나라. 눈이 손더러 내가 너를 쓸 데가 없다 하거나 또한 머리가 발더러 내가 너를 쓸 데가 없다 하지 못하리라. 그뿐 아니라 더 약하게 보이는 몸의 지체가 도리어 요긴하고 우리가 몸의 덜 귀히 여기는 그것들을 더욱 귀한 것들로 입혀 주며 우리의 아름답지 못한 지체는 더욱 아름다운 것을 얻느니라. 그런즉 우리의 아름다운 지체는 그럴 필요가 없느니라. 오직 하나님이 몸을 고르게 하여 부족한 지체에게 귀중함을 더하사 몸 가운데서 분쟁이 없고 오직 여러 지체가 서로 같이 돌보게 하셨느니라. 만일 한 지체가 고통을 받으면 모든 지체가 함께 고통을 받고 한 지체가 영광을 얻으면 모든 지체가 함께 즐거워하느니라. 너희는 그리스도의 몸이요 지체의 각 부분이라. 하나님이 교회 중에 몇을 세우셨으니 첫째는 사도요 둘째는 선지자요 셋째는 교사요 그 다음은 능력을 행하는 자요 그 다음은 병 고치는 은사와 서로 돕는 것과 다스리는 것과 각종 방언을 말하는 것이라. 다 사도이겠느냐 다 선지자이겠느냐. 다 교사이겠느냐. 다 능력을 행하는 자이겠느냐. 다 병 고치는 은사를 가진 자이겠느냐. 다 방언을 말하는 자이겠느냐. 다 통역하는 자이겠느냐. 너희는 더욱 큰 은사를 사모하라. 내가 또한 가장 좋은 길을 너희에게 보이리라."(고전 12:4~31)

우리는 온유하고 겸손한 예수님의 마음으로 일해야 합니다. 다스리는 자는 부지런히 다스림으로 공동체를 섬겨야 하며 항상 겸손한 마음으로 지혜롭게 잘 다스려야 합니다. 다른 사람 위에서 군림하고자 다스리는 것은 하나님의 나라에 합당치 않습니다.

예수님께서 높아지려는 제자들을 불러 놓고 말씀하셨습니다.

"이방인의 집권자들이 그들을 임의로 주관하고 그 고관들이 그들에게 권세를 부리는 줄을 너희가 알거니와 너희 중에는 그렇지 않아야 하나니 너희 중에 누구든지 크고자 하는 자는 너희를 섬기는 자가 되고 너희 중에 누구든지 으뜸이 되고자 하는 자는 너희의 종이 되어야 하리라."(마 20:25~27)

열정을 따라 살지 말고 성령을 따라 살라

당신은 무엇을 위해 그렇게 열심히 일합니까?

혹시 다른 사람보다 더 유명해지려고 일하고 있다면 생각을 바꿔야 합니다. 그것은 하나님의 자녀들이 일하는 기준이 아닙니다.

그리스도의 은혜를 입은 자들은 반대로 생각해야 합니다.

우리는 이미 창조주 하나님께 알려진바 되었고 그분이 인정하시는 사람이 되었기 때문에 세상 인기에 목말라 할 필요가 없습니다.

내가 하고 있는 모든 일은 하나님의 뜻을 이루기 위함이어야 합니다. 내 뜻과 내 이름을 나타내기 위해서가 아니라 하나님의 뜻과 예수 이름을 나타내기 위해 일해야 합니다. 내가 하는 모든 일의 원인도 하나님, 과정도 하나님, 결과도 하나님이 되어야만 합니다.

만약 당신이 아직도 당신의 이름을 드러내기 위해 애쓰고 있다면 마음을 다 비우고 하나님 앞에 모든 것을 내려놓기 바랍니다.

많은 그리스도인들이 시작은 하나님을 사랑하는 마음으로 하지만 중간에 자꾸 변질됩니다. 처음엔 다들 하나님의 나라를 위해 자신을 드리고 하나님께 영광을 돌리고자 일을 시작했다가 그 열정이 너무 크다 보니 자신을 삼킵니다. 육신적인 열정이 지나치면 여러 가지 정신적인 문제가 생기고 좌절과 낙심을 반복하게 됩니다.

너무 강하면 부러진다고 합니다. 미친 듯이 달려가던 사람이 어느 날 갑자기 우울증이나 열등감 또는 공황 장애를 겪기도 합니다. 이러한 질병들은 지나치게 경직된 마음 상태가 지속됨으로 나타나는 것입니다. 유연한 사고를 해야 정신적으로 건강해집니다.

하나님의 나라는 이 땅의 방법으로 하면 안 됩니다. 세상에서는 사람의 피와 땀과 눈물을 흘리며 모든 열정을 가지고 최선을 다해야만 자신이 세운 목표에 다다르고 성공할 수 있다고 합니다. 그러나 하나님 나라에서는 전혀 다른 방법 곧 예수의 피와 땀과 눈물을 의지하는 믿음으로 은혜 안에서 일해야 성공합니다.

하나님이 당신을 초자연적으로 이끄시는 것을 믿고 잠잠히 참아 기다리며 한발 한발 그분이 이끄시는 대로만 따라가야 합니다. 당신의 의지와 열정과 방법을 모두 성령님께 항복시켜야 합니다.

"여호와 앞에 잠잠하고 참고 기다리라. 자기 길이 형통하며 악한 꾀를 이루는 자 때문에 불평하지 말지어다."(시 37:7)

앞뒤 안 가리고 오로지 내가 이루고자 하는 목표를 향해 인간적인 열정을 불태우며 정신없이 달려가다 보면 하나님의 뜻은 뒷전으로 밀려나고 내가 이루고자 하는 목표가 주인이 되고 맙니다.

나도 열정이 있습니다. 하지만 나는 그 뜨거운 열정을 가라앉히고 하나님이 이끄시는 손길을 따르기 위해 하나님 앞에 잠잠히 기다리는 시간을 가집니다. 나는 매일 아침에 가장 먼저 혼자만의 시간을 가지며 기도하고 성경 말씀을 읽습니다. 이 시간이 내게는 가장 귀합니다. 당신도 모든 분주한 일정을 멈추고 가장 먼저 하나님 앞에 앉아 잠잠하고 참아 기다리는 시간을 가지기 바랍니다.

예수님도 날마다 한적한 곳에 가셔서 혼자만의 시간에 하나님과 단둘이 친밀한 교제를 나누셨습니다. 자신의 뜻이 아닌 아버지의 뜻을 분명히 알고 따르기 위해서였습니다. 우리도 예수님처럼 내 뜻과 내 꿈을 다 내려놓고 하나님 아버지가 원하시는 길로 이끌어 달라고 도움을 구해야 합니다. 매일 이렇게 말씀드리기 바랍니다.

"성령님, 항복하게 해주세요."

"성령님, 저를 인도해 주세요."

지배하고 정복하고 다스리라

사람을 향한 하나님의 명령은 무엇일까요?

하나님은 처음 사람인 아담과 하와를 만드시고 그들에게 지배하고 정복하고 다스리라고 명령하셨습니다. 당신은 어떻습니까? 왕처럼 지배합니까? 정복합니까? 다스립니까? 혹시 반대로 지배당하고 정복당하고 다스림을 받으며 노예처럼 힘들게 살지는 않습니까?

하나님이 그분의 자녀인 우리에게 주신 권세는 어마어마합니다.

하나님은 그리스도 안에 있는 우리에게 예수님의 의와 성령 충만, 건강과 부요, 지혜와 평화와 생명을 선물로 주셨습니다. 죄와 목마름과 병과 가난과 어리석음과 징계와 죽음은 사라졌습니다.

이 사실을 깨닫지 못하면 인생이 비참해집니다.

많은 사람들이 하나님의 자녀가 되었음에도 불구하고 여전히 죄와 저주 가운데 있는 줄로 압니다. 죄의 노예로 죄를 짓고, 목이 말라 헐떡거리며 사람들을 찾아다니고, 병과 가난과 어리석음과 징계와 죽음 가운데 정신없이 휘둘리다가 하루를 마감합니다. 나는 그런 사람에게 인생을 어떻게 살 것인지 넷 중에 하나를 선택하라고 말합니다. 당신은 한번뿐인 소중한 인생을 어떻게 살겠습니까?

첫째, "천국 같이 살다가 천국으로 갑시다."
둘째, "천국 같이 살다가 지옥으로 갑시다."
셋째, "지옥 같이 살다가 지옥으로 갑시다."
넷째, "지옥 같이 살다가 천국으로 갑시다."

나는 첫째인 '천국 같이 살다가 천국으로 가기'로 선택했습니다.

우리는 '천국 복음'을 분명히 깨달아 알고 이 땅에서 풍성히 누리며 행복하게 살아야 합니다. 더 이상 마귀의 거짓말에 속거나 휘둘려서는 안 됩니다. 하나님은 우리를 만드실 때 하나님의 형상을 닮게 만드셨습니다. 우리는 영혼을 가진 영적인 존재이며, 하나님의 지성과 감정과 의지를 닮은 아름다운 존재로 지음 받았습니다.

그러나 인간이 죄를 지으므로 하나님과 단절되었습니다. 더 이상 하나님과 교제할 수 없게 되었고 죄의 종이 되었습니다. 그 결과 인류는 저주 가운데 처하며 비참하게 살게 되었습니다. 그런 우리를 사랑하셔서 구원하기 위해 하나님은 죄 없는 독생자 예수 그리스도를 이 땅에 보내셨습니다. 예수님이 우리 대신 십자가에서 피와 물을 흘리고 우리의 모든 죄악과 저주를 짊어지고 죽으셨습니다.

"우리는 다 양 같아서 그릇 행하여 각기 제 길로 갔거늘 여호와께서는 우리 모두의 죄악을 그에게 담당시키셨도다."(사 53:6)

첫째, "그릇 행하여"가 곧 죄입니다. 아담과 우리 모두는 하나님의 말씀을 불순종하고 거역하며 '그릇 행하므로' 죄를 지었습니다.

둘째, "각기 제 길로 갔거늘"이 곧 악입니다. 우리 모두는 하나님을 반역하고 대적하며 '각기 제 길로 가므로' 악을 저질렀습니다.

셋째, 하나님께서는 우리 모두의 죄악을 우리에게 돌리지 않고 그분의 아들 예수님에게 담당시키셨습니다. 예수님은 우리 모두의 죄악을 온몸에 다 덮어쓰고 십자가에서 정죄와 심판과 형벌을 받으셨습니다. 그분의 몸과 마음은 가루처럼 상하여 형상을 알아볼 수 없을 정도가 되셨습니다. "전에는 그의 모양이 타인보다 상하였고 그의 모습이 사람들보다 상하였으므로 많은 사람이 그에 대하여 놀랐거니와"(사 52:14)라고 했습니다. 예수님은 하나님 자신입니다.

성경은 "그리스도는 그 본체의 형상이시다"(히 1:3), "그리스도는 보이지 아니하는 하나님의 형상이시다"(골 1:15), "그리스도는 하나님의 형상이다"(고후 4:4)라고 말씀합니다. 이처럼 그리스도는 하나님의 형상인데 그 형상이 우리 대신 완전히 망가진 것입니다.

그리고 예수 그리스도를 구주로 믿는 사람의 죄악을 사하시고 그리스도의 영인 성령을 보내시므로 하나님의 형상을 회복시키셨습니다. 그분은 십자가에서 피와 땀과 눈물을 쏟으시며 심판과 형벌을 받으셨고 "다 이루었다"(요 19:30)고 외치며 우리의 죄와 목마름, 병과 가난, 어리석음과 징계와 죽음을 다 담당하셨습니다.

예수님이 십자가에서 다 이루어 주셨습니다. 그 예수님을 믿으면 죄를 사함 받고 하나님의 자녀가 됩니다. 하나님은 그리스도 안에서 당신과 나를 영화롭게 하셨습니다. 하나님이 처음 창조하셨던 그 상태보다 더 영화로운 상태로 우리를 재창조해 주셨습니다.

당신이 그리스도 안에 있다면 새로운 피조물이 되었습니다.

"그런즉 누구든지 그리스도 안에 있으면 새로운 피조물이라. 이전 것은 지나갔으니 보라 새 것이 되었도다."(고후 5:17)

새로운 피조물이란 '새로 창조하셨다'는 뜻입니다.

"우리는 그가 만드신 바라."(엡 2:10)

그리스도 안에서 우리는 새로운 피조물이 되었으며 예수님의 의와 성령 충만, 건강과 부요, 지혜와 평화와 생명을 풍성히 받아 누리게 됩니다. 이러한 일곱 가지 은혜는 모두 예수님의 것입니다.

"천국 같이 살다가 천국으로 갑시다."

하나님은 예수를 믿고 구원받은 당신을 즉시 천국으로 부르지 않고 이 땅에서 장수하며 살게 하십니다. 그 이유가 무엇일까요? 날마다 천국 같이 행복하게 살며, 많은 영혼을 전도하라는 것입니다.

또한 하나님은 우리를 삶 전반에 걸쳐 그리스도의 형상을 본받게 하려고 부르셨습니다. "하나님이 미리 아신 자들을 또한 '그 아들의 형상을 본받게 하기 위하여' 미리 정하셨으니 이는 그로 많은 형제 중에서 맏아들이 되게 하려 하심이니라."(롬 8:29)

복음을 믿고 거듭났다고 해서 끝난 것이 아닙니다. 교회에서 온전한 복음을 통해 양육 받고 온전한 사람을 이루어야 합니다.

바울은 이를 위하여 다시 해산의 고통을 치른다고 했습니다.

"나의 자녀들아, 너희 속에 그리스도의 형상을 이루기까지 다시 너희를 위하여 해산하는 수고를 하노니……."(갈 4:19)

당신은 이 책을 통해 예수를 구주로 믿고 구원을 받았습니까?

잘 했습니다. 하지만 영혼 구원은 끝이 아닌 시작입니다. 이번 주일에 교회에 가서 정식으로 등록하고 주일마다 출석하며 예배하십시오. 목사님의 설교 말씀을 통해 가르침을 받고 성경공부모임에 참석해서 삶 전반에 걸쳐 코치 받으십시오. 그리고 이 구원의 복음을 가족과 친척, 친구에게 전하십시오. 잃은 영혼을 구원하십시오.

하나님은 당신이 100배, 60배, 30배의 결실을 맺기 원하십니다.

복음 전도를 통해 100명, 60명, 30명의 영혼을 구원하십시오.

벌써 그 정도의 영혼을 전도했다고요? 정말 잘했습니다.

거기서 머물지 말고 천배나 더 많이 전도하십시오. "너희 열조의 하나님 여호와께서 너희를 현재보다 천배나 많게 하시며 너희에게 허락하신 것과 같이 너희에게 복 주시기를 원하노라."(신 1:11)

하나님은 당신을 통해 큰일을 행하기 원하십니다.

하나님의 일을 제한하지 마십시오.

당신을 축복합니다.

세상의 빛과 소금이 되라

세상 풍조에 휩쓸리지 마라

당신은 세상 풍조에 휩쓸리지 않습니까?

옛 사람을 따라 사는 세상 풍조에서 완전히 떠나야 합니다.

사람들은 세상의 풍조를 따라 늘 요동하며 살고 있습니다. 풍조(風潮)는 '세상의 추세나 시대의 경향에 따른 흐름'을 말합니다.

많은 청년들이 이성을 쉽게 생각합니다. 인터넷의 발달로 온갖 음란과 더러운 문화가 넘칩니다. 방탕함과 술 취함이 당연한 시대가 되었고 담배 피는 모습이 멋진 사람의 이미지가 되었고 레즈비언과 게이는 성 평등이라는 이름 아래에 문화의 영역을 넓혀 가고 있습니다. 이 세상 풍조는 갈수록 더 음란하고 정욕적입니다.

세상 문화는 계속 하나님을 대적하고 있습니다. 이것이 얼마나 불행합니까? 많은 사람들이 예수 그리스도 복음을 알지 못하기 때문에 세상 풍조에 휩쓸리며 겉만 화려하게 꾸미고 있습니다. 그 속은 시커멓게 썩고 온갖 상처가 마음을 채우고 있습니다.

세상의 풍조를 따르지 말고 예수님을 따르기 바랍니다.

그래야 참된 행복을 누릴 수 있습니다. 당신은 하나님의 형상대로 창조된 존귀한 사람이며, 사람의 본분은 예수 그리스도를 믿는 하나님의 자녀로서 살아가는 것입니다. 하나님만 기뻐하고 즐거워해야 합니다. 사람은 하나님을 예배하기 위하여 창조되었습니다.

나는 세상 풍조를 졸업했습니다. 술이나 담배, 세상이 주는 각종 쾌락을 따라 살지 않습니다. 나는 오직 예수 그리스도를 믿는 마음으로 거룩하게 살아갑니다. 더 이상 더러운 것을 보지 않습니다.

당신도 매일 아침 성령님께 도움을 구하기 바랍니다.

"성령님, 오늘도 거룩한 삶을 살게 해주세요."

그러면 저절로 모든 더러운 것을 끊게 될 것입니다.

나는 성령님의 도우심으로 거룩한 삶을 살고 있습니다.

하나님이 거룩하시니 나도 거룩합니다.

모든 것이 넘친다는 부요 믿음으로 살라

당신은 부요한 삶을 살고 있습니까?

나는 진실로 부요하고 행복합니다. 하나님이 나의 부요가 되시기 때문입니다. 하나님은 그분을 믿는 모든 사람에게 부요하십니다.

이 부요가 무엇입니까? 마음에 가득한 '의와 평강과 희락'입니다.

하나님은 부요의 하나님이십니다. 그분은 하나님을 부르는 모든 자에게 구원을 값없이 주시는 분입니다. "유대인이나 헬라인이나 차별이 없음이라. 한 분이신 주께서 모든 사람의 주가 되사 그를 부르는 모든 사람에게 '부요'하시도다. 누구든지 주의 이름을 부르는 자는 구원을 받으리라."(롬 10:12~13) 할렐루야.

하나님은 당신에게 부요하십니다. 이 부요는 예수 그리스도를 믿고 입으로 시인한 자에게 빠짐없이 구원을 주신다는 말씀입니다.

하나님은 구원에 인색한 분이 아닙니다. 모든 민족이 구원을 얻기를 바라십니다. 한 사람도 빠짐없이 지옥에 가지 않고 천국에 가길 바라십니다. 하나님이 창조한 모든 피조물이 우상을 숭배하지 않고 오직 하나님만 경배하기를 바라십니다. 하나님은 풍성한 분이십니다. 풍성한 하나님을 바라보고 그분을 부르십시오.

하나님은 당신에게 응답하십니다. 하나님은 당신을 원하십니다.

하나님은 당신에게 의와 성령 충만을 주기 원하십니다. 지금 예수 그리스도를 '주'라 시인하고 믿으십시오. 이렇게 중얼거리며 말하면 됩니다. 지금 입을 열고 나를 따라 말해 보십시오.

"예수님은 하나님의 아들이시며 나의 구원자이십니다."

예수를 구주로 믿는 당신은 부족함이 없는 넘치는 사람입니다.

하나님이 당신에게 넘치는 의를 선물로 주셨기 때문입니다.

로마서 5장 15~16절에 이 사실을 말씀하고 있습니다.

"한 사람의 범죄를 인하여 많은 사람이 죽었은즉 더욱 하나님의 은혜와 또한 한 사람 예수 그리스도의 은혜로 말미암은 선물은 많은 사람에게 넘쳤느니라. 또 이 선물은 범죄한 한 사람으로 말미암은 것과 같지 아니하니 심판은 한 사람으로 말미암아 정죄에 이르렀으나 은사는 많은 범죄로 말미암아 의롭다 하심에 이름이니라."

당신은 예수 그리스도의 은혜로 말미암아 의롭다 하심을 선물로 받았습니다. 당신은 그리스도 안에서 의인입니다.

당신은 행복한 사람입니다.

그들이 오히려 당신을 두려워하고 있다

당신은 사람을 두려워하지 않습니까?

나는 사람이 두려웠던 적이 많았습니다. 나를 판단하고 정죄하려고 다가오는 사람들이 두려웠습니다. 나에게 원하는 것을 얻어내려고 불평과 원망을 쏟아 내는 사람들이 두려웠습니다. 일을 진행하면서 폭언과 협박의 말을 내뱉는 사람들이 두려웠습니다.

사람들은 까닭 없이 나를 미워하고 입에 담을 수 없는 저주를 쏟아 내기도 했습니다. 하나님께서 그런 내게 말씀하셨습니다.

"사람을 조금도 두려워하지 마라. 그들이 오히려 너를 두려워하고 있다. 두려워하지 마라. 강하고 담대한 마음을 가지라. 내가 너와 함께 한다. 다 잘되고 있다. 그들을 위해 축복하라."

이 음성을 듣고 난 후부터 나는 사람을 두려워하지 않게 되었습니다. 하나님은 나의 연약함과 어려움, 곤란한 상황을 다 아십니다.

하나님이 나의 방패가 되시고 나의 변호사가 되십니다.

예수님께서는 제자들에게 "너희에게는 머리털까지 다 세신 바 되었나니"라고 말씀하십니다. 당신은 어떤 사람도 두려워할 필요가 없습니다. 전지전능하신 하나님이 당신의 배경이 되시는데 그 누가 당신을 해할 수 있겠습니까? 하나님이 당신과 함께 하십니다.

모든 사람은 하나님 앞에서 보잘 것 없는 존재입니다. 그 화려했던 황제들과 강대국들은 다 어디 갔습니까? 영원할 것 같았던 독재자들과 권력자들은 다 어디로 갔습니까? 죽어서 없는 것 같이 되었습니다. 모두 "이 세상에서 없어질 통치자들"(고전 2:6)이었습니다.

사람을 조금도 두려워할 필요가 없습니다. 담대하십시오.

하나님의 자녀들은 세상의 공격에 담담해야 합니다. 오히려 그들이 당신을 두려워하고 있다고 생각하며 불쌍히 여겨야 합니다.

라합이 말했습니다. "여호와께서 이 땅을 너희에게 주신 줄을 내가 아노라. 우리가 너희를 심히 두려워하고 이 땅 주민들이 다 너희 앞에서 간담이 녹나니 이는 너희가 애굽에서 나올 때에 여호와께서 너희 앞에서 홍해 물을 마르게 하신 일과 너희가 요단 저쪽에 있는 아모리 사람의 두 왕 시혼과 옥에게 행한 일 곧 그들을 전멸시킨 일을 우리가 들었음이니라. 우리가 듣자 곧 마음이 녹았고 너희로 말미암아 사람이 정신을 잃었나니 너희의 하나님 여호와는 위로는 하늘에서도 아래로는 땅에서도 하나님이시니라."(수 2:9~11)

두 명의 여리고 성 정탐꾼이 여호수아에게 보고했습니다.

"진실로 여호와께서 그 온 땅을 우리 손에 주셨으므로 그 땅의 모든 주민이 우리 앞에서 간담이 녹더이다."(수 2:24)

마귀와 사람, 전염병을 조금도 두려워하지 마십시오.

"지존자의 은밀한 곳에 거주하며 전능자의 그늘 아래에 사는 자여, 나는 여호와를 향하여 말하기를 그는 나의 피난처요 나의 요새요 내가 의뢰하는 하나님이라 하리니 이는 그가 너를 새 사냥꾼의 올무에서와 심한 전염병에서 건지실 것임이로다. 그가 너를 그의 깃으로 덮으시리니 네가 그의 날개 아래에 피하리로다. 그의 진실함은 방패와 손 방패가 되시나니……."(시 91:1~4)

당신은 지존자의 은밀한 곳에 거주하는 사람입니다.

당신은 전능자의 날개와 능력 아래에 살고 있습니다.

당신에게는 조금도 부족함이 없습니다. 그러므로 용기를 가지십시오. 마음의 약함에 걸려 넘어지지 마십시오. 마음에 상처와 고통, 연약함이 올라올 때마다 하나님의 말씀을 들으십시오. 세상 모든 것은 다 지나갑니다. 어느새 당신을 괴롭히던 사람은 찾으려고 해도 찾을 수 없을 것입니다. 그러므로 그 사람을 축복하십시오.

일시적인 현상과 증상에 일일이 다 반응하지 마십시오.

당신은 긍휼이 많으신 하나님의 자녀입니다.

복음이 없는 인생은 아무것도 아니다

당신은 복음이 있습니까?

내게는 내 인생을 행복하게 해준 복음이 있습니다. 복음 때문에 내 인생의 존재 가치가 높아졌습니다. 나는 최고의 삶을 삽니다.

복음이 없는 인생은 아무것도 아닌 인생입니다.

복음이 없는 인생이 무엇일까요? 죄와 목마름, 병과 가난, 어리석음과 징계, 죽음이 가득한 인생입니다. 평생 육신을 따라 살다 죽는 인생입니다. 하나님을 무시하고 대적하고, 가난한 사람을 압제하며, 비열하게 남을 이용하는 등 철저히 나 중심의 인생을 사는 것입니다. 예수 그리스도의 복음이 없는 인생은 이토록 비참합니다.

그런 사람들의 말에 흔들리지 말고 그들의 공격에 일일이 반응하지 마십시오. 당신은 그리스도 안에서 단단한 놋 성벽이 되어야 합니다. "내가 너로 이 백성 앞에 견고한 놋 성벽이 되게 하리니 그들이 너를 칠지라도 이기지 못할 것은 내가 너와 함께 하여 너를 구하여 건짐이라. 여호와의 말씀이니라. 내가 너를 악한 자의 손에서 건지며 무서운 자의 손에서 구원하리라."(렘 15:20~21)

세상의 모든 것은 당신의 '밥'입니다. 그러므로 당신은 담대히 복음을 전해야 합니다. 앞으로 당신이 걸어가야 할 길은 정죄하고 협박하고 위협하는 사람들로 가득합니다. 끊임없이 당신을 속이고 꾀려는 사람도 있습니다. 그러나 그들은 하나님의 자녀인 당신을 이길 수 없습니다. 하나님이 분명히 말씀하십니다. "그들이 너를 칠지라도 절대 너를 이기지 못한다. 내가 너와 함께 한다. 내가 너를 그들 앞에 견고한 놋 성벽이 되게 할 것이다. 두려워하지 마라."

당신은 살든지 죽든지 복음을 전해야 합니다. 어떤 사건과 환경 속에서도 흔들리지 말아야 합니다. 복음 전도자는 강철처럼 강인한 사람입니다. 하나님은 당신을 강인한 사람으로 부르셨습니다.

당신의 강인함을 믿으십시오. 예수 그리스도의 복음을 믿는 사람은 절대 연약한 사람이 아닙니다. 오히려 단호하며 신적인 카리스마가 철철 넘치는 사람입니다. 광활한 평야에서 우렁찬 소리를 내는 젊은 사자처럼 세상을 향해 우렁찬 복음의 메시지를 전하는 사람입니다. 크리스천은 결코 순해 빠진 사람이 아닙니다.

크리스천은 그 누구보다 강인한 사람입니다.

당신은 그리스도 안에서 강한 사람이다

당신은 강인한 사람입니까? 아니면 약한 사람입니까?

강하다는 것은 위협적이고 폭력적이라는 뜻이 아닙니다.

성경에서 말하는 강인함은 '성령의 힘'을 말합니다.

예수님은 나의 연약함을 십자가에 다 가져가셨습니다. 그러므로 나에게는 연약함이 없습니다. 나는 오직 믿음으로 사는 강인한 사람입니다. 그 어떤 환경과 어려움 속에서도 나는 예수 그리스도의 복음 안에 있는 강인함을 통해 결국 승리한다고 믿습니다.

복음을 가진 하나님의 자녀는 강인함에 대한 믿음이 있어야 합니다. 사람은 믿음대로 살다가 믿음대로 죽기 때문입니다. 연약함을 믿으면 연약함을 따라 살다가 죽게 됩니다. 예수님이 나의 연약함을 다 짊어지셨다는 것을 믿어야 합니다. 그러므로 나와 당신에게는 연약함이 없습니다. 그리스도 안에서 강인함만 있습니다.

성경을 보면 강인함의 대명사인 다윗의 이야기가 나옵니다.

다윗은 하나님 앞에서 살았던 강인한 지도자입니다. 다윗이 얼마

만큼 강인했는지 알 수 있는 장면이 바로 골리앗과의 싸움입니다.

"블레셋 사람들의 진영에서 싸움을 돋우는 자가 왔는데 그의 이름은 골리앗이요 가드 사람이라. 그의 키는 여섯 규빗 한 뼘이요 머리에는 놋 투구를 썼고 몸에는 비늘 갑옷을 입었으니 그 갑옷의 무게가 놋 오천 세겔이며 그의 다리에는 놋 각반을 쳤고 어깨 사이에는 놋 단창을 메었으니 그 창 자루는 베틀 채 같고 창 날은 철 육백세겔이며 방패 든 자가 앞서 행하더라."(삼상 17:4~7)

옛날에는 전쟁하기 전에 항상 싸움을 돋우는 자가 먼저 성벽 앞에 있습니다. 싸움을 돋운다는 것은 '시비를 건다'는 뜻입니다. 심한 모욕을 하고 폭언을 내뱉고 위협하여 상대방의 사기를 크게 떨어뜨리는 일입니다. 골리앗은 시비를 걸기 위해서 이스라엘 앞에 섰습니다. 그는 한 눈에 봐도 위협적인 사람이었습니다.

키가 여섯 규빗 한 뼘이라는 말은 오늘날로 치면 키가 2미터 50센티미터가 넘는다는 말입니다. 심지어 그가 든 창은 7킬로그램이요 그가 입은 갑옷은 50킬로그램이나 되었습니다. 그는 이스라엘 사람들에 비해 덩치가 압도적으로 크고 위협적이었습니다.

골리앗은 이스라엘을 모욕하고 하나님을 모욕했습니다. 그리고 그 소리를 마침 아버지 이새의 심부름을 갔던 다윗이 듣게 되었고 그는 이렇게 말했습니다. "이 할례 받지 않은 블레셋 사람이 누구이기에 살아 계시는 하나님의 군대를 모욕하겠느냐?"(삼상 17:26)

우리는 하나님의 백성이지만 할례 받지 못한 세상 사람들은 아무것도 아니라는 말입니다. 당신도 세상 사람들을 크게 여기지 말고 다스려야 합니다. 다윗은 담대하게 말했습니다. "오늘 여호와께서 너를 내 손에 넘기시리니 내가 너를 쳐서 네 목을 베고 블레셋 군대의 시체를 오늘 공중의 새와 땅의 들짐승에게 주어 온 땅으로 이스라엘에 하나님이 계신 줄 알게 하겠고 또 여호와의 구원하심이 칼과 창에 있지 아니함을 이 무리에게 알게 하리라. 전쟁은 여호와께 속한 것인즉 그가 너희를 우리 손에 넘기시리라."(삼상 17:46~47)

다윗은 물매와 돌로 골리앗을 한방에 쳐 죽였습니다. 정말 멋지지 않습니까? 당신도 크게 말하십시오. "여호와의 구원하심이 칼과 창에 있지 아니함을 이 무리가 알게 하겠다. 전쟁은 여호와께 속해 있다. 하나님이 너희 무리를 내 손에 넘기실 것이다. 할렐루야."

하나님의 구원하심은 칼과 창에 있지 않습니다. 모든 싸움과 전쟁은 하나님께 속해 있습니다. 여호와의 영으로 충만한 사람은 저절로 강인해집니다. 강인함에 대한 믿음이 있기 때문입니다.

하나님의 자녀인 당신은 강인한 사람입니다. 예수님께서 당신의 연약함을 십자가에서 다 짊어지셨기 때문입니다. 그러므로 강인함에 대한 믿음을 가지고 세상을 담대히 정복해야 합니다. 모든 면에 있어 강인하십시오. 당신은 그리스도 안에서 강인한 사람입니다.

거목은 바람이 아무리 강하게 불어도 흔들리지 않습니다. 우리는 하나님의 자녀이며 단단한 거목입니다. 그 무엇에도 흔들리지 않는 태산과도 같은 사람입니다. 우리는 오로지 복음을 위해 사는 전도자이며, 다윗과 그의 용사들처럼 아주 강인한 사람이 되었습니다.

이 사실을 믿고 담대하게 행동하십시오.

"이 무리가 다윗을 도와 도둑 떼를 쳤으니 그들은 다 큰 용사요 군대 지휘관이 됨이었더라."(대상 12:21)

사람을 조금도 두려워하지 마라

당신은 사람을 두려워하지 않습니까?

오늘부터 사람을 조금도 두려워하지 마십시오.

사람을 두려워하면 올무에 걸립니다. "사람을 두려워하면 올무에 걸리게 되거니와 여호와를 의지하는 자는 안전하리라."(잠 29:25)

하나님 앞에서 모든 사람은 바람 앞에 등불보다 못하고 티끌보다 못한 존재입니다. 사람은 조금만 아파도 비명을 지르고 얼마 지나지 않아 기운이 다한 노인처럼 됩니다. 사람의 인생은 짧고 허무합니다. 사람에게는 아무 힘이 없습니다. "흙은 여전히 땅으로 돌아가고 영은 그것을 주신 하나님께로 돌아가기 전에 기억하라. 전도자가 이르되 헛되고 헛되도다. 모든 것이 헛되도다."(전 12:7~8)

살다 보면 자신도 모르게 어떤 사람을 두려워할 수 있습니다.

상대하는 사람이 버거울 때도 있습니다. 그 사람이 내뱉는 말과 표정에 상처받을 때도 있습니다. 그러나 속지 마십시오. 사람을 두려워하지 말고 오로지 하나님만 두려워해야 합니다. "몸은 죽여도 영혼은 능히 죽이지 못하는 자들을 두려워하지 말고 오직 몸과 영혼을 능히 지옥에 멸하실 수 있는 이를 두려워하라."(마 10:28)

끝을 먼저 보고 모든 일을 준비하라

당신은 무엇을 준비하고 있습니까?

준비하는 어떤 것이 있다면 그 끝을 먼저 생각해야 합니다.

대학 입학을 목표로 하고 있다면 그 끝에는 무엇이 있습니까?

대학 입학 후에는 무엇을 할 것입니까? 대학 입학은 시작에 불과합니다. 취직을 준비하고 있습니까? 취직한 다음에는 무엇을 할 것입니까? 취직도 시작에 불과합니다. 모든 것이 그렇습니다.

사람들은 목표를 정하고 그것을 성취하기 위해 분주하게 움직입니다. 자격증도 따고 공부도 하고 유학도 갑니다. 아이러니한 것은 그 목표들이 끝이 아닌 시작에 불과하다는 것입니다. 그러므로 어떤 일을 하든지 시작이 아닌 끝을 보고 움직여야 합니다. 각자의 인생도 그렇습니다. 인생의 끝은 무엇이며 어떻게 해야 할까요?

첫째, 구원 받은 하나님의 자녀가 되어야 합니다. 앞서 말한 것처럼 영혼의 문제부터 해결해야 합니다. 영적인 상태를 바꿔야 합니다. 먼저 예수 그리스도를 믿고 하나님의 자녀가 되어야 합니다.

아무리 머리를 밀고 산으로 들어가서 수행해도 죄의 문제가 해결되지 않습니다. 먼저 악한 생각, 음란, 탐욕, 거짓, 살인, 죽음, 징계, 가난, 질병의 문제를 해결해 놓고 움직여야 합니다. 그 문제 속에서 아무리 공부를 많이 하고 사업을 크게 한들 절대로 성공할 수 없습니다. 잠깐 좋은 결과를 냈다 할지라도 결국 무너집니다.

예수님께서 갈보리 산에서 언약을 이루셨습니다. 그분이 당신의 죄, 어리석음, 질병, 가난, 징계, 거짓, 살인, 음란, 죽음, 치유, 모욕, 아픔, 슬픔 등 모든 저주를 대신 짊어지셨습니다. 예수님께서 당신 대신에 채찍을 맞음으로 당신은 나음을 얻었습니다. 예수님께서 당신 대신에 모욕과 치욕을 당하심으로 당신은 새로운 사람이 되었습니다. 예수 믿음, 여기서 시작해야 합니다. 하나님은 당신을 사랑하십니다. 끝에서부터 시작하십시오. 먼저 하나님 자녀가 되어야 새로운 피조물로 새 삶을 시작할 수 있습니다. "예수께서 신 포도주를 받으신 후에 이르시되 '다 이루었다' 하시고……."(요 19:30)

둘째, 성공의 끝을 보는 습관을 가져야 합니다.

나는 혼자 카페에 앉아 있을 때 이런 생각을 한 적이 있습니다.

"인간이 할 수 있는 최고의 성공은 무엇일까?"

개인적으로 이런 생각을 자주 하는 편입니다. 온갖 질문을 나 스스로에게 넌집니다. 내 인에 계신 성령님께도 물어봅니다

나는 인간이 할 수 있는 최고의 성공을 떠올려 보면서 여러 인물이 생각났습니다. 부를 떠올리면 록펠러, 빌게이츠, 워렌 버핏 등 다양한 부자들이 생각납니다. 명예를 떠올리면 링컨, 아브라함 카이퍼, 처칠, 워싱턴, 케네디, 카네기가 생각나고 유명세를 떠올리면 세계적인 가수와 배우, 영화감독, 스포츠 선수 등이 떠오릅니다.

그 모든 사람들의 성공의 끝에는 무엇이 있었을까요?

죽음입니다. 인간은 언젠가 죽습니다. "인생은 자궁(Womb)에서 무덤(Tomb)으로 가는 여정이다"라는 말도 있습니다. 아무리 돈이 많아도 죽으면 끝입니다. 아무리 성공해서 유명해지고 큰 명예를 얻어도 죽으면 다 사라집니다. 죽음을 넘어선 성공이 있을까요?

없습니다. 다만 내가 이 땅에서 살 때 생계에 필요한 것들이 있을 뿐입니다. 죽으면 그 어떤 것도 가져갈 수 없습니다. 빈손으로 태어났듯이 죽어도 빈손입니다. 그래서 나는 진지하게 생각했습니다.

단순히 돈을 벌기 위해 취직하는 것, 명예를 얻기 위해 움직이는

것, 권력을 얻기 위해 경쟁하는 것은 아무 의미가 없다는 결론을 내렸습니다. 이런 것들이 필요할 수 있으나 절대 조건은 아닙니다.

이러한 것은 따라오는 덤입니다. 나는 따라오는 것에 목숨을 걸지 않기로 했습니다. 그래서 고민한 것이 성공의 끝입니다. 죽음을 넘어선 성공, 그것이 무엇일까요? 바로 생명(Life)입니다. 예수님이 우리 대신 죽으셨지만 3일 만에 죽음을 이기시고 부활하셨습니다.

예수님을 믿는 자에게는 영원한 생명이 주어집니다. 이 생명이 바로 참된 성공입니다. 그래서 나는 이 생명을 위한 일생을 살아야겠다고 결단했습니다. 나의 성공은 아주 간단합니다. 생명을 살리는 일입니다. 사람들이 예수님을 믿도록 돕고 그들과 함께 하며 계속 전도하는 일입니다. 이것이 진짜 영원한 성공이며 인간이 해낼수 있는 성공의 끝입니다. 나는 이것을 발견했습니다.

나는 참된 성공의 길을 발견한 후에 곧장 책을 집필했습니다.

캐나다에서 전도하면서 매일 글을 쓰고 원고를 만들었습니다. 매일 세계 복음화의 꿈과 비전을 키워 나갔습니다. 하나님께서 가장원하시는 일이 무엇인지 묵상하며 기도했습니다. 그 결과 하나님은 나를 정확하게 인도하셨습니다. 나는 끝에서부터 시작했습니다.

모든 성공 원리는 동일합니다. 끝에서부터 해야 합니다. 창업, 사업, 학업, 산업, 직업 등 모든 것을 끝에서부터 봐야 합니다. 그 끝에 무엇이 있는지 보고 움직여야 합니다. 그 끝이 곧 시작입니다.

당신은 무엇이 가장 고민이 됩니까? 끝을 미리 보고 움직이십시오. 지금 당신이 노력하고 있는 것의 끝은 무엇입니까? 성령님과 함께 그 끝을 정확하게 보고 시작해야 합니다. 그래야 올바른 푯대가 생깁니다. 지금 겪고 있는 문제는 아주 작은 문제입니다.

아무것도 염려하지 마십시오. 결국 다 해결되고 다 지나갑니다.

돈 문제도 결국 하나님이 다 공급하십니다. 당신이 해야 할 일은 오직 마음을 새롭게 하므로 올바른 믿음을 가지는 것입니다. 인간이 해야 할 일은 믿는 일뿐입니다. 올바르게 믿기만 하면 나머지는 하나님이 다 하십니다. 예수님이 모든 문제의 해결자이십니다.

셋째, 올바른 신분을 누리십시오.

나는 캐나다 유학 시절, 토론토에 위치한 한국 대사관에 종종 갔습니다. 캐나다에 제출해야 할 서류들을 받거나 도움이 필요할 때 대사관에 요청하는 것이 가장 빠르기 때문입니다. 대사관은 전적으로 자국민을 위한 곳입니다. 그래서 한국 국민이라면 누구든지 대사관을 통해 대한민국 사람으로서의 권리를 받아 누릴 수 있고 선거철이 되면 거기서 투표권을 행사할 수도 있습니다.

국가는 국민의 배경이 되어, 국민을 위해 군대를 움직이기도 하고 외교를 통해 나서기도 합니다. 이런 배경은 대한민국 국민이라는 신분이 있기에 가능한 것입니다. 국가가 없는 사람은 '난민'입니다. 이 얼마나 안타까운 일입니까? 이처럼 내가 어떤 정체성을 가지고 있는지는 매우 중요합니다. 정체성은 자신의 신분인데, 그걸 모르는 사람은 자신의 정체성을 모르고 있다는 뜻입니다.

당신은 자신의 신분을 알고 있습니까?

대한민국 국민이라는 신분은 이 땅의 법에서만 유효합니다.

진정한 나의 신분은 바로 하나님의 자녀입니다.

나는 예수 그리스도를 믿음으로 하나님의 자녀가 되었습니다.

이에 따라 하나님이 내 아버지가 되셨고 나는 하나님의 아들이 되었습니다. 하나님은 온 우주 만물의 주인이십니다. 여호와 하나님이 나의 절대적인 배경이 되어 주시므로 나에게는 천국의 배경과 보좌의 축복이 있습니다. 하나님은 나의 기도에 즉각적으로 응답하십니다. 하나님은 나를 위하여 천군 천사를 파송하여 나를 도우십니다. 나는 예수 그리스도를 믿음으로서 천국 시민권을 가졌고 나는 이 땅에서 천국 같이 살다가 죽어서도 천국으로 갑니다.

"우리의 시민권은 하늘에 있는지라."(빌 3:20)

나의 진짜 배경은 바로 하나님입니다. 이 얼마나 대단합니까?

나는 하나님의 황태자이며 그분의 자녀입니다. 나는 그 어떤 것과도 바꿀 수 없는 존귀한 신분을 가진 사람입니다. 이처럼 끝을 보아야 합니다. 예수 그리스도의 복음을 믿고, 진정한 성공을 제대로 이해하고, 내가 어떤 신분인지를 알아야 행복해집니다. 이 세 가지를 제대로 할 때 비로소 끝에서 시작할 수 있는 삶의 능력이 생기고 성령님께서 무한한 능력과 지혜로 나에게 복을 주십니다.

당신도 모든 것을 끝에서 시작하십시오. 당장 성공하고 돈을 버는 것은 그렇게 큰 의미가 없습니다. 응답 받고 곧 넘어지며 평생을 낭비하는 것보다 당장 응답받지 못하더라도 정확한 하나님의 언약 속에 있는 것이 더 중요합니다. 세월을 아끼십시오.

"세월을 아끼라. 때가 악하니라."(엡 5:16)

인생은 속도보다 방향이 더 중요하다

당신은 인생의 올바른 방향을 알고 있습니까?

인생은 빠르게 가느냐, 느리게 가느냐가 성공의 기준이 아닙니다. 올바른 방향으로 가고 있는지가 가장 중요합니다. 만약 부산으로 가야 하는데 평양으로 갔다면 어떻겠습니까? 모든 시간과 돈을 허투루 낭비한 것입니다. 하물며 100년 인생의 막바지에서 내가 걸어온 인생이 잘못된 길이라는 것을 깨닫는다면 얼마나 허무하고 후회스럽겠습니까? 그 회한의 고통은 말할 수 없이 클 것입니다.

그러므로 인생은 방향이 가장 중요합니다.

그렇다면 정확한 인생의 방향은 무엇일까요?

첫째, 오직 예수 그리스도입니다.

예수님은 "내가 곧 길이다"(요 14:6)라고 말씀하셨습니다.

인생은 '오직'이어야 합니다. 오직은 '단 하나'라는 뜻입니다.

이것 외에는 길이 없고 다른 그 어떤 것과도 타협하지 않는다는 말입니다. 오직은 딱 한가지입니다. 예수님은 내 인생에 '오직 진리'이십니다. 오직 예수님만이 나의 그리스도가 되십니다.

오직 예수님만이 나의 생명이시며 주인이 되십니다.

"시몬 베드로가 대답하여 이르되, 주는 그리스도시요 살아 계신 하나님의 아들이시니이다."(마 16:16)

인생은 '오직'이 되지 않으면 이도 저도 아닙니다.

오직이 되지 않으면 이 교회, 저 교회 옮겨 다녀야 합니다.

오직이 되지 않으면 교회 생활은 종교 생활이 되어버립니다.

오직 복음, 오직 예수 그리스도만이 내 인생의 방향이 되어야 합니다. '오직'이 성공하는 인생의 첫 번째 열쇠입니다.

"예수께서 이르시되, 내가 곧 길이요 진리요 생명이니 나로 말미암지 않고는 아버지께로 올 자가 없느니라."(요 14:6)

둘째, 오직 하나님의 나라입니다. '나라' 곧 국가는 3가지 요소가 있어야 합니다. 주권, 영토, 국민입니다. 하나님의 나라도 그렇습니다. 하나님의 주권, 하나님의 영토, 하나님의 국민이 있습니다.

주권(主權)은 나라의 주인이 갖는 권리로, 하나님 나라의 주인은 하나님이십니다. 하나님은 그분의 절대 주권과 목적을 두고 정확하게 인류 역사를 이끌어 가십니다. 나를 만드신 분도 하나님이시며, 때론 어렵고 힘든 상황에 놓여 있어도 그 또한 하나님의 절대 주권 속에 있습니다. 모든 생사화복이 하나님의 주권에 달려 있습니다. 절대 주권자이신 하나님께서 나를 자녀 삼으시고 전도자로 부르셨습니다. 영토(領土)는 한 나라의 주권이 미치는 땅으로, 영역을 말합니다. 하나님 나라의 영역은 무한합니다. 지구를 포함한 온 우주 만물이 하나님의 영역 안에 있으며, 그분은 영원부터 계셨습니다. "산이 생기기 전, 땅과 세계도 주께서 조성하시기 전 곧 영원부터 영원까지 주는 하나님이시니이다."(시 90:2) 국민(國民)은 국가를 구성하는 사람들로, 하나님 나라의 국민은 하나님의 백성입니다. 하나님은 온 인류가 한 명도 빠짐없이 예수 그리스도를 구주로 믿고 하나님께만 예배하기를 원하십니다. "하나님은 모든 사람이 구원을 받으며 진리를 아는 데에 이르기를 원하시느니라."(딤전 2:4)

인간이 가장 인간다울 수 있는 삶은 하나님께 예배하는 삶입니다. 인간은 하나님의 형상대로 창조되었습니다. 하나님은 인간으로부터 영광 받기를 원하십니다. 인간으로부터 받을 수 있는 하나님의 영광은 곧 인간이 하나님의 형상대로 사는 것입니다.

예수님께서 십자가에서 나의 모든 죄를 대속하심으로 내 안에 하나님의 형상이 회복되었습니다. 내 안에 있는 하나님의 형상을 이 땅에서 마음껏 드러내야 합니다. 성령님께서 내 안에 실제로 살아 계시므로 내 안에 하나님의 나라를 이루고 계십니다. "하나님이 세상을 이처럼 사랑하사 독생자를 주셨으니 이는 그를 믿는 자마다 멸망하지 않고 영생을 얻게 하려 하심이라. 하나님이 그 아들을 세상에 보내신 것은 세상을 심판하려 하심이 아니요 그로 말미암아 세상이 구원을 받게 하려 하심이라. 그를 믿는 자는 심판을 받지 아니하는 것이요 믿지 아니하는 자는 하나님의 독생자의 이름을 믿지 아니하므로 벌써 심판을 받은 것이니라."(요 3:16~18)

하나님의 나라는 예수 그리스도의 복음을 믿는 사람에게 성령으로 임하여 있습니다. 예수님께서 나의 주인이 되시므로 나의 모든 영역에 하나님의 주권이 역사하고 있습니다. 하나님의 나라는 '하나님의 통치'를 뜻합니다. 하나님의 나라의 일은 하나님께서 지금도 구원의 역사를 이루시는 그분의 절대 경륜입니다. 우리는 하나님 나라와 그의 일을 나의 인생 방향으로 굳게 믿고 잡아야 합니다.

"그런즉 너희는 먼저 그의 나라와 그의 의를 구하라. 그리하면 이 모든 것을 너희에게 더하시리라."(마 6:33)

셋째, 오직 성령입니다.

성령님은 하나님이십니다. 성령님은 막연한 분이 아니십니다.

성령님은 아버지의 영이시며 예수님의 영이십니다. 성령님은 지금도 내 안에 실제로 살아 계십니다. 예수 그리스도를 나의 구주로 영접한 순간부터 성령님은 내 안에 가득히 임하여 계십니다.

성령님은 언제 어디서나 나와 함께 하십니다.

"내가 여호와를 항상 내 앞에 모심이여, 그가 나의 오른쪽에 계시므로 내가 흔들리지 아니하리로다." (시 16:8)

성령님은 나의 '오직'이십니다. 나의 성령님을 두고 타협이란 없습니다. 성령님을 가장 우선적으로 생각해야 하고, 성령님을 가장 우선적으로 바라보아야 합니다. 무엇보다 온 마음을 다해 성령님을 사랑해야 합니다. '오직'은 단 하나입니다. "오직 성령"이란 오직 성령님만 바라본다는 것입니다. 다른 것을 바라보아서는 안 됩니다.

오직 성령님과 함께 땅 끝까지 예수의 증인이 되어야 합니다.

"오직 성령이 너희에게 임하시면 너희가 권능을 받고 예루살렘과 온 유대와 사마리아와 땅 끝까지 이르러 내 증인이 되리라."(행 1:8)

교회에서 '오직 예수'만 외치는데 '오직 성령'도 중요합니다.

"오직 성령이 말할 수 없는 탄식으로……."(롬 8:26)

"오직 성령 안에 있는 의와 평강과 희락이라."(롬 14:17)

"오직 성령으로 충만함을 받으라."(엡 5:18)

"오직 성령의 감동하심을 받은 사람들이……."(벧후 1:21)

"오직 성령의 열매는 사랑과 희락과 화평과……."(갈 5:22)

당신이 온 마음과 뜻을 다해 성령님을 사랑할 때 당신의 삶의 가치와 능력은 최고의 빛을 발하게 됩니다. 성령님을 사랑하십시오.

이제 당신은 인생의 방향을 깨달았습니까?

성공이라는 것은 빠르고 느린 것이 아닙니다. 많은 업적과 건물, 숫자로 인정받는 삶이 아닙니다. 인생은 아무리 노력해도 큰 의미가 없고 올바른 방향으로 나아갈 때만 의미가 있습니다.

내가 생각하는 것과 하나님이 생각하시는 것은 큰 차이가 있습니다. 하나님의 생각과 길로 내 인생을 조정해야 합니다. "이는 내 생각이 너희의 생각과 다르며 내 길은 너희의 길과 다름이니라. 여호와의 말씀이니라. 이는 하늘이 땅보다 높음 같이 내 길은 너희의 길보다 높으며 내 생각은 너희의 생각보다 높음이니라."(사 55:8~9)

하나님은 내 인생 방향을 오직 예수 그리스도, 오직 하나님 나라, 오직 성령님으로 잡고 계십니다. 만약 내가 이 방향에 순종하지 아니하면 결국 나는 틀린 사람이 됩니다. 틀린 방향에 최선을 다해 봐야 소용없습니다. 그 길의 끝은 결국 막다른 길이며 돌아가고 싶을 때는 너무 늦어집니다. 그러므로 지금 삶의 모든 것을 이 세 가지의 방향으로 조정하십시오. 빨리 성공하는 것이 중요한 것이 아니라 올바른 방향으로 성공하는 것이 중요합니다. 정직하십시오. 그리스도 예수 안에서 잘못된 모든 동기를 내려놓으십시오. 하나님 앞에 순결하고 정직한 삶은 하나님이 원하시는 대로 인생의 방향을 조정할 때만 가능합니다. 당신은 축복 받은 하나님의 자녀입니다.

무기력을 다스리는 비결

당신은 무기력할 때가 있었습니까?

누구나 인생을 살다 보면 무기력할 때가 종종 있습니다.

나도 그럴 때가 있었는데 타인에 의해서든, 자신에 의해서든 가슴이 답답하고 마음에 불신이 찾아옵니다. 그럴 때마다 너무 고통스럽고 힘들었습니다. 왜 무기력이 찾아오는지 원인을 생각해보지 않고 그저 그 속에 빠져 허우적거리기 급급했습니다.

"나는 아무것도 할 수 없어. 하나님이 정말 나를 도와준다고? 하나님을 도저히 찾을 수가 없어. 죽고 싶을 뿐이야."

살다 보면 힘에 부칠 때가 있습니다. 어떻게 해야 할까요?

우리는 대체로 사람의 말에 상처받거나 나의 존재 가치가 없다고 생각될 때 무기력하다고 느끼게 됩니다. 간혹 내가 잘하고 있는 것인지, 옳은 방향으로 가고 있는 것인지 길을 잃어버린 것만 같은 느낌이 들곤 합니다. 손 하나 까딱하기 힘들고 죽고 싶은 마음이 들고 우울해서 눈물이 멈추지 않을 때도 있습니다. 그러나 이러한 무기력한 마음은 결코 하나님의 뜻이 아닙니다. 하루 속히 무기력의 습관을 뛰어넘고 믿음의 습관을 가져야 합니다.

"오직 의인은 믿음으로 말미암아 살리라."(롬 1:17)

세계적인 메이저리그 투수인 데이브 드라베키(Dave dravecky)는 원래 야구에 재능이 없었습니다. 어릴 때부터 야구를 사랑했지만 재능은 그에 못 미쳐서 후순위로 선발되거나 벤치에 앉아 있어야 할 때가 많았습니다. 그는 항상 소외되고 외로웠습니다. 마이너리그를 전전하던 데이브는 어느 날 아내와 함께 예수 그리스도를 구주로 영접하게 되었습니다. 이때 데이브는 자신의 환경과 능력에 상관없는 초자연적인 능력과 평안을 발견하게 되었습니다.

여러 명의 코치와 감독이 데이브에게 "야구를 그만두라. 재능이 없다"고 꾸짖었으나 그는 포기하지 않았습니다. 매일 같이 피나는 노력 끝에 그는 5년 후, 샌디에고 파드레스(San Diego Padres)의 구원투수로 메이저리그에 등판하게 됩니다. 후에 그는 올스타 팀에서, 플레이오프 및 월드 시리즈에서 투수로 활약했습니다.

데이브는 날마다 기뻤고 매사에 힘이 넘쳤습니다. 1987년 가을에 55,000명의 팬들 앞에서 선발투수로 활약했고 2안타만 내주고 무실점 기록까지 올렸습니다. 그는 기자에게 "나는 하나님께 영광을 돌리기 위해 열심히 노력했다"고 말했습니다.

그렇게 매일 기뻤던 데이브에게 어느 날 시련이 닥쳤습니다.

1988년, 데이브의 천금 같은 왼팔에 악성 종양이 발견되었고 13시간에 걸친 수술 끝에 삼각근 절반을 잘라 내고 그의 뼈를 냉동 마취해야 했던 것입니다. 야구 선수에게 팔을 잃은 것은 모든 것을 잃은 것과 같았습니다. 데이브는 절망했지만 "나는 기적을 베푸시는 하나님을 믿는다. 내가 다시 공을 던지길 원하신다면 하나님께서 도와주실 것이요 그렇게 하지 아니하실지라도 내가 할 수 있는 다른 일이 있을 것이다"라고 담대한 믿음으로 고백했습니다.

그로부터 2년 뒤 데이브는 처절한 노력으로 치료 과정을 이겨내고 1989년 8월 11일에 신시내티 레즈와의 홈경기에 등판해서 8이닝 4안타 3실점으로 호투해 승리투수로 빛을 발했습니다. 결국 그는 병이 재발해 왼팔을 잘라 내고 마운드를 떠나야 했지만 자신을 향한 하나님의 분명한 계획이 있음을 믿었습니다. 그는 하나님이 그동안 어떻게 도와주셨는지에 대해, 자신이 가지고 있는 한 팔로 2권의 책을 집필했고 많은 지역을 다니며 강연했습니다. 그리고 자신에 대한 하나님의 계획을 기대하며 하루하루를 살았습니다.

그렇게 매일 예수 그리스도의 복음을 전하며 미국 전역을 순회하던 그가 어느 날, 주카라는 어린이를 만나게 되었습니다.

이 둘의 만남은 하나님의 놀라운 역사였습니다.

주카는 태어난 지 10개월 만에 "2개월 내에 사망한다"는 판정을 받았고 성장판에 이상이 생겨 2012년에는 오른 다리를 절단해야 했습니다. 주카는 절망했고 친구들 앞에 서는 것이 부끄러웠습니다.

데이브는 그런 주카에게 이렇게 말했습니다.

"주카야, 하나님은 그런 너의 모든 것을 사랑하신다. 꿈을 꾸어라. 당당해져라. 하나님께서 너와 함께 하신다."

데이브는 결코 포기하지 않았습니다. 하나님께서 자신을 도우시고 기적을 베푸실 것을 믿었습니다. 그는 복음 투수와 전도자로서 수많은 영혼에게 복음을 전하며 천국의 빛을 발하는 인생을 살고 있습니다. 당신은 무엇 때문에 무기력하고 힘이 부칩니까?

무기력은 힘이 없는 것이 아닙니다. 오히려 힘이 넘치기에 발생하며 내 마음대로 되지 않기 때문에 상처받고 괴로운 것입니다. 내가 생각했던 삶과 반대로 현실이 펼쳐지기 때문에 낙담합니다.

때로는 믿었던 사람에게 배신을 당해서 환멸을 느끼고 주저앉아 좌절하기도 합니다. 인생은 내 마음대로 되는 것은 아니지만 결국 하나님의 뜻대로 됩니다. 내 뜻대로 인생을 살려고 하는 교만을 내려놓지 않으면 무기력이 계속 발생할 것입니다. "내 원대로 마시옵고 아버지의 원대로 되기를 원하나이다."(눅 22:42)

모든 염려를 하나님께 맡기십시오. 그러면 하나님의 초자연적인 평강이 당신의 마음과 생각을 다스릴 것입니다. "아무 것도 염려하지 말고 다만 모든 일에 기도와 간구로, 너희 구할 것을 감사함으로 하나님께 아뢰라. 그리하면 모든 지각에 뛰어난 하나님의 평강이 그리스도 예수 안에서 너희 마음과 생각을 지키시리라."(빌 4:6~7)

예수님께서 당신의 모든 상처를 대신 담당하셨습니다. 당신이 받은 치욕, 가난, 모든 질고를 대신 담당하셨습니다. 당신의 무기력을 담당하셨습니다. 하나님은 어떤 상황에서든 당신을 향한 선한 계획을 가지고 계십니다. 그러므로 조금도 낙담하지 마십시오.

낙담이 찾아오면 잠잠히 참아 기다리십시오. 입술로 불평과 불만을 쏟아 내기 전에 십자가에서 당신을 대신해 죽으신 예수 그리스도를 바라보십시오. 화를 내기 전에 숨을 깊이 마시고 당신의 생각보다 하나님의 말씀이 더 높고 깊다는 것을 생각하십시오.

나는 돈이 없고 환경이 어려울 때 무기력해지고 마음이 우울해지고 부정적인 생각이 많이 떠올랐습니다. 세계적인 꿈과 비전을 가지고 살았지만 현실은 정반대였습니다. 내가 아무리 노력해도 바뀌지 않는 환경과 사람을 마주할 때마다 좌절하고 낙담했습니다.

그런 내게 하나님께서 말씀하셨습니다.

"영근아, 내가 너와 함께 한다. 한 번 구했으면 받았다고 믿으면 된다. 이미 미래를 다 알고 있는데 무슨 걱정이냐. 이 세상에는 나의 자리를 대신한 자들이 많다. 나 여호와를 인정하고 나를 바라보라. 그러면 모든 것을 내가 바꿀 것이다. 내가 너를 도울 것이다."

당신의 마음과 생각을 다스리십시오. 가장 작은 일에도 복음이 필요합니다. 틈을 타고 들어오는 부정적인 생각을 내버려두지 말고 예수의 이름으로 쫓아내십시오. 집 안에 쓰레기가 쌓이면 치워야 하듯 내 마음과 영혼에 쌓인 모든 쓰레기도 치워야 합니다.

부정적인 생각을 모두 차단하고 하나님의 언약을 믿으십시오.

믿음으로 주님을 고백하면 하나님의 역사가 나타납니다.

"주는 그리스도시요 살아 계신 하나님의 아들이십니다."

답답하고 숨이 막히면 이렇게 하라

당신은 지금 어떤 문제로 고민하고 있습니까?

혹시 숨이 막혀 죽겠다며 땅을 치고 있지 않습니까?

살다 보면 답답하고 숨이 막힐 때가 종종 있습니다. 보이지 않는 어떤 것이 나를 가로 막는 것처럼 느껴지면 가슴이 답답해집니다. 그러면 정신적으로 고통스럽고 잠도 못 이루게 됩니다. 이런 틀에서 완전히 벗어나야 참된 성공을 할 수 있는데 어떻게 하면 될까요?

오직 성령님의 힘으로만 그 틀을 깨뜨릴 수 있습니다.

"그 날에 그의 무거운 짐이 네 어깨에서 떠나고 그의 멍에가 네 목에서 벗어지되 기름진 까닭에 멍에가 부러지리라."(사 10:27)

내가 오랫동안 하나님 앞에서 기도했던 제목이 있습니다.

그것은 곧 '무능에 대한 틀'을 벗는 것입니다. 나는 내 인생을 힘들게 하는 모든 무능에서 벗어나고 싶었습니다. 마음껏 돈을 벌고 싶었고 단 하루를 살아도 내 능력을 최대치로 발휘하며 살고 싶었습니다. 그러나 현실은 전혀 그렇지 않았습니다. 주위 사람과 대화가 잘 통하지 않을 때, 자격증 공부를 할 때, 사업을 준비할 때도 마음먹은 대로 되지 않아서 힘들었습니다.

어느 날, 운전을 하다가 너무 답답해 차를 멈추고 기도했습니다.

내가 그 사람을 바꿀 수 없고, 나 자신도 바뀌지 않을 때 어떻게 해야 하는지 진실로 하나님 앞에 구했습니다. 그러자 하나님은 내게 "너의 틀을 바꾸라"고 말씀하셨습니다. 틀(Frame)이란 무엇일까요? 틀은 '가로막은 것'입니다. 하나님 말씀과는 다르게 내가 성장하지 못하도록 가로막은 생각, 의식 수준, 행동의 한계입니다.

성령님은 초자연적인 힘으로 나의 틀을 하나씩 바꾸셨습니다.

생각이 굳어지면 주장이 되고, 주장이 굳어지면 고집이 됩니다.

틀이라는 것이 정말 무서운 것은, 한 번 굳어지면 그것을 고치기가 여간 어려운 것이 아니라는 것입니다. 세 살 버릇 여든까지 간다는 말이 있듯이 한번 들어간 틀은 죽기까지 잘 바뀌지 않습니다.

이 틀을 바꾸지 않으면 성공할 수 없습니다. 그래서 나는 이 틀이 뭘까 고민하며 정리하기 시작했습니다. 어떤 것이 있을까요?

"거짓의 틀, 무책임의 틀, 백수의 틀, 도움 받는 위치의 틀, 도망치는 틀, 아들의 틀, 듣지 못하는 틀, 불순종의 틀, 불성실의 틀, 어리석음의 틀, 죄의식의 틀, 가난의 틀, 질병의 틀, 착한 사람의 틀, 경쟁의 틀, 지식의 틀, 무능의 틀, 조상의 틀, 형식의 틀."

틀에 대해서 정리하자면 끝이 없습니다. 위에서 말한 수많은 틀들이 나를 가로막고 있음을 나는 생생히 보았습니다. 이것은 실로 충격적인 사실입니다. 하나님은 그분의 모든 자녀들이 의식 수준이 높아지고 경제적으로도 부요하게 살기를 원하십니다.

이 틀에서 나를 구원할 수 있는 것은 무엇일까요? 복음입니다.

"내가 복음을 부끄러워하지 아니하노니 이 복음은 모든 믿는 자에게 구원을 주시는 하나님의 능력이 됨이라 먼저는 유대인에게요 그리고 헬라인에게로다. 복음에는 하나님의 의가 나타나서 믿음으로 믿음에 이르게 하나니 기록된 바 오직 의인은 믿음으로 말미암아 살리라 함과 같으니라."(롬 1:16~17)

복음은 모든 틀에서 구원을 주시는 하나님의 능력입니다.

예수님께서 갈보리 산 십자가에서 다 이루셨습니다. "다 이루었다"(요 19:30)는 말씀은 '다 끝냈다'는 의미입니다. 하나님은 이미 다 끝낸 문제에서 아직도 벗어나지 못하는 자녀들을 보면서 큰 안타까움을 느끼고 계십니다. 이것은 진실입니다. 너무나 많은 사람들이 틀에 갇혀 있습니다. 도저히 성공할 수 없는 조건과 틀 안에서 공부하고 사업을 합니다. 이러한 인생 게임은 이미 졌습니다.

그래서 나는 결단하고 매일 이러한 틀을 찾고 깨부수는 작업을 했습니다. 예수님께서 이 모든 틀을 십자가에서 다 끝내셨다는 것을 진실로 믿는 것이 시작이었습니다. 이 틀이 다 깨졌다고 믿었습니다. 그리고 이 틀을 하나씩 찾아 깨부수기 시작했습니다.

당신은 지금 어떤 틀로 고민하고 있습니까? 가장 바뀌지 않는 당신의 모습은 무엇입니까? 우리의 삶에는 온갖 틀이 얽혀 있습니다. 돈을 벌지 못하는 것도 틀의 문제입니다. 사업의 결과, 학업의 결과. 전도의 결과가 나타나지 않는 것도 틀의 문제입니다. 내가 가진 틀에 대해 눈을 감을 때 '무능'과 마주하게 됩니다. 무능이라는 틀을 회피하지 말고 직시해야 합니다. 예수 그리스도의 이름으로 무능을 쫓아내야 합니다. 그러면 사탄은 내 발 앞에 무릎 꿇게 됩니다. 바울은 "내게 능력 주시는 자 안에서 내가 모든 것을 할 수 있느니라"(빌 4:13)고 했습니다. 이것이 좋은 결과를 내는 비결입니다.

아브라함은 틀을 깨부쉈던 믿음의 아버지였습니다.

그는 본인이 가진 틀의 한계를 인식하고 있었습니다.

하나님은 그 틀을 깨부수도록 필연적인 시간표를 그에게 주셨습니다. 그것은 육신의 틀에서 완전히 떠나라는 것입니다.

"여호와께서 아브람에게 이르시되 너는 너의 고향과 친척과 아버지의 집을 떠나 내가 네게 보여 줄 땅으로 가라."(창 12:1)

아브라함의 고향은 온통 우상 문화로 가득했습니다. 그의 고향의 전통과 문화는 온갖 제사와 갖가지 우상 신들이 지배했습니다.

아브라함은 그런 혈통과 육정의 틀에서는 하나님의 말씀을 따를 수가 없었습니다. 그래서 그는 떠나기로 결단했습니다. 하나님의 말씀을 따라 고향을 떠난 그는 놀라운 하나님의 역사를 경험하기 시작했습니다. 당신은 어떻습니까? 틀을 부술 준비가 되었습니까?

아브라함처럼 이사를 가지 않아도 됩니다. 지금 당신의 삶에서 틀을 깨부수면 됩니다. 가장 작은 틀부터 깨부수십시오. 당신이 게으르다고 생각되면 아침에 이불부터 깔끔하게 개어 보십시오. 공부하면서 내면적인 저항으로 고심하고 있다면 어리석다는 믿음의 틀을 뽑아내십시오. 돈을 벌지 못해 고민하고 있다면 경제활동을 못하도록 가로막고 있는 당신의 의식 수준과 삶을 점검하십시오.

그래야 올바른 인생 여정을 걷게 됩니다.

"내가 너로 큰 민족을 이루고 네게 복을 주어 네 이름을 창대하게 하리니 너는 복이 될지라. 너를 축복하는 자에게는 내가 복을 내리고 너를 저주하는 자에게는 내가 저주하리니 땅의 모든 족속이 너로 말미암아 복을 얻을 것이라 하신지라."(창 12:2~3)

문제를 해결하는 비결

당신은 가정에 문제가 생기면 어떻게 해결합니까?

나는 하나님께 예배함으로 해결합니다. 예배는 '하나님께 엎드려 절한다'는 뜻입니다. 예배를 통해 하나님을 주인님으로 인정하고 경배하면 가정에서 일어난 모든 문제는 그분이 해결해 주십니다.

며칠 전에 아내와 차 안에서 작은 다툼이 있었습니다.

아주 사소한 문제였음에도 차 안은 적막이 가득했습니다.

나는 아내에 대한 화를 가라앉히려고 입을 꾹 닫고 아무 말도 하지 않았습니다. 속에서 천불이 났습니다. 기분도 나쁘고 좋은 말도 나오지 않았습니다. 그래서 운전하면서 쉬지 않고 기도했습니다.

'하나님 어떻게 하면 될까요? 도저히 안 바뀌는데 어떻게 합니까? 하나님, 왜 이렇게 실수를 계속 할까요? 정말 노력하는데.'

모든 부부 싸움이 그렇듯 따지고 보면 큰 문제가 아닌데 서로 인정하지 않고 물러서지 않기 때문에 큰 충돌이 일어납니다. 우리 부부도 그렇습니다. 작은 일에도 서운해 하고 다툽니다. 들어주지 못하고 이해해 주지 못하면 틱틱 대고 좋은 말도 안 나갑니다.

하나님께서 운전 중에 내게 큰 깨달음을 주셨는데, 그것 또한 틀이라는 것입니다. 내가 아무리 목청껏 소리 높여 행동을 고치라고 말을 해도 상대방은 절대 안 바뀝니다. 나도 마찬가지입니다.

누군가 나에게 지적을 하고 가르치려 하면 들은 척도 안합니다.

나도 안 바뀌는데 상대방이 바뀌길 바라는 것은 교만입니다. 그래서 나는 이 틀을 어떻게 깰까 고민을 거듭하던 차에 하나님께서 '예배'라는 음성을 주셨습니다. "영근아. 네가 말하지 마라. 아내가 하나님의 말씀을 듣도록 도와라. 함께 예배하라."

나는 그 날 저녁, 즉시 아내와 함께 가정 예배를 드렸습니다.

부부 싸움 대신에 하나님께 예배하니 놀라운 성령님의 역사가 일어났습니다. 하나님은 예배를 통해 놀라운 깨달음을 주셨고, 우리는 서로 화해하며 큰 깨달음을 토론할 수 있었습니다.

얼마나 감사한지요. 당신은 지금 어떤 문제로 힘듭니까?

나처럼 하나님께 예배하십시오. 문제와 사건이 있다면 예배하면서 그 해답을 찾으십시오. 하나님은 예배하는 자를 사랑하시며 예배를 통해 많은 은혜 주기를 원하십니다.

두려움을 다스리는 비결

당신은 매일 저녁에 두려워하지 않습니까?

나는 저녁마다 두려웠던 적이 있습니다. 일과를 마치고 집에 들어오면 편안하고 행복해야 하는데 불안했습니다. 바쁘고 정신없이 일할 때보다 혼자만의 시간을 갖고 휴식을 취하려고 할 때 더 두려웠던 것입니다. 그래서 나는 소설이나 TV에 빠져들었습니다. 그러는 동안에는 마음에 부담이나 두려움을 느끼지 않았기 때문입니다.

하지만 그 후에는 마음이 또 불편하고 어려웠습니다.

다음날 출근하는 것이 부담스러웠고 마음속으로는 하나님을 예배하고 싶어도 내 삶의 습관은 그 흐름을 따라가지 못했습니다.

그래서 나는 하나님께 구했습니다.

"하나님, 저녁마다 너무 힘이 듭니다. 온 몸이 녹초가 되고 피곤합니다. 저도 기도하고 성경을 읽고 싶은데 도저히 그럴 수가 없습니다. 제가 지금 얼마나 많은 일을 감당하고 있는지 잘 아시지 않습니까? 하나님, 도와주세요. 반복되는 이런 삶이 싫습니다. 하나님, 정말 기도하고 말씀 읽는 삶을 살고 싶어요."

하나님은 기도하는 내게 즉시 응답하셨습니다.

"영근아, 잠자리에 들기 전에 두려움을 해결해야 한다. 하루에 얼마나 많은 일들이 있었느냐? 그 두려움을 말씀과 기도로 해결해야 한다. 두려움에 갇힌 채 누워 있으면 안 된다. 수면이 두려움을 해결해 주지 않는다. 깊은 수면은 깊은 믿음 속에서 되는 것이다. 자기 전에 두려움부터 먼저 해결해라."

"하나님 두려움을 어떻게 해결해야 하나요?"

"예배해라. 아무리 육신이 피곤해도 예배를 통해 하루 일과를 정리해라. 두려움이 느껴지는 부분이 있다면 그것을 적어보고 정말 두려운 일인지 생각해보라. 하루 일과를 조목조목 기도해라. 네 모든 삶을 축복으로 여겨라."

나는 하나님의 음성을 들은 후에 크게 깨달았습니다.

두려움은 나의 것이 아닙니다. 두려움은 정죄로부터 옵니다.

그러나 나에게는 결코 정죄함이 없습니다. "그러므로 이제 그리스도 예수 안에 있는 자에게는 결코 정죄함이 없나니"(롬 8:1)라고 했기 때문입니다. 예수님이 내 대신 모든 정죄를 받으셨습니다.

나는 허물과 상처도 없습니다. 하나님이 다 용서하셨습니다.

그러므로 나는 사실상 두려워할 필요가 없습니다. 내 인생의 모든 것은 하나님이 이끄십니다. 나는 회개했습니다.

나의 힘으로 고민을 해결하려고 했습니다.
나의 힘으로 문제를 해결하려고 했습니다.
나의 힘으로 수면을 해결하려고 했습니다.
나의 힘으로 계획을 해결하려고 했습니다.
나의 힘으로 고통을 해결하려고 했습니다.
나의 힘으로 관계를 해결하려고 했습니다.

무엇이든지 나의 힘으로 하려고 하는 순간 두려움이 옵니다.

두려움은 중독과 정욕의 본질입니다. 사람은 두려움을 포장하기 위하여 온갖 중독과 정욕의 일을 합니다. 나도 그랬습니다.

나는 하나님의 음성을 들은 후로 더 이상 두려워하지 않기로 결단했습니다. 오로지 믿음의 생각과 믿음의 말만 하기로 했습니다.

또한 저녁마다 두려움을 물리칠 서밋타임을 가지기로 했습니다.

나는 매일 나만의 노트에 깨달음과 일과를 적습니다. 기도 내용을 적기도 하고 말씀을 적기도 합니다. 나는 매일 두려움이 엄습할 때마다 그 두려움을 적고 기도합니다. 그리고 그 문제가 다 완전히 해결되었다고 고백합니다. 그러면 두려움이 사라집니다.

"하나님, 수업 마치게 되었습니다. 감사합니다."

"하나님, 필요한 재정이 공급되었습니다. 감사합니다."

"하나님, 내일 중요한 일을 해결했습니다. 감사합니다."

"하나님, 놀라운 깨달음을 얻고 책을 썼습니다. 감사합니다."

당신은 어떻습니까? 매일 저녁마다 두려움을 느끼지 않습니까?

두려워하지 마십시오. 두려움은 다 현상과 증상입니다. 사탄은 당신의 두려움을 이용해 당신을 중독과 쾌락으로 넘어뜨립니다.

여기에 속아서는 안 됩니다. 마귀에게 틈을 주지 마십시오.

예수님이 당신의 죄를 십자가에서 다 해결하셨습니다.

두려움은 더 이상 당신을 사로잡지 못합니다. 두려움을 포장하지 말고 솔직하게 하나님 앞에 나아가십시오. 하나님은 당신의 두려움을 은혜로 바꿔 주십니다. 아무것도 염려할 필요가 없습니다. 사실 가만히 생각해보면 문제들은 두려워할 것이 없는 작은 일입니다.

실제로 그렇습니다. 세상의 모든 일은 두려워할 것이 아닙니다.

당신도 나처럼 서밋타임을 가지십시오. 하나님 앞에 진실로 나아가십시오. 그러면 당신의 두려움은 다 도망가고 없을 것입니다.

당신을 축복합니다.

하나님의 초자연적인 경영을 믿으라

당신은 하나님의 경영을 믿고 있습니까?

나는 하나님의 초자연적인 경영을 믿습니다. 하나님께서 나의 모든 것을 초자연적인 능력과 지혜로 경영하십니다. 나의 학업, 나의 산업, 나의 경제 등 모든 것을 그분이 경영하십니다. 하나님은 내가 만나는 아주 작은 만남조차 경영하고 계십니다.

세상의 모든 것은 하나님의 철저한 계획 아래에 움직이고 있습니다. 세상 그 무엇도 하나님의 허락이 없이는 바뀌지 않습니다.

역사의 주인은 하나님이십니다.

"만군의 여호와께서 맹세하여 이르시되 내가 생각한 것이 반드시 되며 내가 경영한 것을 빈드시 이루리라."(사 14:24)

하나님의 경영을 믿으십시오.
하나님의 능력을 믿으십시오.
하나님의 역사를 믿으십시오.

하나님이 경영하시는 것이 내가 경영하는 것보다 능합니다.
하나님의 초자연적인 경영을 믿으십시오.

하나님의 초자연적인 계획을 믿으라

당신은 무엇을 계획하고 있습니까?

어느 날, 나는 묵상하는 중에 문득 이런 생각이 들었습니다.

'내가 계획하는 삶과 하나님이 계획하는 삶은 하늘과 땅처럼 완

전히 다르다. 무엇이 더 정확할까? 무엇이 더 중요할까?'

이런 생각이 들자 나 자신에 대해 곰곰이 돌아보게 되었습니다. 그리고 깨닫기를 "내가 계획하는 삶보다 하나님이 계획한 삶이 더 정확하다"는 것을 알게 되었습니다. 생각해보십시오. 내가 아무리 똑똑하다 한들 하나님보다 똑똑할까요? 내가 아무리 일을 잘한다 한들 하나님의 손짓 한번을 이길 수 있을까요? 아닙니다.

우리는 피조물에 불과합니다.

창조자이신 하나님과 사람이 어찌 비교가 될까요?

조금만 생각해보면 이 고민은 쉽게 해결됩니다. 그래서 나는 내가 계획한 인생에 초점을 맞추지 않기로 했습니다. 하나님이 계획하신 나의 인생에 초점을 맞추기로 했습니다. 이것은 내 인생에 역사하시는 하나님의 절대 주권을 믿기로 했다는 것입니다.

하나님의 절대 주권이 나를 이끌고 있습니다. 당신도 하나님의 절대 주권을 믿으십시오. 빨리 성공해야 한다는 부담을 내려놓으십시오. 모든 것을 항복하고 성령님께 맡기는 것이 가장 빠릅니다.

사람들은 빨리 응답받으려고 합니다. 그러나 내가 계획한 대로만 응답을 주시는 작은 하나님이 아닙니다. 하나님은 내가 생각한 것보다 더 크고 놀라우신 분입니다. 하나님의 계획을 믿으십시오.

"이 묵시는 정한 때가 있나니 그 종말이 속히 이르겠고 결코 거짓되지 아니하리라. 비록 더딜지라도 기다리라 지체되지 않고 반드시 응하리라."(합 2:3)

성경의 요셉은 하나님의 절대 주권을 믿었습니다.

요셉은 하나님이 주신 꿈을 품고 있었지만 막상 그의 삶은 전혀 다른 현실로 펼쳐졌습니다. 요셉의 형들은 그를 시기하여 애굽의 노예로 팔았습니다. 또한 요셉은 보디발의 집에 가서도 누명을 쓰고 감옥까지 가게 되었습니다. 현실은 점점 요셉의 생각과는 정반대로 흘러갔고 삶이 더 어려워졌습니다. 더 궁핍해지고 외로워졌습니다. 더 바빠지고 괴로워졌습니다. 이상하지 않습니까?

하나님은 요셉을 너무나 사랑하시는데 요셉의 삶은 언뜻 보기에 전혀 형통하지 않은 것처럼 보입니다.

하나님의 계획과 나의 계획에는 차이가 있습니다. 내가 내 인생을 계획할 때는 내 유익에 적합한 선택을 합니다. 내가 빨리 성공하고, 내가 빨리 돈을 벌고, 내가 빨리 인정받는 선택을 합니다. 이처럼 '나' 중심일 때는 죄와 목마름에 허덕이게 됩니다.

만약 요셉이 스스로 성공하겠다고 했으면 어땠을까요? 애굽으로 유학을 가겠다고 나섰다면 어땠을까요? 어떻게든 애굽의 국무총리가 되겠다고 수단과 방법을 동원하며 설쳤다면 어떻게 되었을까요?

나는 그런 요셉이 상상되지 않습니다. 하나님은 아무것도 없는 요셉의 인생에 적극적으로 개입하셨습니다. 겉으로 보기에는 빠른 것 같지 않았으나 요셉은 정확한 하나님의 계획을 따라 살았습니다.

인생은 나의 계획대로 되는 것이 아닙니다.

인생은 하나님의 계획대로 되는 것입니다.

요셉이 꿈을 꾸었지만 그 꿈을 인도하시는 이는 하나님이십니다.

하나님은 요셉을 통해 이스라엘 백성을 흉년에서 살리셨고, 앞으로 있을 구원의 여정을 성취하기 위해 요셉을 앞서 애굽으로 보내신 것입니다. 하나님은 각 사람에 대한 큰 그림이 있으십니다.

요셉은 하나님의 절대 주권을 인정했습니다. "당신들이 나를 이 곳에 팔았다고 해서 근심하지 마소서. 한탄하지 마소서. 하나님이 생명을 구원하시려고 나를 당신들보다 먼저 보내셨나이다. 이 땅에 이 년 동안 흉년이 들었으나 아직 오 년은 밭갈이도 못하고 추수도 못할지라. 하나님이 큰 구원으로 당신들의 생명을 보존하고 당신들의 후손을 세상에 두시려고 나를 당신들보다 먼저 보내셨나니 그런즉 나를 이리로 보낸 이는 당신들이 아니요 하나님이시라. 하나님이 나를 바로에게 아버지로 삼으시고 그 온 집의 주로 삼으시며 애굽 온 땅의 통치자로 삼으셨나이다."(창 45:5~8)

당신은 하나님의 절대 주권을 인정하고 믿습니까?

우리는 우리의 삶을 향한 하나님의 절대 주권을 믿어야 합니다.

이것을 믿어야 조급하지 않고 감사함으로 살 수 있습니다.

요셉처럼 하나님의 주권을 믿으십시오. 당장 원하는 삶을 살려고 조급하게 선택하지 마십시오. 가장 중요한 것은 '나를 향한 하나님의 계획이 무엇일까?' 라는 질문입니다. 하나님은 나를 향한 놀라운 절대적인 계획을 이루고 계십니다. 주위 사람이 아닌 하나님만 전적으로 바라보고 의지하십시오. 그분이 일을 행하고 성취하십니다.

"일을 행하시는 여호와, 그것을 만들며 성취하시는 여호와, 그의 이름을 여호와라 하는 이가 이와 같이 이르시도다. 너는 내게 부르짖으라. 내가 네게 응답하겠고 네가 알지 못하는 크고 은밀한 일을 네게 보이리라."(렘 33:2~3)

더 이상 돈 문제로 고민하지 마라

당신은 지금 돈 문제 때문에 고민하고 있지 않습니까?

나는 돈 문제로 고민하지 않습니다. 돈 문제를 하나님께 다 맡겼습니다. 당신도 돈에 대한 염려를 내려놓으십시오. 갚아야 할 대출금이 있다면 그것에 대한 짐도 내려놓으십시오. 돈을 갚는 것은 당신의 영역이 아닙니다. 결국 하나님이 돈을 갚게 해주십니다.

사람들은 돈 문제뿐만 아니라 그 외에도 수많은 문제를 가지고 염려와 근심, 걱정 속에서 힘들게 살고 있습니다. 이것은 단순한 염려가 아닙니다. 실상은 하나님을 믿지 않기 때문에 그런 것입니다.

"돈을 사랑치 말고 있는 바를 족한 줄로 알라. 그가 친히 말씀하시기를 내가 과연 너희를 버리지 아니하고 과연 너희를 떠나지 아니하리라 하셨느니라."(히 13:5)

당신이 진실로 하나님을 믿고 있다면 당신이 부딪히는 모든 문제는 당신에게 답이 되고 길이 되고 갱신의 통로가 됩니다.

나도 문제가 생겼을 때 염려와 근심 속에서 살았습니다. 부정적인 자세와 태도를 취하면서 살았습니다. 감사는커녕 원망과 불평만 가득했습니다. 내 마음에는 진실로 평화가 없었습니다.

그런 내게 하나님께서 말씀하셨습니다.

"영근아, 아무것도 염려하지 마라. 다만 모든 일에 기도와 간구로 내게 말해라. 내가 너의 마음과 생각을 지킬 것이다. 사람은 내뱉는 말대로 응답을 받는다. 말의 응답이 곧 그 사람의 인생이다. 순례자의 여정을 걸어가라. 내가 너와 함께 한다."

나는 문제에 속지 않고 마음을 넓히기로 했습니다. 그러자 하나님은 내게 매일 놀라운 응답을 쏟아 부어 주셨습니다.

"나의 하나님이 그리스도 예수 안에서 영광 가운데 그 풍성한 대로 너희 모든 쓸 것을 채우시리라."(빌 4:19)

하나님께서 내게 문제를 허락하실 때는 그 문제가 오히려 하나님을 만날 수 있는 통로로 활용됩니다. 그 문제가 없다면 사람은 하나님을 찾으려고 하지 않기 때문입니다. 하나님은 내게 갈등을 주실 때도 있습니다. 그 갈등은 내가 갱신될 수 있는 최고의 통로입니다.

내게 위기가 찾아올 때는 그것이 위기가 아닌 기회입니다.

하나님은 모든 문제와 시험을 하나님을 만나고 하나님을 믿을 수 있는 최고의 통로로 사용하십니다. 당신은 하나님을 진실로 믿어야 합니다. 그것도 어설프게 믿는 것이 아니라 온전히 믿어야 합니다.

'온전한 복음'에 대한 '온전한 믿음'을 가지십시오. 예수 그리스도의 복음을 진실로 믿는 사람은 마음에 요동함이 없습니다.

"예수께서 이르시되 내가 곧 길이요 진리요 생명이니 나로 말미암지 않고는 아버지께로 올 자가 없느니라."(요 14:6)

하나님을 진실로 믿으십시오. 당신이 고민하고 있는 문제는 하나님을 찾는 통로로 사용될 것입니다. 더 이상 사람 중심, 물질 중심, 사건 중심으로 살지 말고 온전한 복음 속으로 들어오십시오.

하나님은 당신의 모든 생활을 바꾸길 원하십니다.

성령님을 통해 매일 새로워지라

당신은 매일 갱신되고 있습니까?

갱신이란 '고쳐서 새롭게'한다는 뜻입니다. 하나님은 자녀들을 매일 고쳐서 새롭게 하십니다. 왜냐하면 하나님은 자녀들이 매일 하나님과 동행하며 모든 것을 풍성히 누리길 원하시기 때문입니다.

"그러므로 우리가 낙심하지 아니하노니 우리의 겉사람은 낡아지나 우리의 속사람은 날로 새로워지도다."(고후 4:16)

하나님은 당신에게 매일 풍성한 은혜와 복주기를 원하십니다.

그분은 당신이 구하는 것마다 다 받기를 원하시고 성령님과 동업함으로 세계 복음회의 일에 참여하기를 원하십니다. 그래서 갱신은 너무나 중요합니다. 사람은 치유된 만큼 움직이고 갱신된 만큼 바라볼 수 있기 때문입니다. 당신은 날마다 성장해야 합니다.

나는 매일 갱신의 복을 누리고 있습니다. 나는 매일 아침 남들보다 일찍 출근하여 성경과 책을 읽으면서 나의 옛 생각을 갱신합니다. 또한 사람들을 만나 일하는 동안에도 깊게 하나님을 의식하며 그분이 주시는 생각과 감동으로 행동과 업무를 갱신하고 있습니다.

이 모든 것이 얼마나 감사한지 모릅니다.

하나님은 나의 실수와 허물도 갱신의 통로로 사용하십니다.

하나님은 나의 과거와 오늘도 갱신의 통로로 사용하십니다.

"그런즉 누구든지 그리스도 안에 있으면 새로운 피조물이라 이전 것은 지나갔으니 보라 새 것이 되었도다." (고후 5:17)

그리스도 안에 있으면 새로운 피조물입니다.

하나님은 매일 '새로운 피조물로서의 나'를 인도하십니다.

예수님께서 나의 모든 죄와 목마름, 병과 가난, 어리석음과 징계와 죽음을 다 짊어지심으로 내가 온전히 나음을 얻었습니다.

나는 예수 그리스도를 믿음으로 말미암아 의인이 되었습니다. 나는 믿음으로 성령 충만하고 건강하고 부요하고 지혜롭습니다.

나는 믿음으로 모든 것을 가진 사람입니다.

"만물이 다 너희 것임이라."(고전 3:21)

새로운 피조물이란 '예수 그리스도의 복음으로 말미암아 모든 것이 새로워진 사람'을 말합니다. 예수 그리스도의 복음을 믿는 사람은 그의 영혼과 온 몸의 세포 하나까지 다 변화를 받습니다. 육신을 따르던 DNA는 완전히 사라졌습니다. 오직 예수 그리스도를 믿는 DNA로 가득 차 있습니다. 이전 것은 지나갔고 새 것이 되었습니다. "그런즉 누구든지 그리스도 안에 있으면 새로운 피조물이라. 이전 것은 지나갔으니 보라 새 것이 되었도다."(고후 5:17)

또한 당신은 매일 새로워지고 있습니다. 하나님께서 당신에게 매일 새로운 은혜를 부어 주십니다. 당신에게는 부족함이 없습니다. 더 이상 과거의 상처와 실수, 허물에 매이지 마십시오. 다 지나갔습니다. 당신은 오늘 새로운 사람입니다.

매일 깨달음을 얻고 성장하라

당신은 매일 깨닫는 삶을 살고 있습니까?

깨닫지 않으면 똑같은 현상과 증상으로 고통 받아야 합니다.

이것이 얼마나 마음을 힘들게 하고 또 세월을 좀 먹는지 모릅니다. 인생에서 가장 중요한 것은 세월을 아끼는 것입니다. 세월을 아끼려면 예수님께서 십자가에서 다 이루신 복음을 믿고 그 안에서 매일 새로워지는 깨달음을 얻고 누려야 합니다.

나도 깨닫지 못할 때는 반복적인 실수 속에서 살았습니다.

이 실수와 문제는 내게 두려움을 가져다주었습니다. 이것을 해결하고자 온갖 발악을 해보았으나 해결되지 않았습니다. 그런 내게 하나님께서 말씀하셨습니다. "영근아, 한 번 구한 것은 다 받았음을 믿으라. 깊게 호흡하라. 깊게 의식하라. 조급하지 말라. 내가 너와 함께 한다. 그 무엇도 너를 해칠 수 없다. 아무 염려하지 마라. 내가 다 해결한다. 내가 일하고 있으니 너는 애쓰지 않아도 된다."

할렐루야. 하나님은 당신이 애쓰지 않기를 원하십니다.

하나님은 당신이 매일 깨달음을 얻고 더 풍성한 삶을 살기 원하십니다. 이 사실에 동의하십니까? "도둑이 오는 것은 도둑질하고 죽이고 멸망시키려는 것뿐이요 내가 온 것은 양으로 생명을 얻게 하고 더 풍성히 얻게 하려는 것이라."(요 10:10)

예수님은 생명을 얻게 하고 더 풍성히 얻게 하십니다.

사람은 모든 일에 예수님을 의지해야 합니다. 모든 돈 문제, 관계 문제, 미래 문제도 오직 예수님을 의지해야 합니다. 예수님을 의지하지 않으면 매일 문제가 주는 고통과 염려, 근심과 두려움 속에서 끙끙 앓아야 합니다. 이제 예수님을 온전히 의지하십시오.

"아무 것도 염려하지 말고 다만 모든 일에 기도와 간구로, 너희 구할 것을 감사함으로 하나님께 아뢰라. 그리하면 모든 지각에 뛰어난 하나님의 평강이 그리스도 예수 안에서 너희 마음과 생각을

지키시리라."(빌 4:6~7)

　당신이 해결할 수 있는 것은 정말 아무것도 없습니다.

　하나님께서 한 번 움직이시면 태산이 움직입니다. 해와 달도 멈추고 온 천지 만물이 진동합니다. 당신이 아무리 애써도 하나님께서 한 번 움직이시는 것만 못합니다. 그렇다면 당신이 하나님을 온전히 의지하는 것만으로도 충분하지 않겠습니까?

　"네 짐을 여호와께 맡기라. 그가 너를 붙드시고 의인의 요동함을 영원히 허락하지 아니하시리로다."(시 55:22)

예수님 안에서 행복을 누리는 것이 인생이다

　당신은 오늘 어떤 선택을 하고 있습니까?

　삶에 있어서 선택은 중요합니다. 우리는 매일 선택하는 존재이기 때문입니다. 선택할 수 있다는 것은 하나님의 형상 곧 인격을 가진 사람에게만 주신 특권입니다. 그러나 특권에는 책임이 있습니다.

　내가 하는 선택대로 내가 책임져야 하기 때문입니다.

　로봇과 인간이 다른 것도 바로 인격의 차이 때문입니다. 로봇은 입력된 알고리즘으로 움직이지만 사람은 자신이 가지고 있는 영적 상태에 따라 선택하기 때문입니다. 로봇과 인간, 원숭이와 인간은 완전히 다릅니다. 인류 역사에 항상 있었던 '나는 누구인가'라는 질문은 지금도 계속 이어지고 있지만 철학에는 답은 없습니다.

　의문에서 시작해서 의문으로 끝나는 것이 철학입니다.

철학에는 진리가 없습니다. 그래서 삶에 있어 철학이 아닌 하나님의 말씀대로 사는 것이 정말 중요합니다. 프랑스 실존주의 철학자 장 폴 사르트르는 이런 말을 남겼습니다. "인생은 B(Birth, 탄생)와 D(Death, 죽음) 사이의 C(Choice, 선택)이다."

그러나 나는 이것을 이렇게 표현하고 싶습니다.

"인생은 G와 L사이의 H이다."

진실로 그렇습니다. 인생은 G(Gospel, 복음)과 L(Life, 생명) 사이의 H(Happiness, 행복)입니다.

복음과 생명 사이에서 행복을 누리는 것이 바로 인생입니다.

다른 선택을 하려고 하면 이미 진 게임입니다. 선택하는 것이 아니라 이미 받았음을 믿으므로 응답을 받는 것이 인생입니다.

선택은 내가 만들어 가는 과정입니다. 믿음은 하나님께서 내게 주시는 응답을 받아들이는 여정입니다. 이 차이는 극명합니다. 진정으로 성공하고 싶다면 이 차이를 알아야 합니다. 그래야 진실로 하나님 앞에 쓰임 받는 존귀한 인생을 살게 됩니다.

내가 모든 것을 선택하고 책임지려고 하면 인생이 고달픕니다. 사실 내가 책임질 수 있는 일이 단 하나도 없기 때문입니다. 자기 힘으로 사는 사람은 계속해서 생존 경쟁을 해야 하고 치열하게 남을 이기며 살아야 합니다. 끝도 없는 지식 경쟁, 스펙 경쟁에서 못 벗어나고 매일 돈 중심, 성공 중심의 삶을 살아야 합니다.

많은 사람들이 돈을 벌려고 돈을 따라다닙니다. 단순히 돈을 벌기 위해 선택하는 것은 첫 단추를 잘못 끼는 것입니다. 돈은 하나님께서 주시는 복과 응답일 뿐입니다. 모든 공급의 주체는 하나님이십니다. 경제, 사업, 전도, 선교, 결혼, 가정 등 모든 것은 하나님의 응답입니다. 믿음으로 구하고 믿음으로 받는 것입니다. 인생은 내 힘으로 사는 것이 아니라 '믿음으로 응답받는 여정'입니다.

이런 사람은 믿음으로 구하고 응답이 되면 그 길을 걷습니다.

거기에 대한 모든 책임은 하나님께서 지십니다. 책임에서 자유로우니 어린아이와 같은 믿음만 가지고 있으면 됩니다. 매일 돈과 시간과 자유를 누리며 살아갑니다. 경쟁이 아닌 창조와 혁신으로 삽니다. 파괴가 아닌 개혁과 갱신의 행복한 삶을 삽니다.

당장 돈이 없어도 내 안에 계신 성령님과 교제하면서 살면 매일 감사가 흘러나옵니다. 돈과 어떤 환경과 조건에 상관없이 두 손을 들고 하나님 앞에 예배하게 됩니다. 얼마나 행복하고 부요한지 모릅니다. 지금 내가 그렇게 부요하고 행복하게 살고 있습니다.

당신도 행복하고 부요하게 살기 바랍니다.

초자연적인 복이 따른다고 믿으라

하루는 하나님이 내게 이 말씀을 주셨습니다.

"내가 너로 큰 민족을 이루고 네게 복을 주어 네 이름을 창대하게 하리니 너는 복이 될지라."(창 12:2)

당신도 이 말씀대로 '복의 근원'이라는 사실을 믿으십시오.

근원은 '중심'이란 뜻입니다. 태풍도 중심이 있어야 움직입니다. 복도 근원이 있습니다. 그 근원은 바로 당신입니다. 당신은 복의 근원입니다. 이것을 진실로 믿으십시오. 그러면 승리합니다.

나는 처음 내가 복의 근원임을 믿지 못했습니다. 복이라는 것이 당장 육신의 눈에 보이지 않기 때문입니다. 하지만 하나님은 내게 복의 근원이라고 말씀하셨고 나는 그 말씀을 진실로 믿었습니다.

"나는 복의 근원이다. 나로 인해 모든 사람이 복을 받는다."

진실로 믿으면 실상은 눈앞에 나타납니다. 신기하게도 내가 이 말씀을 믿자 많은 사람들이 나로 인해 복을 받게 되었습니다.

많은 사람들이 내 입에서 나오는 복음을 듣고 예수님을 구주로 영접했으며 가정과 가문의 산업이 급격히 성장했습니다. 매출이 오르고 수입이 증가했으며, 많은 청년들이 나의 저서를 읽고 큰 영감과 천재적인 지혜를 얻기 시작했습니다. 나의 동생들은 나의 지혜를 듣고 성장하며 우리 가정은 믿음의 명문가로 발돋움을 했습니다.

이 모든 것들은 복의 근원인 나로 인해 된 것입니다.

내가 하나님의 은혜로 살기 때문에 나와 관계된 모든 것이 복을 받게 되었습니다. 당신도 이 놀라운 사실을 믿기 바랍니다.

하루는 건축업을 하시는 아버지가 기쁜 표정으로 집에 들어오셨습니다. 이유를 물어보니 중요한 사업 계약이 이뤄졌다는 것입니다. 경제가 어려운 시기에 일을 수주하는 것은 쉽지 않습니다. 그러나 신기하게도 하나님은 계속해서 아버지의 사업에 복을 쏟아 부어 주셨습니다. 아버지와 대화하면서 내색하지는 않았지만 나는 속으로 이런 생각을 했습니다. '이것은 복의 근원인 나로 인해 된 일이구나. 하나님께서 나를 통해 아버지를 이토록 축복하시는구나. 하나님, 감사합니다. 억만 번이나 감사합니다.'

그렇습니다. 내가 아무것도 하지 않아도 내 안에 계신 성령님으로 말미암아 초자연적인 복이 온 가정과 가문에, 세계 모든 민족에게로 강물처럼 끝도 없이 흘러가고 있습니다. 이것이 은혜입니다.

하나님은 아브라함의 후손인 나와 당신에게 말씀하십니다.

"땅의 모든 족속이 너로 말미암아 복을 얻을 것이라."(창 12:3)

당신은 복이며, 초자연적인 복의 근원이자 통로입니다.

지금도 나와 대화하는 모든 청년들이 천재적인 기름 부으심을 전염 받고 있습니다. 내가 복의 근원이기에 내 주변의 모든 사람들이 날마다 복을 받고 있는 것입니다. 이것은 놀라운 하나님의 축복입니다. 창조주이신 하나님의 자녀에게 주어진 당연한 특권입니다.

"그가 요셉에게 자기의 집과 그의 모든 소유물을 주관하게 한 때부터 여호와께서 요셉을 위하여 그 애굽 사람의 집에 복을 내리시므로 여호와의 복이 그의 집과 밭에 있는 모든 소유에 미친지라."

보디발은 요셉이 복의 근원이라는 것을 믿었습니다. 그때부터 보디발의 모든 소유와 밭이 여호와 하나님의 복을 받았습니다. 요셉으로 인하여 보디발의 소유가 몇 갑절 늘어났습니다. 누군가 당신을 복의 근원이라고 여긴다면 그 사람은 분명히 복을 받습니다.

요셉의 아버지였던 야곱도 복의 근원이었습니다. "라반이 그에게 이르되 여호와께서 너로 말미암아 내게 복 주신 줄을 내가 깨달았노니 네가 나를 사랑스럽게 여기거든 그대로 있으라."(창 30:27)

보디발과 라반은 요셉과 야곱으로부터 복이 온다는 것을 믿었습니다. 하나님 자녀는 어딜 가든지 복의 근원입니다. 그러므로 당당해야 합니다. 어깨를 펴고 걸음걸이도 거침없어야 합니다.

사자 마인드를 갖고 왕처럼 말하고 걷고 사람들을 만나고 일해야 합니다. "잘 걸으며 위풍 있게 다니는 것 서넛이 있나니 곧 짐승 중에 가장 강하여 아무 짐승 앞에서도 물러가지 아니하는 사자와 사냥개와 숫염소와 및 당할 수 없는 왕이니라."(잠 30:29~31)

예수 그리스도를 믿지 않는 사람이 복의 근원인 당신을 놓치면 그 사람만 손해입니다. 당신은 아쉬워할 필요가 없습니다. 항상 당당하십시오. 절대 기죽지 말고 예수님의 이름을 의지하십시오.

하나님의 자녀가 당장 돈을 벌지 못해서, 취직을 못해서, 사업이 망해서, 조롱과 비방을 당해서 움츠린다면 그것은 본인의 신분과 정체성을 모르기 때문에 그런 것입니다.

당신 안에 숨겨진 사자 마인드를 깨워야 합니다.

아직도 세상에서는 크리스천이라고 하면 내성적인 이미지, 착한 이미지, 성실한 이미지, 조용한 범생이 이미지를 떠올립니다. 그러나 이것은 틀(Frame)입니다. 크리스천은 사실 강합니다. 사자 같이 담대합니다. 때로는 불의를 위해 강하게 화를 내며 소리 지릅니다.

신적인 카리스마로 대중과 세상을 사로잡고 이끌어 냅니다.

이것이 진짜 하나님 자녀의 정체성입니다.

당신은 어떤 문제에 직면해 있습니까? 이제는 사자 마인드를 가지고 복의 근원으로서 당당하게 사십시오. 당장 눈앞에 결과가 펼쳐지지 않더라도 조금도 좌절하지 말고 복의 근원이라고 말씀하신 하나님을 신뢰하십시오. 당신은 복의 근원입니다.

"내가 너로 큰 민족을 이루고 네게 복을 주어 네 이름을 창대하게 하리니 너는 복이 될지라. 너를 축복하는 자에게는 내가 복을 내리고 너를 저주하는 자에게는 내가 저주하리니 땅의 모든 족속이 너로 말미암아 복을 얻을 것이라."(창 12:2~3)

마음의 부담을 다 내려놓으라

당신은 오늘 어떤 부담을 가지고 있습니까?

나는 성령님께 맡기고 마음에서 모든 부담을 내려놓았습니다.

돈을 벌어야 한다는 부담, 문제를 해결해야 한다는 부담, 요청해야 한다는 부담, 공부해야 한다는 부담, 일을 해야 한다는 부담, 결혼을 해야 한다는 부담, 자녀를 양육해야 한다는 부담, 출퇴근을 해야 한다는 부담, 사람을 만나야 한다는 부담 등 우리는 온갖 부담에 둘러싸여 있습니다. 그러나 이 부담에 넘어가지 마십시오.

영혼과 인생의 모든 부담을 예수님께 맡기십시오.

"수고하고 무거운 짐 진 자들아, 다 내게로 오라. 내가 너희를 쉬게 하리라. 나는 마음이 온유하고 겸손하니 나의 멍에를 메고 내게 배우라. 그리하면 너희 마음이 쉼을 얻으리니 이는 내 멍에는 쉽고 내 짐은 가벼움이라 하시니라."(마 11:28~30)

예수님은 당신의 인생에 있어 가장 큰 문제인 죄와 율법의 저주 문제를 다 담당하셨습니다. "내 멍에는 쉽고 내 짐은 가볍다."

그렇다면 다른 무거운 짐도 다 담당하지 않겠습니까?

예수님을 믿는 사람에게는 어떤 어려운 멍에도 무거운 짐도 없습니다. 당신이 하나님의 종이 되어 세계 복음화의 사명을 감당하는 것도 '매우 쉬운 일'이라고 하셨습니다. "그가 이르시되 네가 나의 종이 되어 야곱의 지파들을 일으키며 이스라엘 중에 보전된 자를 돌아오게 할 것은 매우 쉬운 일이라. 내가 또 너를 이방의 빛으로 삼아 나의 구원을 베풀어서 땅 끝까지 이르게 하리라."(사 49:6)

모든 부담은 곧 내가 해야 한다는 교만한 생각 때문에 생기는 것입니다. 당신이 해야 할 것, 당신이 해결해야 할 것은 아무것도 없습니다. "오직 성령이 너희에게 임하시면, 내 증인이 되리라"(행 1:8)고 했습니다. 성령님을 의지하면 저절로 된다는 것입니다. 성령님은 당신의 모든 짐을 들어주시는 우주에서 가장 큰 힘입니다.

성령님을 의지하고 그분께 도움을 구하십시오. 그러면 무엇이든지 그분이 인도하시고, 해결하시며, 일을 이루십니다. 당신이 해야할 것은 오직 주의 영이신 성령님을 믿고 의지하는 것뿐입니다.

하나님의 자녀는 모든 부담을 하나님께 맡겨야 합니다. 믿고 누리기만 하면 됩니다. 나머지는 저절로 하나님께서 인도하시고 역사하시며 도와주십니다. 혼자서 하지 말고 하나님과 함께 모든 일을 하십시오. 혼자서 하는 것은 헛된 수고이며 공연히 힘을 다하는 것에 불과합니다. "그러나 나는 말하기를 '내가 헛되이 수고하였으며 무익하게 공연히 내 힘을 다하였다' 하였도다."(사 49:4)

나는 아주 작은 부분에도 부담을 느끼곤 했습니다. 거래처와 전화 통화를 하는 것도, 필요한 부분을 요청하는 것도 모두 두려움과 부담이 되어 언제나 나를 짓누르곤 했습니다. 그러나 모든 부담을 하나님께 맡기고 나니 문제가 저절로 해결되었습니다. 현상과 상관없이 내 모든 것에 부족함이 없음을 믿었고 결국 다 받았습니다.

진실로 내게 도움을 주시는 이는 하나님이십니다.

"두려워하지 말라. 내가 너와 함께 함이라. 놀라지 말라. 나는 네 하나님이 됨이라. 내가 너를 굳세게 하리라 참으로 너를 도와주리라. 참으로 나의 의로운 오른손으로 너를 붙들리라."(사 41:10)

두려워하지 마십시오. 놀라지 마십시오.

대체 무엇이 두렵습니까? 무엇에 놀라고 겁을 먹었습니까? 하나님께서 당신과 함께 하십니다. 하나님과 함께 모든 일을 해 나가십시오. 하나님의 의로운 오른손이 당신을 언제나 보호하고 있습니다.

믿으십시오. 오직 하나님을 사랑하고 의지하십시오.

당신은 형통한 사람입니다.

리더십에 가장 중요한 것은 중심 동기다

당신은 크게 낙담하는 일이 있었습니까?

나는 하나님 앞에서 크게 낙담한 적이 있었습니다.

그것은 믿음에 대한 낙담입니다. 믿음이 좌절되었다고 생각할 때 나는 완전히 주저앉고 말았습니다. 하나님 앞에 열심을 가지는 것이 무슨 의미가 있겠나 싶었습니다. 마음이 심히 낙담되었습니다.

아무리 노력해도 결과가 나지 않아 괴로웠습니다. 돈을 벌고 싶어도 돈을 벌지 못하는 상황이어서 너무 괴로웠습니다. 가장으로서 한 가정을 책임져야 하는데 그렇지 못할 때 매일 자책했습니다.

그때 나는 분명히 열심히 노력하고 있다고 생각했습니다.

믿음으로 사업을 준비하고, 책을 집필하고, 현장을 나갈 준비를 했습니다. 한 번 구한 것은 하나님이 다 채워 주리라 믿었습니다. 그런데 무엇이 잘못된 것인지 하나님과의 관계가 멀어져 가는 것만 같았습니다. 나름대로 노력해도 열심을 가질 수가 없었습니다.

시간이 갈수록 하나님에 대한 열망은 사라지고 세상 자랑과 흐름으로 돌아가는 내 모습을 보았습니다. 점점 영적으로 무기력해졌습니다. 하나님과의 관계가 멀어지니 삶이 부정적으로 변해 가고 어려워져만 갔습니다. 얼마나 영적으로 힘들었는지 모릅니다.

나는 아침에 일어나 책상에 앉아 가만히 생각했습니다.

'하나님은 이미 나를 다 용서하셨어. 이럴 수밖에 없는 나를 용서하셨어. 그러니 영근아, 피하지만 말고 하나님 앞에 나가보자. 하나님은 나를 혼내려고 대기하는 분이 아니셔. 한 번 나아가자.'

나는 정말 있는 그대로 하나님 앞에 나아갔습니다. 엉망진창인 내 모습 그대로 하나님께 용서와 도움을 구했습니다. 그러자 하나님은 놀랍게도 내게 응답하셨고 내 믿음은 완전히 회복되었습니다.

당신은 무엇이 가장 힘들고 어렵습니까?

인생을 살다 보면 정말 좌절될 때가 있습니다.

내가 생각한 대로, 마음먹은 대로 잘 안됩니다.

사방이 꽉 막힌 것처럼 답답하기도 합니다. 매일 가난하고 어려워만 보이는 현상이 너무 힘듭니다. 그러나 이것은 하나님의 놀라운 시간표입니다. 하나님은 나의 중심을 보시는 분입니다.

중심은 '동기'입니다. 동기(動機, motive)는 움직이는 이유를 말합니다. 사람마다 움직이는 이유 곧 자신의 원함이 있습니다. 돈을 버는 것, 창업하는 것, 공부하는 것, 대학에 합격하는 것, 유학 가는 것, 유명해지는 것 등 많은 원함이 있습니다. 이 원함이 나쁜 것이 아닙니다. 누구나 원함이 있고, 그 원함을 이루기 위해 노력합니다. 나도 그렇습니다. 누구보다 원함이 강렬했습니다. 성공하고 싶었고, 유명해지고 싶었고, 자급자족 하여 삶의 자유를 누리고 싶었습니다.

그러나 이것은 내게 큰 낙담으로 다가왔습니다.

내가 가지고 있는 소원들이 빨리 나타나지 않았기 때문입니다.

"하나님, 왜 빨리 책이 나오질 않나요?"

"하나님, 구한 것들이 왜 이렇게 더디게 응답되나요?"

"하나님, 정말 꿈을 이룰 수 있나요? 믿음대로 되나요?"

"하나님, 정말 제가 세계적인 지도자가 될 수 있나요?"

"하나님, 꼭 대학에 가게 해주세요."

"하나님, 꼭 공부를 잘하게 해주세요."

"하나님, 꼭 사업이 잘되게 해주세요."

"하나님, 전도가 잘되어 영혼 구원의 역사가 있게 해주세요."

당신은 진실로 무엇을 원하고 있습니까? 내가 하나님 앞에 있는 모습 그대로 나아갔을 때 하나님은 놀라운 깨달음을 주셨습니다. 그것은 바로 나의 동기와 하나님의 동기가 다르다는 것입니다.

나의 동기는 많았습니다. 책을 쓰는 것, 사업하는 것, 공부하는 것, 사람을 만나는 것, 기도 수첩을 적는 것, 새벽 기도하는 것, 전도하는 것 등이었습니다. 그런 내게 하나님은 질문하셨습니다.

"다 알겠다. 그런데 너는 왜 그것을 하니? 왜 책을 쓰고, 왜 사업을 하고, 왜 공부를 하고, 왜 사람을 만나니? 너의 동기가 무엇이니?

네가 그렇게 해야 하는 이유가 무엇이니? 사람들에게 인정받기 위해서니? 돈을 벌기 위해서니? 선지자적인 역할을 하기 위해서니?"

나는 하나님의 질문 앞에서 아무런 대답을 할 수 없었습니다.

지금까지 내가 가지고 있던 신앙은 기도 응답을 받는 것, 무엇인가 이뤄 내어 하나님께 영광을 돌리는 것이라고 생각했기 때문입니다. 이것은 큰 착각이었습니다. 물론 하나님은 만 배의 복을 주십니다. 내가 구한 것에 대해서 한 치도 빠짐없이 응답하십니다.

그런데 하나님은 내게 이렇게 말씀하셨습니다.

"너의 동기는 수많을지라도 나의 동기는 하나뿐이다. 그것은 바로 너와 함께 하는 것이다. 나는 너와 함께 하길 원한다. 네가 움직이는 이유가 너 자신을 위한 것이라면 행복하지 않을 것이다. 너는 나와 상관없이 처절하게 노력하여 어떤 결과물을 만들어 낼 수도 있다. 하지만 나는 그런 네 모습이 전혀 기쁘지 않다. 나는 네가 모든 일을 나와 함께 하기를 원한다. 나는 너의 전부다."

나는 큰 충격을 받았습니다. 내가 가지고 있는 꿈과 소원이 예수님보다 크다면 그것은 거짓 동기라는 것입니다. 내가 원하고 바라고 구하는 것이 예수님보다 클 수가 없음에도 나는 다른 것을 구하고 원했습니다. 그리고 그것이 이루어지지 않아 낙담하고 하나님 앞에 불평하는 삶을 살았던 것입니다. 얼마나 부끄러운지 모릅니다.

욕망이 잘못된 동기를 만들고 그 동기가 사람을 망칩니다.

욕망이 아닌 열망을 가져야 합니다. 하나님을 열망하는 자는 독수리가 날개 치며 올라감 같이 날마다 성령 안에서 새 힘을 얻습니다. 반면에 오직 욕망을 향해서만 달려가면 남과 끊임없이 비교해야 하고 이생의 자랑, 안목의 정욕 속에 있어야 합니다. 욕망 속에 있는 자는 죽음을 봅니다. 징계, 가난, 목마름, 죄, 어리석음, 질병을 봅니다. 욕망의 속성은 하나님을 대적하기 때문입니다.

하나님의 자녀는 욕망이 아닌 복음을 보아야 합니다.

인생은 보는 대로 응답이 옵니다. 하나님의 자녀는 죄가 아닌 의를 봅니다. 목마름이 아닌 성령 충만을, 병이 아닌 건강을, 가난이 아닌 부요를, 어리석음이 아닌 지혜를, 징계가 아닌 평화를, 죽음이 아닌 생명을 봅니다. 얼마나 놀라운 복음의 비밀입니까?

나는 나의 잘못된 동기 속에서 하나님의 꾸지람 곧 징계를 보았습니다. 가난과 질병과, 죄와 죽음을 보았습니다. 그 속에서 하나님과의 관계가 멀어져만 갔고 계속 죄의 늪에 빠져 살았습니다.

하나님은 유일한 동기를 가지고 나를 대하셨습니다. 하나님은 진실로 나와 함께 하길 원하셨습니다. 당신은 원하는 것이 있습니까? 그 원하는 것이 예수님보다 크다고 생각한다면 그것을 내려놓으십시오. 하나님은 여전히 당신과 함께 하길 원하십니다.

이 말을 온전히 이해해야 비로소 하나님이 응답하십니다.

아무리 성공해도 하나님이 없으면 아무 소용없습니다. 광야에서 벗어나 가나안 땅으로 들어간들 하나님이 함께 계시지 아니하면 아무 소용이 없습니다. 하나님이 나와 함께 하실 때, 나의 삶이 살아나는 것입니다. 우리의 더러운 옷을 벗고 하나님의 깨끗한 옷을 입어야 합니다. "무릇 우리는 다 부정한 자 같아서 우리의 의는 다 더러운 옷 같으며 우리는 다 잎사귀 같이 시들므로 우리의 죄악이 바람 같이 우리를 몰아가니이다."(사 64:6)

우리의 의는 다 더러운 옷입니다. 우리가 가지는 동기도 다 더러운 옷과 같습니다. 우리가 스스로 행하려는 모든 것은 다 바람 같습니다. 무엇을 행하고 있습니까? 스스로 모든 것을 하려고 하면 마음이 강퍅해지고 두꺼워집니다. 하나님은 그런 마음을 싫어하십니다. 하나님과 함께 하십시오. 예수 그리스도를 믿는 것이 의입니다.

의로운 옷을 입히시는 예수님을 바라보십시오. 믿음의 주요 온전하게 하시는 이인 예수님을 바라보십시오. 예수님과 함께 책을 쓰고 전도하십시오. 예수님과 함께 사업하십시오. 예수님과 함께 가족을 만나 대화하십시오. 예수님과 함께 산책하고 커피를 마시십시오. 예수님과 함께 성경을 읽고 기도하십시오. 예수 그리스도의 영이신 성령님과 함께 할 때 행복과 감사가 터져 나옵니다.

나는 이제 매일 딱 하나의 이미지를 바라봅니다. 그것은 하나님이 나와 함께 하심의 이미지입니다. 내게도 꿈과 소원이 있습니다. '세계복음화 교두보와 본질 회복'이라는 비전이 있습니다. 세계적인 지도자와 전도자의 꿈이 있습니다. 그러나 이것이 하나님과 함께 하는 것보다 크지는 않습니다. 하나님이 나와 함께 하심으로 모든 것이 시간과 공간을 초월해서 이미 다 이루어졌음을 믿습니다.

하나님은 당신과 함께 하길 원하십니다. 당신을 억만 번이나 축복합니다. 지금부터 모든 것을 하나님과 함께 하십시오. 잠잠히 여호와 하나님만 바라십시오. 나머지는 하나님이 다 하십니다.

하나님이 당신의 꿈과 소원을 이루십니다.

하나님이 당신의 필요를 다 공급하십니다.

당신은 저절로 잘되는 사람이 분명합니다.

날마다 이렇게 고백하십시오.

"하나님 사랑합니다."

나는 예수님을 만나고 펑펑 울었다

당신은 어떤 인생을 살기 원합니까?

모든 사람은 자기 인생이 성공하기를 원합니다. 나도 내 인생이 성공하길 원했던 사람 중 하나였습니다. 나는 큰 명예와 부를 얻는 인생, 부족함이 없는 인생, 주목 받는 인생이 되길 원했습니다.

그러나 현실은 그렇지 못했고 좌절의 연속이었습니다. 언제나 내 눈에는 부족함이 보였습니다. 바꿀 수 없는 학력과 스펙, 그리고 자유로운 선택을 막는 지독한 가난이 내 눈앞에 보였습니다.

내 인생에는 내가 할 수 있는 것보다 할 수 없는 것이 더 많이 보였습니다. 그런 내 인생이 너무 싫었습니다. 당신은 어떤가요?

나는 '도대체 어떻게 해야 이런 부족함을 해결할 수 있을까?'라며 치열하게 고민했고 나름대로 갖은 노력을 다했습니다. 학원을 열심히 다녀 보기도 했고, 자격증 취득도 했고, 대학 편입도 2번이나 준비했습니다. 그런데 뜻대로 되지 않았습니다. 그 모든 것으로도 채워지지 않는 타는 목마름이 내게 있었던 것입니다.

어느 날 나는 캐나다 토론토 노스 욕(North York) 지역의 한 단칸방에서 예수님을 만났습니다. 가난과 열등감, 온갖 상처와 어려움, 고통에 부딪혀 싸우다 지쳐 쓰러진 내게 예수님이 찾아오신 것입니다. 그분이 내게 말씀하셨습니다. "수고하고 무거운 짐 진 자들아, 다 내게로 오라. 내가 너희를 쉬게 하리라."(마 11:28)

그때 나는 예수님을 만나고 펑펑 울었습니다.

그토록 많이 수고하고 무거운 짐을 진 내게 오라고 하셨기 때문입니다. 예수님은 나를 대신해서 내게 있는 모든 짐을 지셨다는 것을 알려 주셨습니다. 예수님은 나의 모든 과거를 십자가에서 용서하셨음을 알려주셨고 하나님을 만나지 못했던 '옛 사람 나'는 십자가에서 완전히 죽었다는 것을 알려주셨습니다.

나는 예수님으로 인해 완전히 자유를 얻었습니다. "아들이 너희를 자유롭게 하면 너희가 참으로 자유로우리라."(요 8:36)

당신도 예수님을 믿고 자유를 얻으십시오.

예수님이 내 인생의 짐을 대신 지셨다

당신은 지금 어떤 무거운 짐이 있습니까?

누구에게나 인생의 짐은 있습니다. 그 짐은 가난일 수도 있고, 질병일 수도 있고, 다른 사람에게 받은 상처일 수도 있습니다. 그러나 삶에 주어진 가장 큰 짐은 구원자 예수님을 만나지 못한 짐입니다.

왜일까요? 예수님을 만나지 못하면 매일 '하나님을 떠난 원죄'라는 짐을 떠안고 살아야 되기 때문입니다. 이 무거운 짐은 사람에게 무한한 고통과 괴로움을 안겨 줍니다. 이 짐은 죄, 저주, 목마름, 질병, 가난, 징계, 죽음입니다. 이 짐 때문에 모든 인생이 고통으로 점

철되고 날마다 더 깊은 저주와 재앙에 빠지게 됩니다.

인생은 자기 힘으로 사는 것이 아닙니다. 인생은 돈으로 사는 것도 아니고, 외모, 성공, 건물, 숫자, 경험으로 사는 것도 아닙니다. 인생은 예수님을 따라 살아야 합니다. 모든 인생은 예수님을 만나야 합니다. 그것이 곧 진정한 성공입니다. 당신도 예수님을 만나십시오. 예수님은 당신을 기다리고 계십니다.

예수님은 당신을 사랑하십니다.

나는 예수님의 시야로 세상을 바라본다

당신은 세상을 어떻게 바라보고 있습니까?

나는 세상을 바르게 보기 원했습니다. 세상이 무엇인지, 세상에서 내가 무엇을 해야 하는지에 대한 답을 갖고 싶었지만 복음을 알기 전에는 모든 것이 어둡고 혼란스럽기만 했습니다.

나는 왜 공부를 하고 돈을 벌고 대학을 가야 하는지 몰랐습니다.

왜 교회를 다녀야 하는지도 몰랐습니다. 내 안에서 끊임없이 꿈틀대는 정죄 의식과 영혼의 목마름 같은 온갖 영적 문제 앞에서 정신을 차릴 수가 없었습니다. 이런 상태에서 나는 세상의 노예로 살아야 했습니다. 세상이 말하는 대로 휘둘렸고, 세상이 주장하는 메시지들이 정답이라고 생각하기도 했습니다. 결국 나는 세상을 바르게 보려면 예수님을 만나야 한다는 것을 깨닫게 되었습니다.

지금 우리가 보는 세상은 하나님을 떠난 세상으로 죄와 저주 가운데 있습니다. 창세기 3장에서 아담과 하와가 하나님께 불순종한 이래로 모든 인류는 죄와 저주 가운데 고통을 겪게 된 것입니다.

이러한 죄 가운데 온갖 종교와 철학, 사상이 나타났고 사람들은 스스로 죄 문제를 해결하지 못하여 황폐하고 방황하고 고통 받고 괴로워하고 있습니다. 눈에 보이는 성공과 화려함, 외모, 숫자는 세상의 본질이 아닙니다. 세상의 본질은 하나님을 떠난 상태에 있다는 것입니다. 하나님의 형상대로 창조된 인간이 하나님과의 관계가 단절되므로 나타난 결과가 온갖 저주입니다.

그러므로 세상을 올바르게 보려면 모든 사람이 예수님을 만나야 합니다. 예수님은 그리스도이십니다. 예수님은 하나님을 떠난 죄 곧 원죄를 대속하셨습니다. 또한 인류가 세상을 살며 범하는 자범죄도 대속하셨습니다. 이것을 믿어야 하나님을 만나는 길이 열리게 됩니다. 예수님은 지금도 온 세상에 말씀하고 계십니다.

"예수께서 이르시되 내가 곧 길이요 진리요 생명이니 나로 말미암지 않고는 아버지께로 올 자가 없느니라."(요 14:6)

세상을 올바르게 바라보십시오. 눈에 보이는 성공이 다가 아닙니다. 화려함, 숫자, 건물, 문화는 껍데기에 불과합니다. 세상은 눈에 보이지 않는 사탄이 하나님을 만나지 못하도록 방해하는 치열한 전쟁터입니다. 이런 영적 전쟁 속에서 우리는 살고 있습니다.

그래서 공부하고 사업하기 전에 가장 먼저 예수님부터 만나야 합니다. 세상을 올바르게 본다는 것은 예수님을 만나고 그분의 시야로 본다는 말입니다. 당신은 예수님을 만나야 합니다.

예수님을 만나면 두려움이 사라진다

당신은 매일 뭔가 두려워하고 있지 않습니까?

사람들은 두려움을 포장합니다. 자신이 두렵지 않다는 것을 보여주기 위해 온갖 중독과 쾌락을 추구합니다. 그러나 이러한 발버둥은 자신이 두려움 속에서 살고 있다는 강한 반증입니다.

모든 사람은 두려움 속에 있습니다. 당신도 그럴 것입니다.

왜 사람들은 두려움 속에서 벌벌 떨며 살고 있을까요?

예수님을 만나지 못했기 때문입니다. 예수님을 만나지 못한 사람은 모두 본질상 진노의 자녀이며 사탄에게 잡힌 존재입니다. 그들은 죄와 목마름, 질병과 가난, 어리석음과 징계, 그리고 죽음에서 벗어나지 못한 채 자아와 육신에 휘둘리며 살아갑니다. 마음에는 정함이 없고 패악이 가득하며 정욕을 따라 삽니다.

"전에는 우리도 다 그 가운데서 우리 육체의 욕심을 따라 지내며 육체와 마음의 원하는 것을 하여 다른 이들과 같이 본질상 진노의 자녀이었더니……."(엡 2:3)

본질상 진노의 자녀는 마귀의 자식입니다. 사탄에게 사로잡혀 누군가를 죽이기도 하고 자살하기도 합니다. 그러므로 모든 사람은 예수 그리스도를 믿고 하나님의 자녀로 거듭나야 합니다. 예수 그리스도를 만나지 못하면 이 땅에서 마귀에게 끌려 다니며 지옥 같이 살고 죽어서도 영원한 형벌을 받게 될 것입니다.

우리에게 희망이 있습니다. 하나님은 우리를 구원하기 위해 메시아 곧 예수 그리스도를 약속하셨고, 그분이 성경대로 2천 년 전에 이 땅에 오셔서 십자가에 매달려 모든 구원을 이루셨습니다.

예수님은 당신의 죄를 짊어지셨습니다.
예수님은 당신의 목마름을 짊어지셨습니다.
예수님은 당신의 가난을 짊어지셨습니다.
예수님은 당신의 질병을 짊어지셨습니다.
예수님은 당신의 어리석음을 짊어지셨습니다.
예수님은 당신의 징계를 짊어지셨습니다.
예수님은 당신의 죽음을 짊어지셨습니다.

하나님은 당신을 진실로 사랑하십니다. 그분은 당신을 구원하기 위해 당신이 받아야 할 모든 진노를 예수님에게 쏟아 부으셨습니다. 그러므로 당신은 예수를 구주로 믿음으로 생명을 얻고 나음을 얻게 되는 것입니다. 이것은 실로 하나님의 무한한 은혜입니다.

성경은 지금 당신에게 말씀합니다. "하나님이 세상을 이처럼 사랑하사 독생자를 주셨으니 이는 그를 믿는 자마다 멸망하지 않고 영생을 얻게 하려 하심이라."(요 3:16)

예수님을 구주로 믿고 거듭나려면 이렇게 고백하기 바랍니다.

"주 예수님, 예수님이 내 죄 때문에 죽으시고 부활하신 하나님의 아들이심을 믿습니다. 저를 구원해 주셔서 감사합니다. 아멘."

이제 당신은 그리스도 안에 있습니다. 그러므로 당신은 그 무엇도 두려워할 필요가 없습니다. 두려움의 틀에 매이지 마십시오. 두려움은 죄 가운데 있을 때 밀려오는 것입니다. 예수님이 당신의 모든 죄를 해결하셨음을 믿는다면 당신에게는 결코 정죄함이 없다는 사실도 믿어야 합니다. "그러므로 이제 그리스도 예수 안에 있는 자에게는 결코 정죄함이 없나니"(롬 8:1)라고 했습니다.

어떤 경우에도 자신을 정죄하지 마십시오.

당신 안에 조금이라도 두려움이 남아 있다면 불법입니다. 전능하신 예수 그리스도의 이름으로 명령해서 완전히 몰아내십시오. "전능하신 예수 그리스도의 이름으로 명령한다. 두려움은 떠나가라."

예수님을 온전히 사랑하십시오. 그분을 향한 온전한 사랑은 모든 두려움을 내어 쫓습니다. "사랑 안에 두려움이 없고 온전한 사랑이 두려움을 내어 쫓나니 두려움에는 형벌이 있음이라. 두려워하는 자는 사랑 안에서 온전히 이루지 못하였느니라."(요일 4:18)

당신 안에 두려움이 없고 사랑만 가득합니다.

창조주 하나님은 실제로 살아 계신다

당신은 별이 가득한 밤하늘을 본 적이 있습니까?

나는 발리에서 본 밤하늘을 잊지 못합니다. 신혼여행 때 아내와 함께 별이 반짝이는 밤하늘을 보면서 참 아름답다고 생각했습니다. 밤하늘을 보면 내 마음이 안정되고 고요해집니다. 그리고 그 아래 끝이 없는 바다는 내 마음을 더 넓고 힘차게 만들어 줍니다.

지구상에서 가장 광대한 것은 하늘과 바다입니다. 하늘을 보노라면 경계를 알 수 없는 창공이 보입니다. 바닷가에 가보면 끝이 보이지 않는 수평선이 보입니다. 하물며 저 우주는 어떨까요?

우주에 가보지 않았지만 다큐멘터리 영상을 보니 하늘과 바다보다 훨씬 광대합니다. 도저히 표현할 수 없을 만큼 광대합니다. 이러한 하늘과 바다, 우주의 광대함에 비해 '나'라는 존재는 지극히 작습니다. 우주의 입장에서는 지구가 먼지 한 톨과도 같습니다.

나는 발리에서 드넓은 밤하늘을 보면서 광대하신 창조주 하나님을 느꼈습니다. 또한 그 광활함 앞에서 인생이라는 것이 참으로 보잘 것 없다고 느꼈습니다. 인생은 영원할 것 같지만 아주 짧습니다. 영원이라는 시간 앞에 인생은 아주 작은 한 순간에 지나지 않습니다. 그런데 이 작은 인생이 하나님을 만나지 못했다면 그것만큼 비참한 것도 없습니다. 사람이 아무리 발버둥을 치고 하나님을 부정한다 한들 하나님의 존재가 사라질까요? 하나님의 위대하심 앞에 모든 피조물은 겸허해질 필요가 있습니다.

하나님은 온 우주보다 더 크십니다. 하나님은 당신의 생각을 아득히 초월하시는 분입니다. 이러한 하나님이 실제로 살아 계십니다.

하나님은 아무것도 없었던 창세전부터 존재하신 분입니다. 나는 TV 과학 프로그램에서 한 진행자가 이렇게 말하는 것을 들었습니다. "태초에는 공간도 시간도 물질도 없었습니다. 태초에는 그 어떤 것도 없었습니다." 나는 즉시 하나님의 말씀이 떠올랐습니다.

"태초에 말씀이 계시니라. 이 말씀이 하나님과 함께 계셨으니 이 말씀은 곧 하나님이시라."(요 1:1)

창조주 하나님은 실제로 살아 계십니다.

또한 말씀이신 예수님께서 태초에 하나님과 함께 계셨습니다.

태초에 아무것도 없었던 것이 아니라 하나님께서 계셨습니다.

하나님은 처음과 끝이시며, 알파와 오메가이십니다.

당신은 하나님을 믿고 있습니까? 당신이 하나님을 믿든지 안 믿든지 그것은 하나님의 존재성과는 크게 상관이 없습니다. 하나님은 온 우주 만물을 창조하신 분이시며, 당신을 창세전부터 알고 계셨습니다. 그러므로 창조주 하나님을 믿으십시오.

자신의 경험과 생각, 현실과 미래를 바라보지 마십시오.

하나님보다 자신을 크게 여기지 마십시오.

하나님은 다 알고 계십니다. 무엇이 진실이고 거짓인지 아십니다. 무엇이 진짜이고 가짜인지 아십니다. 그러므로 하나님 앞에서 항상 겸손하고 그분의 말씀에 순종해야 합니다. "나와 함께 여호와를 광대하시다 하며 함께 그의 이름을 높이세."(시 34:3)

하나님을 찬양합시다.

모든 인생은 종말과 심판이 있다

당신에게 있어 가장 두려운 것이 무엇입니까?

사람들이 내게 두려운 것이 있느냐고 물으면 나는 '시간'이라고 대답합니다. 시간은 멈추지 않기 때문입니다. 시간은 요란하지도 않습니다. 소리 없이 정해진 규칙과 질서대로 움직일 뿐인데 이 시간이 어느새 10년, 20년, 30년이 지나가 있음을 보게 됩니다.

많은 이들이 습관처럼 "시간이 참으로 쏜살같다"고 말합니다. 그래서 나는 항상 내게 주어진 시간이 한정적임을 상기하며 시간을 소중히 쓰려고 노력합니다. 나에게 시간은 때로 만남과 이별을 생각나게 하고 또 슬픔과 기쁨, 즐거움과 아픔, 인생의 무상함과 허무함도 느끼게 합니다. 시간은 나의 존재를 끊임없이 조명하며 내게 지혜를 속삭입니다. 나에게도 끝이 있다는 것을 말입니다.

당신도 인생의 끝을 생각합니까?

당신은 무엇을 통해 존재와 의미를 느낍니까?

모든 인간은 본능적으로 하나님을 찾습니다. 원죄로 말미암아 모든 것이 단절된 인간에게 하나님이란 존재는 도저히 가까이 할 수 없는 존재와도 같습니다. 모든 인류는 하나님을 간절하게 찾고 만나고 싶어 했습니다. 그러나 하나님이 누구신지, 어디에 계신지, 실제로 존재하시는지에 대해 알 길이 없었습니다.

다만 인간과 다른 어떤 존재가 분명히 있다고 느껴 온 것은 인간이 영적인 존재이기 때문입니다. 직감적으로 어딘가에 우리의 영적인 상태를 설명해 줄 수 있는 존재가 있다고 짐작했던 것입니다.

그래서 옛날에는 하늘의 존재를 빗대어 신을 지칭하는 경우가 많았습니다. 천제, 상제, 한얼, 천주 등이 그렇습니다.

인류는 하나님을 떠난 원죄로 그분과 단절된 상태에서 온갖 생각, 주장, 사상, 철학, 종교를 만들어 냈고 그 속에 각종 스토리를 집어넣어 설화와 신화, 전설을 만들었습니다. 그런 영적 상태에서 나라별로 정치, 경제, 사회, 문화가 생겼습니다. 인류의 역사는 그 모든 것이 복잡하게 얽혀 진실을 알 수 없을 지경에 이르렀습니다.

내가 발리로 신혼여행을 갔을 때의 일입니다. 그곳에서 수많은 발리 현지인을 만났습니다. 발리인들은 대다수가 힌두교와 이슬람교를 믿습니다. 차를 타고 한 지역으로 가면 힌두교 사람들이 정해진 시간마다 소리치며 기도합니다. 다시 차를 타고 다리 하나만 건너면 이슬람교 사람들이 소리치며 기도합니다. 집집마다 우상에 제물을 바치고, 어디를 가든지 큰 우상이 서 있습니다.

발리에서 일주일간 나를 안내했던 마센니라는 40대 여성이 내게 이런 말을 했습니다. "나는 한 시라도 제물을 바치지 않으면 마음이 불안해요. 그래서 매일 제물을 바치며 살아요."

이들은 새로운 세탁기를 구입해도 제물을 바칩니다. 제물은 보통 꽃과 음식, 동물 같은 것입니다. 각자의 집에는 개인 사원이 필수적으로 만들어지고 그곳에서 기도하며 우상을 숭배합니다. 이러한 잘못된 문화와 역사가 복합적으로 어우러져 만들어진 지역이 발리입니다. 세상은 이렇듯 온갖 방법으로 자신을 도울 신을 찾습니다.

아직도 하나님을 알지 못해서 고통 받는 사람이 너무 많습니다.

이러한 세상에서 내가 누구인지, 내가 무엇을 해야 하는지에 대해서 생각해보지 않을 수 없습니다. 나는 이것을 오랫동안 고민했습니다. 결론적으로 복음을 전해야 합니다. 이것은 해도 되고 안 해도 되는 일이 아닙니다. 복음은 한 영혼을 구원하는 것을 넘어 세계적인 재앙을 막고 혼란스럽고 패역한 세대를 구원하기 때문입니다.

복음을 전하십시오. 복음을 전할 작은 모임을 만드십시오. 그 속에서 제자를 찾아 복음을 전염시키십시오. 나 중심, 물질 중심, 성공 중심의 잘못된 동기를 버리고 '오직 복음 전도'에 힘쓰십시오.

하나님은 오직 복음 전도를 통해서만 교회를 세우십니다.

"하나님을 찬미하며 또 온 백성에게 칭송을 받으니 주께서 구원받는 사람을 날마다 더하게 하시니라."(행 2:47)

믿음의 눈으로 세상을 보라

당신은 세상을 올바르게 보는 눈이 있습니까?

프랑스의 대표적인 수학자이자 발명가, 물리학자, 신학자인 블레즈 파스칼(Pascal, Blaise)은 그의 저서 〈팡세〉에서 한 가지 정신을 꾸준하게 말했는데 그것은 바로 '기하학 정신'입니다.

기하학적 정신(Esprit Géométrique)이란 추리 능력과 섬세한 직관 능력을 말합니다. 파스칼은 그의 책에서 이렇게 말했습니다.

"기하학 정신에 있어서는 그 원리가 명확하지만 사람들은 그쪽으로 쳐다보질 않는다. 그런 습관이 되지 않았기 때문이다. 인간은 하나의 원리라도 간과하면 큰 오류에 빠진다. 그러므로 모든 원리를 다 보기 위해 맑은 눈을 갖고 있어야 한다."

파스칼의 책을 읽으면서 내가 느낀 점은 바로 이것입니다.

"세상을 살아갈 때 갖춰야 할 중요한 기초가 있다면 그것은 세상을 올바르게 바라보는 시선이다."

기하학에서는 '원리'가 생명이고 그 원리에 대한 본질을 놓치지 않아야 오류에 빠지지 않는다고 말합니다. 우리가 세상을 바라보는 이치도 그렇습니다. 세상은 불신앙으로 가득하며 하나님이 없다고 주장하는 사람과 종교가 만연합니다. 지금도 많은 과학과 철학, 종교와 사상이 하나님의 존재를 부정합니다.

그들은 하나님 대신 우주를, 하나님 대신 부처를, 하나님 대신 독재를, 하나님 대신 사상을, 하나님 대신 철학을 가르치며 사람들을 혼란에 빠뜨리고 있습니다. 우리가 지금 보고 듣고 느끼고 배우는 세상 시스템 역시 하나님의 존재를 부정하는 내용이 많습니다.

더욱이 코로나 시대를 맞이하면서 세상은 더욱 큰 재앙을 맞이했습니다. 정말 심각합니다. 그러므로 예수 그리스도를 믿는 하나님의 자녀라도 세상을 올바르게 바라보아야 합니다. 그래야 자신의 학업도 사업도 하나님 앞에 올바로 세움 받을 수 있고 모든 인생길의 초점을 하나님의 절대 계획에 맞출 수 있습니다. 예수 그리스도 복음을 통한 믿음의 눈으로 세상을 바라보기 바랍니다.

복음 전도와 선교가 온 세상의 재앙을 막을 유일한 방법입니다.

"온 천하에 다니며 만민에게 복음을 전파하라."(막 16:15)

매일 하나님과 친밀한 대화를 나누라

당신은 평안하고 행복합니까?

나는 진정으로 평안하고 행복합니다. 왜 그럴까요?

매일 하나님과 친밀한 대화를 나누며 교제하기 때문입니다.

아침에 눈을 뜨면 나는 성령님께 가만히 인사를 드립니다.

"성령님, 안녕하세요? 성령님, 감사합니다."

회사에 출근하면서 이렇게 말씀드립니다.

"성령님, 오늘도 호흡을 주시고 운전하게 해주시고 사무실로 출근하게 해주셔서 감사합니다."

점심에는 주어진 업무를 진행하면서 하나님께 도움을 요청합니다. 순간마다 하나님께 감사를 표현하며 하루를 보냅니다.

"하나님, 이 사람을 상대하는 일이 힘듭니다. 도와주세요."

"하나님, 이 설계가 잘 마무리되게 해주세요."

"하나님, 다 잘 해결되었습니다. 감사합니다."

저녁에는 집에 돌아와 샤워하고 오늘 하루를 잘 보냈음에 감사드립니다. 주님은 순간마다 지친 내 마음에 큰 위로를 주십니다.

"하나님, 오늘도 평안히 저를 인도해 주셔서 감사드립니다. 에벤에셀의 하나님, 내게 능력 주시는 자 안에서 모든 것을 할 수 있다고 하셨는데, 제게 큰 능력을 주셔서 감사합니다."

나에게 오늘은 '온 종일 하나님을 의식하는 하루'입니다.

나는 모든 생각과 마음, 기분과 감정을 하나님 앞에 가지고 나아갑니다. 때로는 화가 나고 억울해도 하나님을 의식합니다. 그러면 하나님은 내 마음에 꼭 필요한 감동과 깨달음을 주시며 쉬지 않고 일하십니다. 그래서 나는 매일 행복할 수밖에 없습니다. 하나님으로 인해 기뻐하지 않을 수 없고 즐겁지 않을 이유가 없습니다.

예수님은 이 행복을 '생수의 강'으로 표현하셨습니다.

"나를 믿는 자는 성경에 이름과 같이 그 배에서 생수의 강이 흘러나오리라 하시니 이는 그를 믿는 자의 받을 성령을 가리켜 말씀하신 것이라."(요 7:38~39)

예수 그리스도를 믿는 자는 매일 그 배에서 생수의 강이 흘러나

옵니다. 이러한 생수의 강이신 성령님은 느낌과 현상에 상관없이 매일 믿음으로 말미암아 나에게 자동으로 흘러넘칩니다. 이것이 곧 성령의 충만함입니다. "술 취하지 말라. 이는 방탕한 것이니 오직 성령으로 충만함을 받으라."(엡 5:18) 나는 수도 파이프에 물이 흐르는 것처럼 '성령의 충만한 상태'를 계속 자동으로 공급받습니다.

얼마나 행복한지 모릅니다. 이 행복을 한 번 맛본 사람은 절대 다른 행복을 떠올릴 수 없습니다. 예수님을 믿는 자는 하나님이 주시는 생수의 강을 따라 살며, 모든 일을 생수의 강을 따라 합니다.

당신도 나처럼 매일 이런 행복을 누리고 싶지 않습니까?

그렇다면 먼저 예수님을 구주로 영접하고 그 예수님이 당신 안에 실제로 살아 계심을 믿으십시오. 예수님은 실제로 당신 안에 살아 숨 쉬고 계십니다. 이것을 진실로 믿어야 하나님이 주시는 생수의 강물이 흐르는 가운데 평생 행복하게 살아갈 수 있습니다.

당신에게 하나님의 풍성한 은혜가 매일 흘러넘치고 있습니다.

당신은 천국같이 행복한 사람입니다.

매일 하나님의 임재를 누리며 살라

당신을 매일 무엇을 누리고 있습니까?

나는 매일 하나님을 누리고 있습니다. 하나님을 누린다는 것은 하나님의 실제적인 임재를 즐거워한다는 뜻입니다. 나는 하나님의 생생한 임재가 매일 즐겁고 기쁩니다. 나와 함께 계신 하나님은 이 세상 그 무엇과도 바꿀 수 없는 소중한 분입니다. 하나님은 나의 기쁨이요 소망입니다. 얼마나 감사하고 행복하고 기쁜지 모릅니다.

하나님을 누림이 곧 인생의 즐거움입니다. 나는 나와 함께 계신 나의 하나님을 매일 즐거워합니다. 나는 하나님과 함께 산책하며 대화하는 일이 즐겁습니다. 하나님과 함께 성경을 읽고 묵상하는 시간이 즐겁습니다. 하나님과 함께 여행하는 것이 즐겁고, 하나님과 함께 책을 읽고 생각하며 꿈꾸는 시간이 너무 좋습니다.

지금 책을 쓰는 이 시간도 하나님을 전하는 아주 기쁜 시간입니다. 현재 구례의 한 카페에서 이 책을 쓰고 있습니다. 2박 3일의 휴가 기간 동안 아내와 함께 예배하고 기도하며 하나님과 동행했습니다. 얼마나 부요하고 감사한지요.

천국의 행복은 멀리 있지 않습니다. 내 안에 가득히 있습니다. 예수님은 바리새인들의 질문에 이렇게 대답하셨습니다. "하나님의 나라는 볼 수 있게 임하는 것이 아니요 또 여기 있다 저기 있다고도 못하리니 하나님의 나라는 너희 안에 있느니라."(눅 17:20~21)

하나님의 나라가 성령으로 내 안에 가득히 들어와 있습니다.

나의 행복은 예수 그리스도가 십자가에서 다 이루신 복음을 믿는 데 있습니다. 나의 행복이신 예수님이 실제로 내 안에 살아 계시므로 나는 매일 행복합니다. "예수 그리스도께서 너희 안에 계신 줄을 너희가 스스로 알지 못하느냐?"(고후 13:5)

당신도 예수님을 구주로 영접하십시오. 그리고 예수님이 당신 안에 실제로 살아 계신 것을 믿고 나처럼 매일 천국의 행복과 안식을 누리며 즐겁게 사십시오. 당신 안에 천국이 가득합니다.

하나님과 함께 하는 삶을 누리면 돈과 건물, 숫자, 명예와 상관없이 날마다 행복합니다. 당신이 어디에 있든지 하나님만으로 충분하기 때문입니다. 행복은 하나님만으로 충분한 삶입니다. 하나님만으로 충분한 사람은 이미 모든 것을 다 가진 사람입니다.

하나님이 나와 당신에게 말씀하십니다. "이스라엘이여, 너는 행복한 사람이로다. 여호와의 구원을 너 같이 얻은 백성이 누구냐? 그는 너를 돕는 방패시요 네 영광의 칼이시로다. 네 대적이 네게 복종하리니 네가 그들의 높은 곳을 밟으리로다."(신 33:29)

매일 하나님 앞에서 춤추며 살라

당신은 하나님 앞에서 춤추며 삽니까?

다윗의 아내 미갈은 다윗 왕이 베 에봇을 입고 여호와 앞에서 춤추는 것을 보고 비웃었습니다. 미갈은 높디높은 왕이 수많은 시녀들과 백성들이 보는 앞에서 춤을 추는 것이 마땅하지 않다고 생각한 것입니다. "여호와의 궤가 다윗 성으로 들어올 때에 사울의 딸 미갈이 창으로 내다보다가 다윗 왕이 여호와 앞에서 뛰놀며 춤추는 것을 보고 심중에 그를 업신여기니라."(삼하 6:16)

하나님을 사랑하지 않는 사람은 하나님의 사람을 비웃습니다.

또한 하나님의 사람이 하나님께 자신을 마음껏 표현하며 행복한 마음으로 예배하는 것을 업신여깁니다. 사실 미갈은 춤추는 다윗 왕만 업신여긴 것이 아니라 하나님도 업신여긴 것입니다. 이 얼마나 불쌍합니까? 미갈은 죽을 때까지 자식이 없었습니다.

우리는 하나님을 즐거워해야 합니다. 다윗은 여호와 하나님의 궤가 다윗 성으로 들어올 때에 마음껏 춤추며 기뻐했습니다. 이 여호와의 궤는 곧 하나님의 말씀입니다. 우리는 하나님의 말씀을 받을 때 진실로 기뻐해야 합니다. 하나님은 말씀이시므로 예배는 곧 하나님의 말씀을 기뻐하는 것이 되어야 합니다. 우리가 드리는 예배는 하나님의 말씀을 믿음으로 받고 찬양하는 것입니다. 하나님의 말씀을 사랑하는 자가 곧 하나님의 사랑을 입은 사람입니다.

하나님의 사랑을 입은 사람은 하나님을 뜨겁게 사랑합니다.

당신은 진실로 하나님을 뜨겁게 사랑하고 있습니까?

하나님을 진실로 사랑하십시오. 다른 것을 기뻐하지 마십시오.

하나님의 말씀은 내게 생수의 강이며 즐거움의 근원과도 같습니다. 내가 아무리 으리으리한 궁전에 살아도 창조주 예수님이 내 안에 살아 계시지 않는다면 불행한 것입니다.

행복은 곧 예수님이십니다.

지금도 많은 사람들은 행복을 찾아 방황하고 있습니다.

참 행복을 찾고자 각종 미디어와 드라마에 빠져 살고 있으며, 참 행복을 찾지 못하여 온갖 중독에 빠져들고 있습니다. 이러한 모습은 교회를 다니는 사람들에게도 많이 나타납니다. 그들은 '생수의 강에 대한 복음'을 모르기 때문에 목마름과 허전함에 시달립니다.

나는 하나님을 사랑합니다. 하나님이 나의 전부이십니다. 그래서 외국에 있든지 한국에 있든지 예배를 드립니다. 여행을 와도 예배를 드리고, 교회에서나 직장에서도 예배를 드립니다. 아무도 없는 곳이 있다면 나는 두 손을 들고 하나님을 찬양합니다.

이것은 나의 종교적인 행위가 아닙니다. 하나님의 은혜가 나로 하여금 언제 어디서든 예배하게 하는 것입니다. 할렐루야.

하나님의 은혜는 곧 예수 그리스도의 복음입니다.

복음은 예수님께서 나의 모든 죄와 저주를 대속하신 것입니다. 그것을 믿음으로 말미암아 내가 하나님의 의를 선물로 얻었고 나의 의이신 예수님이 내 안에 살아 계시므로 내가 의인이 된 것입니다.

"곧 예수 그리스도를 믿음으로 말미암아 모든 믿는 자에게 미치는 하나님의 의니 차별이 없느니라. 모든 사람이 죄를 범하였으매 하나님의 영광에 이르지 못하더니 그리스도 예수 안에 있는 속량으로 말미암아 하나님의 은혜로 값없이 의롭다 하심을 얻은 자 되었느니라."(롬 3:22~24)

당신이 예수 그리스도를 믿고 있다면 행위와 상관없이 당신은 그리스도 안에서 '명백한 의인'입니다. 그리스도 예수 안에 있는 속량으로 말미암아 당신은 값없이 의롭다 하심을 얻었습니다.

이것이 바로 하나님의 큰 은혜입니다.

당신은 의인입니다.

만나는 모든 사람에게 복음을 전하라

전도는 무엇일까요? 전도는 잃은 영혼에게 예수 그리스도 복음을 전하는 것입니다. 전도는 내 삶에서 하나님을 사랑하고 즐거워하는 것으로부터 시작됩니다. 하나님을 사랑하는 자가 하나님을 전할 수 있기 때문입니다. 연애를 하면 애인에 대해 말하지 않을 수 없고 만나는 사람마다 자기 애인을 자랑하는 것과 같습니다.

다윗은 하나님을 온 마음을 다해 사랑한 사람이었습니다.

다윗은 하나님을 너무나 사랑했기에 그분과 사랑의 대화를 시로 만들었고 그것이 '시편'입니다. 또한 그는 하나님을 사랑하는 마음이 뜨겁게 불타올라 평생토록 성전을 건축해야겠다는 꿈을 갖고 살았습니다. 다윗은 뭔가 대단한 일을 해야겠다는 '업적'이 아니라 하나님을 향한 '사랑'으로 평생 헌신하며 살았던 사람입니다.

이것이 모든 사역의 동기와 시작점이 되어야 합니다.

나는 캐나다에서 노방 전도를 하며 다양한 사람에게 복음을 전했습니다. 하나님을 사랑하는 사람은 저절로 복음을 전하게 됩니다.

"그리스도의 사랑이 우리를 강권하시는도다."(고후 5:14)

전도는 힘쓰고 애쓰는 것이 아닌 저절로 되는 것입니다.

최근에 아내가 내 눈썹을 깔끔하게 정리하자며 전문 매장으로 데려간 적이 있습니다. 아내가 먼저 관리를 받은 후에 내가 들어가 시키는 대로 누워 있으니 눈썹을 정리해 줄 사람이 왔습니다.

그와 조금씩 대화를 나누게 되었는데 그는 하나님에 대해 궁금한 점이 많다며 내게 쉬지 않고 질문했습니다.

"예수님과 하나님의 차이는 무엇인가요?"

"왜 하나님을 믿어야 하나요?"

"나도 어렸을 때 교회를 다녔는데 지금은 다니지 않아요. 왜 교회를 다녀야 하는지 모르겠어요."

나는 당황했습니다. 눈썹을 뽑으면서 이런 질문을 들을 거라곤 생각하지 못했기 때문입니다. 그래도 나는 친절하게 복음을 전하며 왜 하나님을 믿어야 하는지, 예수 그리스도가 누구인지 설명했고 내가 하나님과 인격적인 교제를 나누며 그분을 사랑하게 된 것에 대해 이야기해 주었습니다. 그리고 그분에게 교회를 가고 싶으면 전화 달라며 연락처를 주고 헤어졌습니다. 얼마나 감사한지요.

전도는 정말 내가 생각하지 못한 일들로 나타납니다. 또한 하나님이 내게 사람을 보내어 복음을 듣게 하시는 경우가 허다합니다.

이처럼 전도는 쉽습니다. 저절로 됩니다.

나에게 전도는 정말 쉬운 일입니다.

"전도는 쉽다. 저절로 된다."

당신도 전도할 수 있습니다. 전도는 저절로 됩니다.

전도란 내가 하나님을 위해 해야 하는 '일'이 아닙니다.

전도는 내가 하나님을 즐거워하고 사랑하기 때문에 그분에 대해 전하지 않고는 견딜 수 없는 행복한 일입니다. 나는 하나님을 너무나 사랑하기에 그분에게 순종할 수밖에 없고 또한 그분의 계획에 내 삶을 조정하지 않을 수가 없습니다. 하나님은 내 모든 삶을 전도와 선교로 이끌어 가고 계십니다. 그래서 나는 더욱 행복합니다.

당신도 전도를 쉽게 할 수 있습니다. 일단 전도에 대한 부담을 다 내려놓으십시오. 전도의 일은 성령님께서 이루어 가시기 때문입니다. 우리가 해야 할 것은 오로지 성령님의 역사를 믿는 일입니다.

전도가 아주 쉽다는 믿음을 가지십시오.

사람들은 지금도 복음을 알지 못해 두려워하고 고통 받고 있습니다. 그들이 입으로는 복음을 전하는 사람을 거부하는 것 같아도 그들의 심령은 복음을 강하게 원하고 있습니다. 사람들의 일시적인 반응과 각종 현상에 속지 말고 믿음으로 복음을 전해야 합니다.

나는 전도가 아주 쉽다는 믿음이 있습니다.

전도는 아주 쉽습니다. 선교도 아주 쉽습니다. 내가 하나님을 위해서 무엇을 하겠다고 나서는 것이 아니라 하나님을 너무나 사랑하기에 전하지 않을 수 없고 감당하지 않을 수 없는 참된 복이 바로 전도와 선교인 것입니다. 전도는 나를 통해 성령님이 하십니다.

당신도 하나님을 기뻐하고 즐거워하십시오. 진실로 하나님을 사랑하는 사람은 저절로 전도하고, 저절로 책을 쓰고, 저절로 콘텐츠를 만들고, 저절로 헌금하고, 저절로 예배하게 되는 것입니다.

하나님을 사랑하면 저절로 전도하게 됩니다.

당신은 행복한 전도자입니다.

없다는 말을 입버릇처럼 하지 마라

당신은 부정적인 말을 입에 달고 살지 않습니까?

다음과 같은 부정적인 말은 입에 담지 말아야 합니다.

"나는 돈이 없어."

"나는 친구가 없어."

"나는 꿈이 없어."

"나는 전도할 수 없어."

"나는 미련한 사람이야."

무엇이 없고 부족합니까? 당신은 부족하거나 없는 사람이 아닙니다. 예수님이 당신의 모든 부족함을 십자가에서 다 끝내셨기 때문입니다. 당신은 모든 것에 부요한 사람입니다. 그러므로 현상과 증상에 상관없이 오직 믿음으로 "부요하다"고 말해야 합니다.

"우리 주 예수 그리스도의 은혜를 너희가 알거니와 부요하신 자로서 너희를 위하여 가난하게 되심은 그의 가난함을 인하여 너희로 부요케 하려 하심이니라."(고후 8:9)

나는 예전에 항상 부정적인 말을 입에 달고 살았습니다.

나의 원함과는 달리 계속 비뚤어진 말을 했습니다.

사람들이 부정적인 말을 하는 것은 다른 사람이 자기를 알아주고 이해해 주고 배려해 주고 사랑해 주길 바라기 때문인 경우가 많습니다. 그런 내면의 원함과는 달리 부정적인 말과 비꼬는 말을 함부로 툭툭 내뱉는 것입니다. 이것은 '상처'에서 비롯됩니다.

상처가 무엇입니까? 하나님을 떠난 영적인 단절 상태에서 비롯된 모든 것입니다. 따라서 상처는 죄에서 비롯됩니다. 죄에 속으면 안 됩니다. 당신의 현상과 증상에 상관없이 예수님이 당신의 모든 죄를 대신 짊어지고 십자가에서 피 흘려 죽으셨기 때문입니다.

예전에 나는 예수님이 나의 모든 상처를 십자가에서 다 끝냈다는 것을 알지 못했습니다. 그래서 매일 상처받으며 살았고 또 상처받을까 두려워 나를 방어하기에 급급했습니다. 그러나 이제는 더 이상 상처받지 않으며 온갖 부정적인 생각과 말에서 졸업했습니다.

나는 예수님이 십자가에서 나의 모든 상처를 짊어지셨기에 내가 나음을 얻었다는 사실을 믿습니다. 나는 오직 하나님의 말씀만 믿습니다. 나는 상처받을 권리가 없습니다. 나의 모든 상처가 십자가에서 다 끝났기 때문입니다. 그러므로 더 이상 부정적인 말, 없다는 말을 하지 않고 오직 믿음의 말과 있다는 말만 합니다.

"그가 찔림은 우리의 허물 때문이요 그가 상함은 우리의 죄악 때문이라. 그가 징계를 받으므로 우리는 평화를 누리고 그가 채찍에 맞으므로 우리는 나음을 받았도다."(사 53:5)

당신도 상처받지 마십시오. 당신은 상처받을 권리가 없습니다.

예수님이 당신의 모든 상처를 다 짊어지셨기 때문입니다.

"그래도 안 좋은 말을 들으면 기분이 상해요."

기분 안 상하는 방법은 쉽습니다. 이렇게 말씀드리면 됩니다.

"성령님, 오늘도 기분 상하지 않게 해주세요."

그러면 기분 상하지 않게 됩니다. 성령님이 초자연적인 기름 부으심으로 역사하셔서 당신이 어떤 말을 들어도 상처받지 않게 하십니다. 성령님이 당신의 백신이자 완벽한 방패가 되십니다.

이제는 부정적인 말을 내뱉지 마십시오. 원하는 것이 있다면 부드럽게 상대방에게 요청하십시오. 상대방이 원하는 것을 들어주지 않는다 해도 괜찮습니다. 하나님이 당신의 기도를 들으셨기 때문입니다. 하나님은 시공간을 초월하여 당신의 모든 기도에 응답하십니다. 그러므로 당신은 오직 믿음의 말만 하면 됩니다.

"나는 부족하지 않다. 나는 부요하다."

"나는 하나님의 자녀다. 모든 것을 가졌다."

"나는 전도자다. 세계 복음화의 주역이다."

"나는 하나님의 종이고 복음을 전하는 사람이다."

당신은 부족하지 않습니다. 아주 훌륭하고 멋진 사람입니다.

그리스도 안에서 당신은 하는 일마다 잘되고 있습니다.

현상에 상관없이 당신의 미래는 하나님이 책임지십니다.

모든 순간 잠잠히 하나님을 바라보십시오.

당신은 행복한 사람입니다.

모든 순간에 하나님만 의식하라

기도는 무엇일까요?

모든 순간 하나님을 의식하고 하나님을 바라는 것입니다.

기도는 모든 호흡을 하나님께 조정하는 것이고 모든 일에 하나님의 주권을 인정하는 것입니다. 당신의 발걸음을 하나님의 발걸음을 따라 조정할 때 비로소 기도한 대로의 삶을 살게 됩니다.

기도는 어렵지 않습니다. 기도는 하나님이 당신과 함께 하신다는 것을 믿기만 하면 되는 일이기 때문입니다. 기도는 당신에게 보좌의 축복이 임하게 만듭니다. 보좌의 축복은 하나님의 모든 세계가 당신에게 임하는 것입니다. 하나님의 능력과 권세가 당신에게 나타나고 하늘 문이 열리고 모든 복이 당신에게 임하는 것입니다.

하나님은 당신의 모든 발걸음을 지켜보고 계십니다.

그분은 절대 주권으로 당신을 보호하고 인도하고 계십니다.

하나님의 임재를 누렸던 브라더 로렌스라는 사람이 있습니다.

그는 죽을 때까지 하나님의 임재를 생생하게 누렸습니다. 그는 하나님의 임재를 얻기 위해 남다른 거창하고 대단한 일을 하지 않았습니다. 단지 설거지를 하면서도 하나님을 의식하고, 심부름을 가도 하나님을 의식하고, 청소를 해도 하나님을 의식했습니다. 모든 순간에 하나님의 존재를 의식하며 그분과 호흡하고 대화하며 동업하는 삶을 살았습니다. 이것이 참된 기도의 삶입니다.

기도는 어렵지 않습니다. 기도는 저절로 되는 것입니다. 기도는 하나님이 함께 하심을 누리는 삶입니다. 기도는 잠잠히 하나님만 바라는 삶입니다. 나는 매일 기도의 삶을 누리고 있습니다.

나는 매일 건물 관리를 합니다. 아침마다 담배꽁초를 줍고 빗자루로 씁니다. 쓰레기를 비우고 정리하며 세입자들을 관리합니다.

나는 하나님께 감사하며 모든 일을 합니다. 동네 청소를 할 때도 하나님과 함께 합니다. 사무실을 나갈 때도 하나님과 함께 나갑니다. 매일 화장실 청소와 궂은일을 해도 하나님께 감사하며 합니다.

나는 매일 책을 읽고 책을 쓰고 있습니다. 이 순간에도 감사가 흘러나옵니다. 이렇게 책을 좋아하고 책을 쓸 수 있다는 것은 하나님의 은혜입니다. 책으로 복음을 전할 수 있다는 것은 큰 복입니다.

행복은 하나님이 함께 하심을 믿는 삶입니다.

하나님이 곧 행복이십니다. 하나님이 나의 즐거움이고 하나님이 나의 기쁨이십니다. 그러므로 나에게 부족함이 없습니다.

당신은 매일 이런 기도의 삶을 누리고 있나요?

기도에 부담을 느끼지 마십시오. 기도에 부담을 느끼는 것은 삶에 부담을 느낀다는 말입니다. 온전히 하나님을 의지해야 합니다.

당신이 미친 듯이 노력한다고 해서 응답이 이루어지는 것이 아닙니다. 결과는 절대로 내가 만들어 내는 것이 아닙니다.

삶의 주권을 모두 내려놓으십시오. 하나님의 말씀을 듣고 하나님과 동행하는 삶을 사십시오. 하나님은 당신의 머리털까지도 세고 계십니다. 하나님은 당신을 정확하게 인도하고 계십니다.

눈에 보이는 현상에 속지 마십시오.

"진리가 예수 안에 있는 것 같이 너희가 참으로 그에게서 듣고 또한 그 안에서 가르침을 받았을진대 너희는 유혹의 욕심을 따라 썩어져 가는 구습을 따르는 옛 사람을 벗어버리고 오직 너희의 심령이 새롭게 되어 하나님을 따라 의와 진리의 거룩함으로 지으심을 받은 새 사람을 입으라."(엡 4:21~24)

기도는 쉽습니다. 하나님을 즐거워하는 삶이 기도입니다.

진리이신 예수 그리스도를 믿는 삶이 기도입니다.

기도는 나의 호흡이요 나의 삶입니다.

하나님이 인도하고 계심을 믿으라

당신은 하나님의 인도하심을 믿습니까?

나는 내 삶을 만들어 가시는 분이 하나님이심을 믿습니다. 즉 나를 향한 하나님의 주권을 믿습니다. 하나님은 나의 모든 발걸음을 인도하고 계십니다. "사람의 마음으로 자기의 길을 계획할지라도 그의 걸음을 인도하시는 이는 여호와시니라."(잠 16:9)

나는 내 힘과 지혜로 인생을 만들어 가야 한다는 부담을 다 내려 놓았습니다. '나 중심'의 삶은 내가 모든 성공을 만들어 가겠다는 것입니다. 내가 공부하고, 내가 책을 쓰고, 내가 사업하고, 내가 돈을 벌고, 내가 결혼하고, 내가 무역하고, 내가 전도하겠다는 것입니다. 이것은 큰 착각입니다. 나 혼자 할 수 있는 것은 아무것도 없습니다. 오직 하나님의 힘으로 모든 것을 할 수 있습니다. 하나님은 내게 복음의 힘을 주셨습니다. 그러므로 나는 "내게 능력 주시는 자 안에서 내가 모든 것을 할 수 있다"(빌 4:13)고 말합니다.

내세 능력 주시는 자는 예수님이십니다.

예수님이 나의 능력이 되십니다.
예수님이 나의 힘이 되십니다.
예수님이 나의 발걸음이 되십니다.
예수님이 나의 응답이 되십니다.
예수님이 나의 전도가 되십니다.
예수님이 나의 선교가 되십니다.
예수님이 나의 친구가 되십니다.
예수님이 나의 미래가 되십니다.

예수님을 믿는 사람은 모든 복을 다 받은 사람입니다.

이것을 진실로 믿기 바랍니다. 나도 내 힘으로 내 삶을 만들어 가려고 했던 적이 있었는데 너무 고되고 힘들었습니다. 내 딴에는 하나님을 위하여 뭔가를 꿈꾸고 그 꿈을 성취하겠다고 결심하고 열심히 노력했지만 잘되지 않았습니다. "아, 하나님을 위해 이것도 하고 저것도 해야 하는데." 나는 점점 더 예민해졌습니다.

나는 이런 삶을 원하지 않았습니다. 마음은 원함이 있는데 육신은 따라가지 못했고 이것은 내 인생의 큰 고민이었습니다.

마침내 나는 깨달았습니다. "이 모든 어려움은 내 힘으로 나의 삶을 만들어 가려고 애썼기 때문에 생긴 결과다. 그래서 모든 일이 부담되었고 그 부담이 나를 예민하게 한 것이다."

어떤 일이든 부담 갖지 마십시오. 출근하는 일도 부담 갖지 마십시오. '월요병'이라는 말에 속지 마십시오. 하나님 자녀에게는 월요병이 없습니다. 주일이 나의 첫째 날이고 나머지 6일은 내 밥과 같습니다. "모든 것은 쉽다. 부담 갖지 말자." 하나님이 모든 문제를 해결하시고 일을 다 이루시는데 무엇이 부담이겠습니까?

두려워하지 마십시오. 스스로 뭔가 하고자 하는 짐을 내려놓으십시오. 하나님이 다 이루십니다. "주님이 하신다"고 말하십시오.

하나님만 잠잠히 바라보십시오.

하는 일마다 잘된다고 믿으라

하나님의 자녀는 현상과 상관없이 모든 일이 잘됩니다.

"믿음은 바라는 것들의 실상이다"라고 했으므로 눈에 보이는 현상에 속지 말아야 합니다. 현상과 상관없이 잘되고 있습니다.

나는 믿음으로 말미암아 의롭다 함을 얻은 행복한 사람입니다.

성경은 행복한 사람을 '복 있는 사람'이라고 표현합니다. 행복한 사람은 어떤 일을 하든지, 그 하는 일이 다 형통한다고 했습니다.

"복 있는 사람은 악인들의 꾀를 따르지 아니하며 죄인들의 길에 서지 아니하며 오만한 자들의 자리에 앉지 아니하고 오직 여호와의 율법을 즐거워하여 그의 율법을 주야로 묵상하는도다. 그는 시냇가에 심은 나무가 철을 따라 열매를 맺으며 그 잎사귀가 마르지 아니함 같으니 그가 하는 모든 일이 다 형통하리로다."(시 1:1~3)

복 있는 사람은 예수 그리스도의 복음을 믿는 사람입니다.

이 사람은 하나님의 자녀 된 신분과 권세가 있습니다.

따라서 하늘 보좌의 축복이 하나님의 자녀인 그에게 영원토록 임합니다. 복은 '여호와가 하나님이심을 믿는 것'입니다.

당신에게 이러한 복이 강물처럼 흘러넘치고 있습니다.

당신은 하나님의 복이 흐르는 '복의 근원'입니다.

이 사실을 믿으십시오. 당신에게 부족함이 없습니다. 당신과 당신 주변에 있는 현상과 증상에 속지 마십시오. 당신은 안 되는 것처럼 보여도 잘되고 있습니다. 응답이 없는 것처럼 보이나 응답이 쏟아지고 있습니다. 무응답도 응답임을 알아야 합니다. 나는 예전에 무응답이 하나님이 예비하신 응답이라는 것을 몰랐습니다.

아무리 부르짖어도 하나님이 응답하지 않는 것 같을 때 너무나 괴롭고 힘들었습니다. 그러나 나는 하나님께서 응답하시지 않는 것이 아니라 잘못된 나의 각인, 뿌리, 체질을 바꾸는 시간을 허락하심으로 나를 연단하고 계신다는 것을 알게 되었습니다.

얼마나 감사한지 모릅니다. 무응답은 최고의 응답입니다.

하나님께서 내 기도에 아무런 대답 없이 가만히 계시는 것은 그분이 나를 많이 사랑하시기 때문에 나를 치유하고 고치고 만지는 귀중한 시간들을 주기 위함입니다. 하나님은 그 아들을 십자가에 못 박아 죽이심으로 자신의 사랑을 이미 확증하셨습니다.

사도 바울은 로마서에 이렇게 말했습니다. "우리가 아직 죄인 되었을 때에 그리스도께서 우리를 위하여 죽으심으로 하나님께서 우리에 대한 자기의 사랑을 확증하셨느니라. 자기 아들을 아끼지 아니하시고 우리 모든 사람을 위하여 내주신 이가 어찌 그 아들과 함께 모든 것을 우리에게 주시지 아니하겠느냐."(롬 5:8, 8:32)

그렇습니다. 하나님께서는 그 아들과 함께 다른 모든 것도 풍성히 공급해 주신다고 약속하셨습니다. 이것을 온전히 믿으십시오.

하나님은 당신이 멸망하지 않고 생명을 얻기를 바라십니다.

"하나님이 세상을 이처럼 사랑하사 독생자를 주셨으니 이는 그를 믿는 자마다 멸망하지 않고 영생을 얻게 하려 하심이라." (요 3:16)

그것도 조금이 아닌 풍성히 얻기를 바라십니다. "내가 온 것은 양으로 생명을 얻게 하고 더 풍성히 얻게 하려는 것이라."(요 10:10)

하나님께서 당신이 손대는 것마다 형통을 주십니다.

당신은 매일 더 크게 성공하고 있습니다.

하나님의 일을 제한하지 마라

당신은 여호와 하나님을 제한하지 않습니까?

신명기 4장 35절에 "여호와는 하나님이시요"라고 말씀합니다.

여호와는 하나님이십니다. 죽은 자도 살리시고 없는 것도 있게 하시고 불가능을 가능하게 만드시는 하나님이십니다.

그분에게는 능치 못하심이 없습니다. 여호와는 하나님이십니다. 실로 그렇습니다. 여호와 하나님께서 나와 함께 하심으로 내게는 부족함이 없습니다. 이 모든 것이 하나님의 은혜입니다.

나는 여호와가 하나님이심을 실제로 누리지 못했던 때가 있습니다. 하는 일마다 안 되는 것 같고, 사람과의 관계가 너무나 어렵고 힘들었습니다. 돈도 벌지 못할 때가 허다했고, 손대는 것마다 실패하는 것처럼 보였습니다. 그러나 이 모든 것이 착각이었습니다.

하나님은 나를 전도자로 부르셨습니다. 그분은 나를 최고의 위치로 부르셨습니다. 나를 택하여 복음을 전하는 작가와 강연가, 사업가로 부르신 것입니다. 나를 전 세계 복음화를 위한 발판으로 세우시고 각종 분야의 일을 재창조할 일꾼으로 부르신 것입니다.

하나님은 내가 착각 속에 있을 때 내 생각을 바꾸셨습니다. 그분은 내 생각을 바꾸기 위해 환경과 사람을 통해 일하셨습니다. "받은 줄로 믿으라"(막 11:24)는 말씀대로 내가 눈에 보이는 일시적인 현상에 속지 않고 오직 하나님의 말씀을 따라 살도록 나를 변화시키셨습니다. 이것을 깨닫고 난 후로 내 인생이 완전히 달라졌습니다.

여호와는 하나님이십니다. 하나님은 나의 능력이요 나의 힘이십니다. 나의 피난처시며 나의 방패가 되십니다. 그러므로 내게는 조금도 부족함이 없습니다. 하나님이 나의 목자이시기 때문입니다.

우리는 제한적인 세상과 환경에 속지 않아야 합니다. 모든 일에 여호와가 하나님이심을 고백하며, 그분을 제한하지 마십시오.

어떤 문제가 지금 당신을 괴롭히고 있습니까? 예수 그리스도의 이름으로 그 문제가 다 해결되었음을 선포하십시오.

나를 따라 이렇게 말하기 바랍니다.

"여호와는 하나님이시다. 내 문제는 다 해결되었다."

그렇습니다. 여호와는 하나님이십니다. 지금 당신이 당한 모든 문제와 사건은 아무것도 아닙니다. 하나님 앞에서는 티끌보다 작은 문제입니다. 왜 그 티끌 때문에 끙끙 앓고 고통 받고 있습니까?

첫째, 꿈이 이뤄지는 것은 티끌 같이 작은 문제입니다.

"내가 네 자손이 땅의 티끌 같게 하리니 사람이 땅의 티끌을 능히 셀 수 있을진대 네 자손도 세리라."(창 13:16)

둘째, 크게 번성하는 것은 티끌 같이 작은 문제입니다.

"네 자손이 땅의 티끌 같이 되어 네가 서쪽과 동쪽과 북쪽과 남쪽으로 퍼져나갈지며 땅의 모든 족속이 너와 네 자손으로 말미암아 복을 받으리라."(창 28:14)

셋째, 원수를 다스리는 것은 티끌 같이 작은 문제입니다.

"내가 그들을 땅의 티끌 같이 부스러뜨리고 거리의 진흙 같이 밟아 헤쳤나이다."(삼하 22:43)

이 모든 것을 한 번 기도하고 구한 다음 받았다고 믿으십시오.

여호와가 하나님이심을 고백하십시오. 하나님께는 불가능이 없습니다. 하나님은 당신에게 좋은 것만 주십니다. 하나님의 계획은 언제나 선합니다. 다윗은 부족함이 없다고 고백했습니다. "여호와는 나의 목자시니 내게 부족함이 없으리로다. 그가 나를 푸른 풀밭에 누이시며 쉴 만한 물가로 인도하시는도다. 내 영혼을 소생시키시고 자기 이름을 위하여 의의 길로 인도하시는도다."(시 23:1~3)

당신은 조금도 부족함이 없습니다. 시간과 공간을 초월해 이미 모든 꿈과 소원이 이루어졌고 모든 문제가 해결되었습니다.

"내가 너희에게 말하노니 무엇이든지 기도하고 구하는 것은 받은 줄로 믿으라. 그리하면 너희에게 그대로 되리라."(막 11:24)

모든 것을 받았다고 믿고 행복하게 생활하십시오.

그러면 그대로 될 것입니다.

당신은 하나님께 버림받지 않는다

당신은 버림받았다고 생각한 적이 없습니까?

당신은 하나님께 버림받지 않습니다. 예수님이 당신 대신 하나님께 버림받았기 때문입니다. "제 구시쯤에 예수께서 크게 소리 질러 이르시되 엘리 엘리 라마 사박다니 하시니 이는 곧 나의 하나님, 나의 하나님, 어찌하여 나를 버리셨나이까 하는 뜻이라."(마 27:46)

하나님은 예수님을 사랑하셨습니다. 하나님은 태초부터 예수님과 함께 계셨습니다. 예수님은 곧 하나님이십니다. 이러한 예수님이 하나님으로부터 버림받았습니다. 그 이유는 바로 당신을 구원하기 위함입니다. 하나님은 나와 당신의 모든 죄를 예수님께 짊어지게 하심으로 우리가 죄 사함을 받고 구원을 얻게 하셨습니다.

"예수께서 신 포도주를 받으신 후에 이르시되 '다 이루었다' 하시

고 머리를 숙이니 영혼이 떠나가시니라."(요 19:30)

예수님이 다 이루셨습니다. 예수님이 당신의 모든 죄와 목마름, 병과 가난, 어리석음과 징계와 죽음을 다 짊어지셨습니다. 당신의 과거, 현재, 미래의 모든 허물과 죄 문제가 십자가에서 완전히 끝났습니다. 그러므로 당신은 예수님을 믿음으로 나음을 얻고 평화를 누리게 되었습니다. 당신은 결코 버림받지 않습니다.

나는 예수님을 믿기 전에 매일 버림받은 인생을 살았습니다.

인정받고자 하는 목마름과 그에 따른 공허감이 내 가슴에 사무쳤습니다. 나의 삶에 감사도 없고 행복도 없었습니다. 아무리 인생의 길을 찾으려고 해도 찾을 수 없었습니다. 그런 내가 하나님의 은혜로 예수님을 구주로 영접하고 난 후에는 완전히 달라졌습니다.

예수님을 믿으니 목마름이 완전히 해결되었습니다.

예수님을 믿으니 모든 죄와, 저주, 가난, 질병, 징계, 죽음이 다 끝이 났습니다. 하나님의 자녀의 신분과 권세를 누리게 되었습니다. 내 안에 가득히 계신 성령님이 전도와 선교의 꿈을 가지게 하심으로 매일 구름 위를 걷는 행복한 삶을 살게 하셨습니다. 천군 천사들이 나를 돕고 있습니다. 하늘 보좌의 축복이 내게 임했습니다.

내 마음은 날마다 천국같이 행복합니다.

당신은 예수님을 믿고 있습니까? 잘했습니다. 하나님께 감사하십시오. 당신은 하나님의 복이 임한 사람입니다. 더 이상 버림받는다는 생각을 하지 마십시오. 어떤 경우에도 자신을 정죄하지 마십시오. 입 밖으로 정죄의 말, 부정적인 말, 감정적인 말을 내뱉지 마십시오. 당신은 하나님의 존귀한 자녀입니다. "존귀한 자는 존귀한

일을 계획하나니 그는 항상 존귀한 일에 서리라."(사 32:8)

자신의 과거를 완전히 용서하라

당신은 자신의 과거를 완전히 용서했습니까?

나는 예전에 나 자신을 용서하지 못했습니다. 매일 속고 넘어지고 무너지는 나 자신이 싫었습니다. 나 자신을 사랑하지 않았습니다. 나를 사랑할 수 있는 요소가 눈곱만큼도 없다고 생각했기 때문입니다. 하지만 그것은 착각이었고 나는 착각 속에서 살았습니다.

예수님이 나를 용서하셨습니다. 그분은 현상에 상관없이 나를 완전히 용서하시고 사랑하시고 인정하셨습니다. 예수님이 나를 용서하셨는데 어떻게 나 자신을 용서하지 않을 수 있습니까?

"그리스도 예수 안에 있는 자에게는 결코 정죄함이 없나니"(롬 8:1)라는 말씀대로 예수님을 믿는 사람은 자신을 정죄하지 말고 완전히 용서해야 합니다. 예수님이 대신 정죄 받으셨기 때문입니다.

"그가 찔림은 우리의 허물 때문이요 그가 상함은 우리의 죄악 때문이라. 그가 징계를 받으므로 우리는 평화를 누리고 그가 채찍에 맞으므로 우리는 나음을 받았도다."(사 53:5)

예수님이 당신 대신 모든 질고와 징계를 겪으셨습니다. 그러므로 당신은 나음과 평화를 얻었습니다. 당신에게 더 이상 정죄와 징계가 없습니다. 그리스도 안에 있는 모든 자는 새로운 피조물입니다.

당신은 '예수 그리스도가 나의 의'가 되심을 믿는 하나님의 자녀입니다. 당신은 축복 받은 사람입니다. 그러므로 당신은 자신을 용서해야 합니다. 자기 허물을 더 이상 바라보지 말아야 합니다.

누구나 실수하고 상처받을 수 있습니다. 그러나 이러한 각인, 뿌리, 체질에서 완전히 벗어나야 합니다. "나사렛 예수 그리스도의 이름으로 명하노니 나의 모든 허물과 상처는 깨끗해질지어다."

또 이렇게 명령하십시오. "나사렛 예수 그리스도의 이름으로 명하노니 나의 모든 정죄와 상처는 떠나갈지어다."

자신의 허물을 바라보지 마십시오. 순간 실수했더라도 괜찮습니다. 그것에 걸려 넘어지지 마십시오. 하나님의 선한 계획이 있다고 믿고 감사하십시오. 마귀의 정죄에 속지 마십시오. 당신의 모든 허물은 예수님이 십자가에 달려 대신 다 담당하셨습니다.

당신은 오직 예수님만 바라보면 됩니다.

하나님을 즐거워하며 행복하게 살라

당신은 하나님을 즐거워하며 행복하게 살고 있습니까?

나는 하나님을 즐거워합니다. 내게 있어 가장 큰 기쁨과 즐거움은 하나님으로부터 오는 은혜와 성령의 충만함입니다. 매일같이 누리는 예배입니다. 믿음으로 모든 것을 받아 누리는 실상의 삶입니다. 내 안에 살아 계신 예수님이 나의 모든 것이십니다.

예수님은 실제로 내 안에 살아 숨 쉬고 계십니다.

하나님을 즐거워하는 사람은 예수 그리스도의 복음을 진실로 즐거워하는 사람입니다. 예수 그리스도의 복음이 내게 무한한 생수의 강을 주었고 끊임없는 영감과 축복을 주었습니다. 지금 눈앞에 일어난 모든 현상과 증상에 상관없이 예수님은 나의 기쁨입니다.

다윗은 하나님만으로 기뻐한 사람이었습니다. 다윗은 사울에게 쫓길 때도 하나님께 감사했고, 동굴에 숨어 있을 때나 왕궁에 있을 때나 변함없이 하나님을 바라고 즐거워했습니다. 다윗은 하나님과 동행함으로 평생 하나님께 크게 쓰임 받았습니다. 어떤 사람이든지 하나님을 즐거워하는 사람은 이미 크게 성공한 사람입니다.

"이스라엘은 지기를 지으신 이로 말미암아 즐거워하며 시온의 주민은 그들의 왕으로 말미암아 즐거워할지어다."(시 149:2)

당신은 어떻습니까? 매일 하나님을 즐거워하고 있습니까?

오직 하나님을 즐거워하십시오. 어렵지 않습니다. 하나님을 바라고 구하십시오. 하나님을 즐거워할 수 있도록 성령님께 도움을 구하십시오. 계속 반복적이고 습관적인 죄에 빠진다면 예수님이 십자가에서 나의 모든 습관적인 죄를 끝내셨다는 믿음의 선포를 하십시오. 더러운 드라마와 영화, 소설과 동영상은 보지 마십시오. 거기에서 빠져나오지 못한다면 성령님께 도움을 구하십시오.

"성령님, 오늘도 거룩한 삶을 살게 해주세요."

그러면 성령님께서 나쁜 생각이 떠오르지 않게 해주십니다.

성령님께 도움을 구하면 하나님이 실제로 당신에게 응답하십니다. 당신이 오직 하나님만 즐거워하도록 인도해 주십니다.

하나님을 즐거워하는 사람은 예배를 즐거워합니다.

하나님은 당신에게 예배의 복을 주셨습니다.

"아버지께 참되게 예배하는 자들은 영과 진리로 예배할 때가 오나니 곧 이 때라. 아버지께서는 자기에게 이렇게 예배하는 자들을 찾으시느니라. 하나님은 영이시니 예배하는 자가 영과 진리로 예배할지니라."(요 4:23~24)

대리 만족이 아닌 참된 만족을 누리라

당신은 대리 만족을 추구하고 있지 않습니까?

대리 만족이 아닌 참된 만족을 누리며 살아야 합니다.

예전에 나는 대리 만족을 추구하며 작은 행복이라도 겨우 얻고자 했지만 지금은 참된 만족을 누리며 큰 행복을 누리고 있습니다.

나는 소설을 좋아했습니다. 소설을 읽을 때면 내가 주인공이 된 것처럼 대리만족하며 작은 즐거움을 느낄 수 있었기 때문입니다. 하지만 소설을 읽을수록 내 마음은 황폐해져 갔습니다. 매일 허상과 공상이 나를 괴롭혔던 것입니다. 나는 마음껏 예배하고 찬양하며 성결한 삶을 원했지만 현실은 정반대로 나타났습니다.

물론 소설을 읽는 것 자체는 죄가 아닙니다. 그러나 소설을 읽는 것이 하나님을 예배하고 그분을 사랑하는 것보다 더 큰 영향을 끼친다면 그것은 결국 삶을 황폐하게 만듭니다. 대리 만족은 얼마 가지 못하는 뜬구름 같은 즐거움입니다. 대리 만족은 허상입니다.

나는 더 이상 대리 만족을 추구하지 않기로 결단했습니다.

그리고 성령님께 구체적으로 도움을 구했습니다.

"성령님, 더 이상 허상과 상상의 세계에서 대리 만족을 추구하며 살지 않게 해주세요. 오로지 예수 그리스도를 믿는 실상 안에서만 살게 해주세요. 내게 주신 하나님의 형상을 완전히 회복시켜 주세요. 전능하신 예수 그리스도의 이름으로 기도합니다. 아멘."

이 기도 후에 어떻게 된 줄 아십니까? 다 끝났습니다.

모든 허상과 상상이 더 이상 나타나지 않게 되었습니다. 내 삶에 하나님의 임재와 그분을 향한 예배가 나타나기 시작했습니다. 할렐루야. 하나님은 전능하십니다. 정말 바뀌지 않을 것만 같은 습관도 하나님은 다 바꾸십니다. 당장 현상과 증상에 넘어지더라도 괜찮습니다. 하나님께 한 번 구한 것은 받았다고 믿기만 하면 됩니다. 나머지는 하나님이 내 삶에 개입하셔서 직접 역사하십니다.

하나님은 정말 놀라우신 분입니다.

"두려워하지 말라. 네가 수치를 당하지 아니하리라. 놀라지 말라. 네가 부끄러움을 보지 아니하리라. 네가 네 젊었을 때에 수치를 잊겠고 과부 때의 치욕을 다시 기억함이 없으리니 이는 너를 지으신 이가 네 남편이시라. 그의 이름은 만군의 여호와이시며 네 구속자는 이스라엘의 거룩한 이시라. 그는 온 땅의 하나님이라 일컬음을 받으실 것이라."(사 54:4~5)

하나님은 당신의 구속자이십니다. 하나님은 예수 그리스도의 십자가를 통해 당신을 죄와 저주, 습관적인 죄에서 구속하셨습니다.

당신은 지금 어떤 문제로 고통 받고 있습니까?

하나님은 당신을 모든 중독에서 건지셨습니다.

하나님은 당신을 모든 정욕에서 건지셨습니다.

하나님은 당신을 모든 죄악에서 건지셨습니다.

하나님은 당신을 모든 고통에서 건지셨습니다.

하나님은 당신을 모든 가난에서 건지셨습니다.

하나님은 당신을 모든 무지에서 건지셨습니다.

하나님은 당신을 모든 죽음에서 건지셨습니다.

예수 그리스도께서 모든 문제로부터 당신을 건지셨습니다.

예수 그리스도를 믿는 사람은 더 이상 죄와 습관, 중독으로부터 고통 받지 않습니다. 믿으십시오. 모든 것은 믿음으로 시작해서 믿음으로 끝이 납니다. 당신의 모든 정욕도 십자가에서 끝났습니다.

"그리스도 예수의 사람들은 육체와 함께 그 정욕과 탐심을 십자가에 못 박았느니라."(갈 5:24)

하나님만 예배하십시오. 당신의 삶이 예배가 되게 하십시오.

예배가 당신의 즐거움이요 기쁨입니다. 만군의 여호와 하나님이 당신의 남편이 되십니다. 당신은 예수 그리스도를 믿음으로 과부 때의 치욕을 기억하지 않게 되었습니다. 불신자 상태 속에 있었던 과부의 기억을 잊어버리십시오. 당신은 큰 남편이신 예수 그리스도를 만났고 예수님이 당신의 주인이 되셨습니다. 예수님이 당신의 전부이십니다. 온 마음과 힘을 다해 하나님을 사랑하십시오.

오직 하나님께 행복이 있습니다. 참된 행복이 예배 안에 있음을 발견하십시오. 당신은 나사렛 예수 그리스도의 이름으로 더 이상 대리 만족을 추구하지 않게 되었습니다. 당신은 믿음으로 성결하고 거룩한 사람입니다. 당신은 성령의 권능으로 모든 것을 이긴 하나님의 자녀이며 기름 부으심이 넘치는 존귀한 사람입니다.

예수님이 십자가에서 다 이룬 복음을 믿으라

하나님은 우리에게 귀중한 복음을 약속하셨습니다.

복음이 무엇일까요? 그것은 우리의 모든 죄와 저주를 속량하고 하나님과 화평을 누리게 하겠다는 은혜의 약속입니다.

"하나님이 세상을 이처럼 사랑하사 독생자를 주셨으니 이는 그를 믿는 자마다 멸망하지 않고 영생을 얻게 하려 하심이라. 하나님이 그 아들을 세상에 보내신 것은 세상을 심판하려 하심이 아니요 그로 말미암아 세상이 구원을 받게 하려 하심이라. 그를 믿는 자는 심판을 받지 아니하는 것이요 믿지 아니하는 자는 하나님의 독생자의 이름을 믿지 아니하므로 벌써 심판을 받은 것이니라."(요 3:16~18)

하나님은 당신을 구원하기 위해 예수 그리스도를 이 땅에 보내셨습니다. 예수님은 영원 전부터 당신을 구원하기로 예정하셨고 십자가에서 당신의 과거와 현재, 미래의 죄를 다 짊어지셨습니다.

당신은 이 복음을 믿음으로 말미암아 나음을 얻고 하나님과 화평을 누리며 하나님의 자녀로서의 행복한 삶을 시작하게 됩니다.

당신이 지금도 방황하고 어려움을 겪고 있다면 그것은 예수 그리스도를 인격적으로 만나지 못했기 때문입니다. 예수님이 당신의 모든 죄를 용서하셨습니다. 예수님이 당신에게 말씀하십니다.

"볼지어다. 내가 문 밖에 서서 두드리노니 누구든지 내 음성을 듣고 문을 열면 내가 그에게로 들어가 그와 더불어 먹고 그는 나와 더불어 먹으리라."(계 3:20)

예수님을 믿는 자는 더 이상 방황하지 않습니다. 알 수 없는 목마름, 인정받고 싶어 하는 목마름, 과거의 상처와 치욕이 주는 목마름에 헐떡이지 않습니다. 그리스도 안에 있는 자는 매일 예수님이 주시는 생수의 강을 따라 넘치는 은혜를 풍성히 누리며 살아갑니다.

하나님의 자녀인 나와 당신은 조금도 부족함이 없습니다.

나는 예수님을 믿고 난 후로 더 이상 방황하지 않게 되었습니다.

미래에 대한 염려와 걱정도 사라졌고, 날마다 믿음으로 모든 것을 받아 누리며 감사와 기쁨이 터져 나오는 삶을 살고 있습니다.

당신은 어떤 인생을 살고 있습니까?

하나님은 당신에게도 놀라운 복을 예비하셨습니다.

'예수님이 십자가에서 다 이룬 복음'을 믿는 믿음을 가지십시오.

이 은혜의 복음을 듣고 배우고 깨닫고 누리게 해 달라고 하나님께 기도하십시오. 당신의 삶이 풍성해질 것입니다.

"다 이루었다."(요 19:30)

날마다 천국의 행복을 누리며 살라

당신은 날마다 행복을 누리고 있습니까?

나는 날마다 행복을 누리고 있습니다. 누린다는 말은 '즐거워한다'는 뜻입니다. 나는 매일 즐거워하고 있습니다. 나의 삶이 너무 행복하고 기쁩니다. 이렇게 즐겁고 신나는 삶이 될 줄은 정말 상상도 못했습니다. 내 삶이 기대되고 희망이 가득합니다. 매일매일 마치 어린아이처럼 세상 모든 것이 설레는 모험으로 느껴집니다.

내 마음에 하나님이 주신 부요와 행복이 가득합니다.

이 행복은 세상이 주는 것과 같지 않습니다. 나에게 행복은 오직 예수님입니다. 예수님이 나에게 가장 큰 행복을 안겨 주셨습니다.

하나님은 날마다 무한한 생수의 강을 내게 흘러넘치게 하십니다. 그런 내게는 세상 모든 것이 아름답고 충만하며 기쁘게 느껴집니다. 나는 마치 구름 위를 걷는 듯 행복한 인생을 살고 있습니다.

예수님이 나의 모든 죄를 십자가에서 끝내셨습니다. 나의 모든 죄와 저주, 가난과 질병, 어리석음과 징계와 죽음을 다 끝내셨다고 선포하셨습니다. 이러한 엄청난 복음이 내게 있습니다. 나는 이루 말할 수 없는 예수 그리스도 진리의 복음 안에서 행복한 삶을 살고 있습니다. 나는 너무 행복해서 이렇게 노래합니다.

"여호와 우리 주여 주의 이름이 온 땅에 어찌 그리 아름다운지요. 주의 영광이 하늘을 덮었나이다."(시 8:1)

당신은 어떤가요? 오늘도 마음이 행복합니까?

행복은 멀리 있지 않습니다. 행복은 내 안에 실제로 살아 계시는 예수님입니다. 행복을 두려워해서는 안 됩니다. 어떤 사람은 행복을 두려워합니다. 지금까지 행복이 아닌 죄, 저주, 목마름, 질병, 가난, 징계, 죽음 속에서 살아왔기 때문입니다. 매일 비교와 정죄 의식 속에서 살았기 때문입니다. 그래서 행복을 두려워합니다.

마음에 조금이라도 행복이 찾아오면 익숙하지 않아서 오히려 놀랍니다. 세상은 죄가 익숙합니다. 비난과 비판, 정죄와 냉소, 조롱과 저주, 가난과 목마름, 음란과 폭언, 더러움과 재앙이 만연합니다.

이것이 세상의 특징입니다. 우리도 예전에는 그랬습니다.

"그 때에 너희는 그 가운데서 행하여 이 세상 풍조를 따르고 공중의 권세 잡은 자를 따랐으니 곧 지금 불순종의 아들들 가운데서 역사하는 영이라. 전에는 우리도 다 그 가운데서 우리 육체의 욕심을 따라 지내며 육체와 마음의 원하는 것을 하여 다른 이들과 같이 본질상 진노의 자녀이었더니."(엡 2:2~3)

행복은 세상에 있지 않습니다.

예수 그리스도 밖에는 행복이 없습니다.

모든 사람은 하나님의 형상대로 창조되었습니다. 하나님의 형상이 죄를 짓기 이전의 행복한 사람의 모습입니다. 내게 있는 하나님의 형상은 예수 그리스도를 믿음으로 말미암아 회복되었습니다. 예수님이 나의 모든 죄와 저주를 대속하셨고 나는 그분을 믿음으로 말미암아 하나님의 형상을 회복했습니다. 그래서 행복합니다.

당신도 그리스도 안에 있는 참된 행복을 누리십시오.

당신의 인생 초점을 오직 예수 그리스도께 맞추십시오.

당신은 하나님의 자녀입니다. 구원받은 하나님의 백성입니다.

이 세상의 풍조와 이생의 자랑에 휩쓸리지 마십시오. 세상과 복음 사이에서 양다리를 걸치면 더 힘듭니다. 오로지 복음에만 집중하십시오. 행복은 오직 예수 그리스도 안에 있습니다.

도망가지 말고 문제를 해결하라

하나님이 기업으로 주신 아름다운 땅

당신은 당신이 살고 있는 땅을 사랑합니까?

나는 내가 살고 있는 수원 연무동 땅을 사랑합니다.

연무동은 오래된 동네입니다. 광교동과 접해 있음에도 사뭇 다른 분위기를 자아냅니다. 낡은 아파트와 가게들, 높은 지대, 좁은 길, 어수선한 이 동네를 바라보며 '여기 살고 싶다'고 생각하는 사람은 많지 않을 것입니다. 올해 연무동으로 이사 오기 전까지 남편과 나는 잠실에서 생활했습니다.

우리가 살았던 집은 거실 창으로 롯데월드타워가 보이고 석촌역과 송파역이 도보 5분 거리에 있는 더블역세권이었습니다. 집에서 조금만 걸어 나가면 석촌호수와 백화점이, 좀 더 걸어 나가면 한강이 있었습니다. 잠실이 좋은 이유를 늘어놓자면 족히 수십 개는 될 겁니다. 하지만 나는 잠실이 강남3구에 속하는 비싼 땅이 아니었어도, 교육·문화적 편의 시설이 잘 갖추어져 있지 않았어도 그곳을 선택했을 것입니다. 왜일까요? 내가 너무나 만나고 싶었던 김열방 목사님이 거기에 있었기 때문입니다.

나는 성령님이 내 안에 실제로 살아 계신다는 것, 성령 충만은 오직 믿음으로 받는다는 것을 목사님의 책을 통해 깨달았습니다.

스무 살 즈음의 어렸던 나는 독자 팬으로서 그저 목사님을 한 번 만나고 싶다고만 생각했습니다. 그러던 어느 날, 무슨 용기가 났는지 실제로 목사님께 연락을 드렸고 만나 뵙게 되었습니다. 시골 소녀가 지도에 종합운동장역 애플타워를 검색해서 버스와 지하철을 타고 찾아간 것입니다. 그 날 내 가슴은 두근대고 있었습니다.

그날부터입니다. 성령님이 앞으로 어떻게 이끄실지 모른 채 성령에 이끌려 미친 듯이 움직이기 시작했습니다. 목사님을 만나고 얼마 지나지 않아 매주 잠실에 와서 예배드리게 되었기 때문입니다.

그래서 잠실은 내게 추억이 가득한 땅입니다. 동생과 함께 동서울터미널이나 고속터미널에 내려 석촌호수 산책로를 따라 교회까지 걸어갔던 맑은 아침을 기억합니다. 아침 공기가 상쾌했고 플라타너스가 가득한 길을 비추는 햇살이 참 눈부시고 예뻤습니다.

금요일이나 토요일에 친구 지선이와 함께 미리 서울에 올라와 게스트하우스에서 묵기도 했습니다. 우리는 많은 대화를 나누었고, 즐겁게 여행하면서 서로를 위해 합심하여 기도해 주었습니다.

가끔은 혼자 서울에 올라와 숙소에 묵기도 했습니다. 대화를 나눌 분은 오직 성령님뿐이었던 낯선 장소에서의 독특한 시간들, 그리고 그때 만난 나의 하나님은 지금 생각해도 참 신기합니다.

어느 순간 계속해서 지방과 잠실을 오가면서 내 마음에 새로운 꿈이 생겼는데 그것은 곧 서울의 교회 가장 가까운 곳에 집을 얻어 사는 것이었습니다. 그 꿈이 이루어졌음을 날마다 선포하던 중 어느 날부터 성령님이 계속 밀양에서 서울까지 기차를 타고 가서 집을 찾아보게 하셨습니다. 평일에는 집을 찾으러, 주말에는 예배드리러 서울을 오가던 중 결국 교회 바로 옆에 있는 보증금 300에 월세 30만 원짜리 허름한 원룸을 덜컥 얻었습니다.

당시의 꿈과 소망, 저지름을 나는 부르심이라고 말합니다.

내가 선택한 것이 아니라 하나님이 나를 부르신 것입니다.

내가 살았던 방은 잠실새내역 먹자골목 안에 위치한 오래된 건물 2층에 있었습니다. 1층이 고기집이어서 건물로 들어가는 입구엔 음식물쓰레기통이 있었고 건물 내에 바퀴벌레가 너무나 많았습니다.

여름에는 비가 새기도 했고 방에 물이 들어차기도 했습니다. 수리가 필요했지만 일방적으로 연락을 무시하는 집주인 탓에 마음고생을 하기도 했습니다. 그래도 성령님 덕분에 행복했습니다.

'아 행복하다. 정말 행복하다.'

그렇게 고백하며 성령님과 함께 잠실 땅 구석구석을 밟았습니다.

꿈마을이라는 이름이 좋아서 가끔 찾아갔던 몽촌토성, 아침저녁으로 자주 거닐었던 아시아공원, 내가 즐겨 찾던 집 앞 스타벅스, 바스락대던 잠실의 노란 단풍길, 혼자가 무서울 때면 한밤중에도 찾아갔던 교회…….

중간 중간 겪었던 어려움을 다 덮고도 남을 만큼 내게 너무나 컸던 행복은 바로 성령님이 나와 함께 하시고 나를 인도하신다는 사실이었습니다. 돌이켜보니 모든 상황과 만남이 필연적인 하나님의 계획입니다. 항상 하나님을 찾게 하셨고, 그 안에서 많은 것을 깨달았고 내 마음이 천 배로 더 강해졌기 때문입니다.

잠실에 있는 한 회사에서 직장 생활을 하게 되면서 우연히 현재의 남편을 만났습니다. 그는 예수 그리스도를 사랑하는 사람이었습니다. 예수님을 믿는 믿음이 유일한 연결고리가 되어 우리 두 사람은 서로 사랑에 빠졌습니다. 남편을 만나기 전, 혼자 아시아공원을 산책할 때 나는 자주 성령님께 이렇게 말씀드렸습니다.

"성령님, 혼자서 지내는 것도 너무 행복합니다. 성령님이 제게 찾아오신 이후로 외로움이란 단어가 제 인생에서 지워졌습니다. 이제 배우자를 만나도 되지 않을까요? 성령님이 예비하신 제 배우자는 어디에 있나요?"

그렇게 기도하며 혼자서 웃곤 했는데 그로부터 약 1년 후, 현재의 남편을 만나게 된 것입니다. 처음 남편을 만났을 때 내 나이가 24세, 남편은 28세였습니다. 우리는 약 1년간 교제하며 기도로 결혼을 준비했고 내가 25세, 남편이 29세 되던 해에 결혼했습니다.

모아 둔 돈도 차도 집도 번번한 직장도 없었지만 오직 믿음으로 선택한 결혼이었습니다. 하나님께서 다 채워 주심을 믿고 신혼 생활을 시작했지만 그와 동시에 둘 다 직장을 그만두게 되면서 1년이 넘는 기간 동안 수입이 없었습니다. 그러나 하나님의 은혜로 "나는 부요하신 하나님의 자녀다"라고 항상 고백할 수 있었습니다.

지금 생각해보면 없는 가운데 기적처럼 공급하신 하나님의 손길뿐만 아니라 순간마다 내뱉었던 우리 부부의 믿음의 고백이야말로 돈을 주고도 살 수 없는 부였고 가장 큰 하나님의 은혜였습니다.

그렇다면 넉넉하지 못한 현상 속에서 부요하신 하나님이라는 실상을 항상 붙들고 살았던 우리가 어떻게 잠실 땅을 떠나 연무동으로 이사하게 되었을까요? 성령님의 인도하심 때문이었습니다.

하나님이 보시기에 내가 어디에 있는지는 중요하지 않을 거라고 생각했지만, 한편으로는 중요할 수 있겠다는 생각이 우리 부부에게 있었습니다. 그래서 우리는 하나님께 여쭙기로 했습니다.

"하나님이 아브라함을 갈대아 우르에서 나오게 하시고 또 이스라엘 백성을 애굽에서 광야를 지나 가나안땅에 들어가게 하신 것을 압니다. 전능하신 하나님, 우리는 어느 곳에 있기를 원하시는지요?"

1년이 넘는 시간 동안 여쭈며 기다렸습니다.

그러다 지은 지 얼마 되지 않은 신혼집이 이상하게도 그해 여름, 비가 기록적으로 많이 내리면서 집안 곳곳에 심한 결로현상이 일어나기 시작했습니다. 환기를 자주 시키는데도 곰팡이가 폈고, 계속 닦아주어도 더 많은 곰팡이가 생겼습니다. 또한 코로나가 터지면서 집주인도 집을 팔아야 할 것 같다고 연락이 왔습니다.

당시 남편은 수원으로 출퇴근하고 있었는데, 모든 상황이 꼭 그 집을 얼른 나가라고 말하고 있는 것 같았습니다.

어느 날, 남편과 나는 답답한 마음에 송파역 인근 우리가 항상 산책하는 길을 걸으며 대화를 나누었습니다. 남편이 말했습니다.

"이곳을 떠납시다."

우리 부부는 그날 두 가지를 결단했습니다.

첫째, 끝까지 책임지는 부부가 되기로 했습니다. 둘째, 도움 받는 위치가 아닌 도움 주는 위치에 있는 부부가 되기로 했습니다.

사실 우리 부부가 잠실 땅에 살면서 가장 괴로웠던 것은 부모님의 도움 없이는 생활이 이루어지지 않는 것이었습니다. 거의 1년간 시어머니는 매주 우리가 먹을 것을 장봐서 보내 주셨고 매달 용돈까지 보내 주셨습니다. 또 나는 나대로 친정에 경제적 도움을 요청해야 했습니다. 물론 그 또한 하나님의 손길이었음을 압니다.

하지만 그것은 내가 원하는 삶이 결코 아니었습니다.

우리 부부는 깨달았습니다. 눈에 보이는 위치보다 더 중요한 것은 '눈에 보이지 않는 위치'라는 것입니다. 우리가 서울에 살든, 경기도에 살든, 지방에 살든 눈에 보이지 않는 위치를 바꾸는 것이 먼저였습니다. 그래서 우리는 하나님의 자녀라는 영적 최정상의 위치를 기억하고, 그에 따라 우리의 의식 수준 또한 높이기로 뜻을 정했습니다. 하나님께 우리 부부에게 맡겨진 가정을 끝까지 책임지며 살게 해 달라고, 꾸는 것이 아닌 꾸어 주며 살게 해 달라고, 도움 받는 것이 아닌 도와주며 살게 해 달라고 구했습니다.

믿음으로 뜻을 정하자 모든 일이 빠르게 진행되었습니다.

우리는 수원 연무동에 아버님이 지으신 빌라 주인댁으로 들어가게 되었습니다. 남편은 아버님의 건축사무소에 출근하면서 아버님을 돕고, 나는 어머님의 건물 관리와 그에 필요한 사무 처리를 담당하면서 어머님을 도왔습니다.

연무동은 잠실과 너무나도 달랐습니다. 대학생들을 제외하고는 대부분 노인들이 살고 있었고 연식이 오래된 주택으로 동네가 빽빽해서 그 모습이 꼭 달동네 같았습니다. 믿음으로 끝까지 책임지는 위치, 도움 주는 위치에 당당히 서기로 선택했지만 시작부터 만만치 않았습니다. 자연스레 시댁과 더 자주 왕래하게 되면서 보다 큰 지혜가 필요했고, 이제는 내가 사는 집뿐만 아니라 건물 전체를 관리하는 관리자 마인드, 주인 마인드가 필요했습니다.

마침 우리가 수원으로 이사 오면서 쓰레기 배출 규정이 더욱 엄격해져서 제대로 쓰레기를 배출하지 않으면 쓰레기를 아예 가져가지 않았습니다. 책임감이 강한 남편은 큰 분리수거함을 업체에 맡겨 제작하였고 입주자들이 배출하는 쓰레기양을 감당할 수 있는 튼튼한 대형 봉투를 대량 구입했습니다.

나는 분리수거함에 이름표와 쓰레기 배출 방법, 입주자 생활 예절 등을 만들어 부착했습니다. 쓰레기는 이틀에 한 번, 때로는 하루에 한 번씩 묶어서 배출해야 할 정도로 양이 많았습니다.

초기에는 남편이 혼자서 쓰레기를 관리하고 정리했기 때문에 나는 대수롭지 않게 생각했습니다. 그런데 막상 남편을 도와 쓰레기를 치워 보니 쓰레기 배출량이 상상 이상이었고, 개선되어야 할 부분들도 많이 보였습니다. 현재 남편과 나는 건물 관리자로서 날마다 하나씩 배우면서 그때마다 개선이 필요한 사항들을 메모해 두었다가 입주자들에게 안내합니다. 개인적으로 대면하거나 전화 연락을 취하기도 하며 정기적으로 단체 문자를 보내고 있습니다.

그런 가운데 나는 하나님이 왜 연무동 땅에 나를 보내셨는지 궁금했습니다. 아가씨들은 이따금씩 장난스럽게 말합니다.

"새언니, 이사 온 거 후회하지 않아요?"

물론 후회하지 않습니다. 다만 궁금했습니다.

'왜 수많은 땅 중에 연무동이었을까?'

하나님께서는 애굽에서 이스라엘 백성을 끌어 내셨고 약속의 땅, 가나안으로 인도하셨습니다. 가나안 땅은 아름답고 광대하며 젖과 꿀이 흐르는 땅, 영화로운 땅, 여호와의 땅, 거룩한 땅이라고 성경은 말씀하고 있습니다. 광야를 지나며 하나님의 약속을 믿지 않고 불평했던 많은 백성들이 죽었고 하나님을 온전히 믿고 따랐던 여호수아와 갈렙, 그리고 그 후손들만 가나안 땅에 들어갔습니다.

하지만 오랜 세월을 거쳐 마침내 당도한 가나안 땅은 하나님의 말씀처럼 아름답고 광대하지 않았습니다. 땅 면적도 작은데다 국토의 70프로 이상이 산지여서 언덕과 골짜기가 많은 매우 척박한 땅이었기 때문입니다. 뿐만 아니라 여러 강대국과 다양한 민족에게 둘러싸여 침략을 당하기 일쑤였습니다. 분명 하나님은 아름다운 땅을 기업으로 주신다고 하셨는데 육신의 눈으로 보았을 때 전혀 아름답지 않은 땅이었던 것입니다.

하나님은 왜 초승달 모양의 작은 지역을 아름다운 땅이라고 말씀하시면서 이스라엘 백성을 그곳으로 인도하셨을까요? 그들을 통해 '은혜의 복음'을 전하기 위해서입니다. 가나안 땅은 넓은 지대의 작은 지역에 불과한 땅이지만 지중해와 여러 주변국들과 접해 있어 역사적으로 많은 민족이 모여들고 서로 왕래할 수밖에 없었습니다.

하나님은 이스라엘 백성들로 하여금 모든 믿는 사람에게 구원을 주시는 하나님의 능력 곧 아름다운 소식인 복음을 전하길 바라신 것입니다. 나는 그 사실을 깨닫고 놀라고 또 놀랐습니다.

'이번에도 역시 하나님의 생각은 나와 달랐구나.'

내가 보기에 수원 연무동은 전혀 아름답지 않은 땅 같았지만 하나님의 더 큰 계획이 있었습니다. 그것이 무엇일까요? 잃은 영혼을 구원하는 것입니다. 나는 지금 이곳에 우리를 보내 우리의 모든 걸음이 예배와 전도가 되게 하신 좋으신 하나님을 믿고 찬양합니다.

연무동에서의 시간을 통해 내게는 새로운 기도 제목이 생겼습니다. 이제는 내가 생각하기에 좋은 것이 하나님이 보시기에는 아닐 수도 있기 때문에 부디 잘 가르쳐주시라고, 내 개인적인 선호와 욕심을 초월해서 부디 더 많은 생명을 살리게 해 달라고 기도합니다.

앞으로 하나님은 또 다른 땅으로 나를 인도하실 것입니다. 내가 확신하는 것은 그 땅이 분명 아름다운 땅이며 하나님께서는 그 땅 또한 우리 기업으로 삼게 하실 것이란 사실입니다. 그래서 지금 서 있는 연무동 땅을 내 가슴에 품고 사랑하는 마음으로 기도합니다. 예전에 잠실을 축복했던 것처럼 지금 이 땅을 마음껏 축복합니다.

며칠 전, 남편과 함께 고향에 내려갈 일이 있어 택시를 타고 수원역으로 갔습니다. 기사님이 말씀하셨습니다.

"여기 수원이 엎어지면 죽는 데예요."

이어서 말씀하셨습니다.

"어딜 가든 이 수원은 꼭 거쳐 가야 되거든. 그래서 여기가 참 복잡한 동네라니까요."

순간 수원, 나아가 대한민국이 복음 전도에 있어 얼마나 중요한 위치에 있는지 깨달아졌습니다. 참으로 약하고 가난한 나라였던 대한민국은 기독교 정신으로 일제 침략에 굴복하지 않았습니다. 그리고 현대에 이르러 경제 · 문화 등 여러 방면에서 세계의 관심을 받는 선진국 대열에 서게 되었습니다. 이스라엘처럼 인구도 적고, 국토 면적도 작은 대한민국이 세계를 이끌고 있는 것입니다.

나는 어릴 때부터 '왜 대한민국은 해외 여러 국가에 비해 나라도 작고 볼거리도 적고 인구도 적을까?'라고 종종 생각했습니다. 그게 마음 아팠습니다. 중국, 일본 등 주변국으로부터 침략을 당해 아픈 역사가 많은 것도 마음 아팠습니다.

하지만 이제는 감사합니다. 하나님은 많은 어려움 속에서도 결코 나라를 빼앗기지 않도록 지켜 주셨으며, 모든 아픔도 그분의 절대적인 계획이었음을 고백할 수밖에 없는 복음을 주셨기 때문입니다.

대한민국은 전 세계에 선교사를 파송하는 국가가 되었습니다. 내가 사랑하는 나의 나라, 대한민국은 진실로 아름다운 나라입니다.

이제 내가 어디에 있든 중요하지 않은 것은 언제나 어디서나 온전한 복음을 보존(保存)할 것이기 때문입니다. 내가 어디에 있든 괜찮은 이유는 하나님이 나와 '온전히' 함께 하시기 때문입니다. 앞으로 하나님이 우리 가정을 아프리카 오지에 보내셔도, 강대국에 보내셔도 오직 하나님만 믿고 온전히 순종할 것을 다짐합니다.

세상은 어떻게든 경쟁을 부추깁니다. 내가 최고여야 하고, 내 나라가 최고여야 한다고 말합니다. 그러나 복음은 오로지 많은 영혼을 살리는데 그 목적이 있습니다. 당신은 어떻습니까? 주변 이웃들과 국가들을 어떻게 바라보고 있습니까? 잃은 영혼이 보입니까?

하나님이 보시기에 가장 아름다운 땅은 기름진 옥토가 아닌 복음을 전하는 땅입니다. 하나님이 보시기에 가장 아름다운 사람은 돈많은 사람이나 똑똑한 사람이 아닌 복음을 전하는 사람입니다.

기쁜 소식을 전하는 자의 발이 얼마나 아름다운지요?

"좋은 소식을 전하며 평화를 공포하며 복된 좋은 소식을 가져오며 구원을 공포하며 시온을 향하여 이르기를 네 하나님이 통치하신다 하는 자의 산을 넘는 발이 어찌 그리 아름다운가."(사 52:7)

여호와가 나의 목자시기에 내게는 부족함이 없습니다.

나는 이미 모든 것, 즉 복음을 가졌기에 더 이상 무언가를 얻기 위해 움직이지 않습니다. 오직 온전한 복음을 보호하고 전하기 위해 책을 쓰고 모든 사람을 만납니다. 당신도 예수님만 자랑하십시오. 아름다운 땅을 기업으로 삼게 하시는 하나님을 찬양하십시오.

"내가 항상 여호와께 감사하며 그를 찬양하는 일을 계속하리라. 내 영혼이 여호와를 자랑하리니 고통당하는 자들이 듣고 기뻐하리라."(시 34:1~2)

내가 생각하는 가장 어려운 문제

당신은 어떤 문제 때문에 골머리를 앓고 있나요? 이 세상에 태어난 사람이라면 누구나 문제를 겪습니다. 사소한 문제부터 큰 문제까지 인생은 문제의 연속선이라고 해도 과언이 아닐 것입니다.

그동안 내가 자주 겪었던 어려운 문제는 돈 문제도 인간관계 문제도 아닌 나 자신과 내가 맡은 일을 다스리는 '관리의 문제'였습니다. 하나님께서 내게 말씀하셨습니다. "무릇 지킬 만한 것 중에 네 마음을 지키라. 생명의 근원이 이에서 남이니라."(잠 4:23)

결국 가장 중요하게 지키고 다스려야 할 것은 내 마음인 것입니다. 돈 문제와 인간관계 문제는 내 마음을 다스리지 못하는 근본 문제에서 파생되는 결과적인 문제입니다.

중학교를 졸업하면서 나는 3년 치 장학금과 스카우트 제의를 받고 고등학교에 진학했습니다. 그때 나는 합격의 기쁨보다는 실패에 대한 두려움이 더 컸습니다. 중학생 때는 시험 기간에만 바짝 공부해도 원하는 성적을 얻기 쉬웠지만 고등학교 공부는 내가 그렇게 쉽게 해낼 수 없을 거라고 생각했기 때문입니다.

나는 계속 목이 말랐습니다. 좋은 성적으로 사람들에게 인정받고 싶었고 높은 자리에 서서 최고를 유지하고 싶었습니다. 어느 곳을 가든 내가 받을 수 있는 것과 차지할 수 있는 자리에 초점이 맞추어져 있다 보니 내 출발점은 언제나 부족함이었습니다.

고등학교 2학년 때는 학업 성적보다 교우 관계로 인해 더 큰 스트레스를 받았습니다. 당시 나는 1학년 때와 같이 반장을 맡고 있었습니다. 하지만 반장으로서 맡겨진 임무를 다하지 못했습니다. 성적은 내 개인적인 문제였지만 반장 역할은 학급 친구들과 담임 선생님을 섬기는 문제라는 것을 시간이 흘러서야 깨달았습니다.

친구들 사이에서 전혀 기대에 부응하지 못한 채 신뢰를 잃어 가는 나 자신이 너무나 싫었습니다. 지금 생각해보면 그때 반장인 내게 요구되는 것은 정말 작은 것이었는데 그 당시 내게는 너무나 커

보였습니다. 나 자신을 제대로 다스리지 못하면 이웃을 섬길 수 없습니다. 오늘날 많은 청년들이 이렇게 말합니다.

"나 혼자 근근이 살기에도 버거워요. 감당이 안돼요."

내가 그랬습니다. 나라는 존재가 내게는 너무나 버거웠습니다.

남들은 잘 나가는 것 같은데 내가 진 짐은 날마다 더 무겁게 나를 짓누르는 것 같았습니다. 짐이 나를 누르고 눌러서 바닥에 붙어 다니는 존재같이 느껴지기도 했고 그런 생각을 하고 있다는 사실에 자존심이 상해서 많이 울기도 했습니다.

한번은 고3 수학 시간에 선생님이 나를 일으켜 세우고 요즘 어떤 것이 힘든지 물었습니다. 그 선생님은 나를 관심 있게 지켜봐 주셨던 분이었는데, 나는 그날도 반 아이들과 선생님 앞에서 몇 마디 내뱉다가 그만 울음을 터뜨리고 말았습니다.

나는 고등학교 2학년 17세에 예수 그리스도를 영접하고 영혼의 공허함이 채워졌지만 아이러니하게도 매번 내 삶에서 발목을 잡았던 문제에 대해서는 계속 어려움을 겪었습니다. 무엇 하나 꾸준히 지속하지 못하고 결국에는 실패하는 내 모습이 바뀌지 않아서 항상 교회에 앉아 울었습니다. 그때 내 기도는 한탄뿐이었습니다.

"하나님, 제가 예수님을 믿는데 왜 여전히 어리석을까요? 왜 이렇게 제가 원하는 바를 이루지 못하고 좋은 결과를 내지 못할까요?"

나는 하나님께 제발 도와 달라고 기도를 많이 했습니다.

그런 나 자신이 참 부끄러웠습니다.

대학생 때 일입니다. 한 선배가 함께 임용고시 공부를 하지 않겠냐고 제안했습니다. 감사한 일이었습니다. 그 스터디 멤버들은 이미 임용고시 경험이 있거나 공부를 잘하는 사람들이었기 때문입니다. 고민 끝에 함께 하기로 했지만 역시 나는 스터디를 제대로 따라가지 못했습니다. 내가 공부해 온 것을 멤버들에게 설명하는 날은 악몽 같았습니다. 하루는 스트레스가 극에 달했고 스터디가 너무 두려웠습니다. 그래서 휴대폰 전원을 끈 채 숨어서 어떤 연락도 받지 않았습니다. 저녁이 되어서야 멤버들이 나를 계속 기다렸다는 걸 알았고 나는 너무나 미안했습니다. 하지만 그 상황이 두려워서 멤버들에게 연락하지 못했고 기숙사 방에 엎드려 울었습니다.

그렇게 매일 기숙사에 갇혀 울었는데 아무리 기도해도 그들에게 사과할 용기가 선뜻 나지 않았습니다. 나는 생각했습니다. '이대로 인연을 끊어야 하나? 어떡하지? 하나님, 저 정말 어떡하지요?'

그렇게 죄책감에 눌려 기도한 지 일주일이 되던 날 하나님은 내 마음에 너무나 놀라운 음성을 들려주셨습니다.

'혜민아, 너는 의인이다. 네 양심이 깨끗하다.'

내 마음이 얼마나 놀랐는지, 말문이 막혔습니다. 상상하지도 못한 뜻밖의 말씀에 표현할 수 없는 위로를 받아 어제까지 흘렸던 눈물과는 전혀 다른 눈물이 흘러나왔습니다. 그 순간 정말 신기하게도 내 마음에 평안이 임했고 처음으로 담대함이 솟아났습니다.

'혜민아, 당당하게 멤버들을 만나 용서를 구해. 그리고 거기서 나와. 네가 그 스터디를 그만 하고 나오는 것은 잘못이 아니야.'

그 날 나는 일주일 동안 두려움에 피하기만 했던 스터디 장소에 나갔습니다. 그리고 멤버들을 만나 말했습니다.

"그동안 정말 죄송했습니다. 스터디를 그만 하고 나갈게요."

처음 내게 스터디를 제안했던 선배는 나를 참 예뻐서 대학 생활 내내 많은 도움을 주었는데 실망했다고 말했습니다.

"네게 많이 실망했어. 사람이 반드시 해야 할 것은 해야지."

나는 내게 도움을 주었던 누군가에게 실망을 주었다는 사실이 마음 아팠습니다. 하지만 그럼에도 불구하고 '이제 괜찮다, 이제 다 됐다'라는 생각이 들었습니다.

겁쟁이였던 나는 살면서 한 번도 당당하게 뭔가를 그만둔 적이 없었습니다. 계속 도망치기만 하다가 나를 기다리는 이에게 상처를 주었고 또 내가 상처 주었다는 사실에 나도 상처를 받았습니다.

예수님은 한 번도 도망치신 적이 없는데, 나는 예수님을 사랑하면서 습관처럼 도망만 치니 보통 괴로운 일이 아니었습니다.

그런데 그 문제가 마침내 해결된 것입니다. 나의 모든 무능과 무책임의 고리를 완전히 끊어 내신 예수 그리스도를 마음으로 믿게 되었던 그 날, 사자 같은 담대함이 깨어났습니다. 이전에는 두려움에 감히 시도할 생각조차 못했던 전혀 다른 선택으로 문제를 해결한 것입니다. 나를 완전히 뒤집는 사건이었습니다.

당신은 지금 어떤 문제로 고민하고 있습니까? 인생은 장애물 경기와 같습니다. 장애물을 만났을 때 뒤로 도망치지 말고 성령님과 함께 뛰어넘으며 앞으로 나가십시오. 숨지 말고 당당하게 나서서 해결하십시오. 그래야 그 문제가 끝나고 당신도 성장하게 됩니다.

예수님은 그런 연약한 당신을 때를 따라 도우십니다. "우리에게 있는 대제사장은 우리의 연약함을 동정하지 못하실 이가 아니요 모든 일에 우리와 똑같이 시험을 받으신 이로되 죄는 없으시니라. 그러므로 우리는 긍휼하심을 받고 때를 따라 돕는 은혜를 얻기 위하여 은혜의 보좌 앞에 담대히 나아갈 것이니라."(히 4:15~16)

하나님의 은혜가 아니었다면 내가 의인이며 양심이 깨끗하다는 사실을 어떻게 깨달을 수 있었을까요? 부끄러운 내가 무슨 용기로 스터디 멤버들을 만날 수 있었을까요? 모두 은혜의 힘입니다.

"그리스도 예수 안에 있는 자에게는 결코 정죄함이 없나니"(롬 8:1)라는 말씀대로 하나님은 나를 정죄하지 않으셨습니다. 당신도 어떠한 경우에도 자신을 정죄하지 말고 행복하게 살기 바랍니다.

나 자신마저도 나를 정죄하고 있었던 때에 하나님은 전혀 다른 답을 주셨습니다. 그분은 내 영혼을 소생시키시고 수백 년의 인생 경험과 지혜보다 뛰어난 하나님의 지혜와 음성을 주신 것입니다.

나는 하나님의 음성을 들은 후로 이전과 다른 선택을 합니다.

"이건 내가 끝까지 도와주기 어려운 부분인 것 같아. 거절하자."

"이게 진정으로 내가 원하는 걸까? 좀 더 기도하고 기다리자."

선택에 있어 보다 신중해졌고 많은 자유를 얻었습니다.

때로 나는 내가 할 수 없는 선택을 합니다. 무엇일까요? 다른 이를 불쌍히 여기는 '긍휼과 자비'의 선택입니다. 나를 불쌍히 여기시고 은혜 주신 하나님을 떠올리면 저절로 이렇게 기도하게 됩니다.

"하나님, 제가 이 사람을 불쌍히 여기게 해주세요."

그렇게 기도하면 정말 신기하게도 작은 내 가슴으로 품을 수 없는 사람이 품어지고 전혀 다른 말이 내 입에서 나옵니다. 긍휼과 자비의 마음으로 상대방의 입장과 형편을 헤아리게 됩니다.

내 생각과 다르신 하나님, 상상을 초월하는 하나님. 그 하나님의 음성이 나를 살렸습니다. 나는 내가 절대 바뀌지 않을 거라고 생각했지만, 하나님의 사랑이 부드럽고도 강하게 나를 바꾸셨습니다.

"하나님은 결국 바꾸시는구나. 내 기도를 항상 듣고 계셨구나. 하나도 땅에 떨어지지 않게 하셨구나."

하나님은 불가능을 가능으로 바꾸시는 분입니다. 견고했던 불신앙이 깨어지면서 내 삶은 많은 변화를 경험했습니다. 하나님은 나자신을 속이는데 익숙했던 나를 끊임없이 빛으로 드러내셨습니다.

그때마다 부끄러움은 나의 몫이었지만 내 마음은 기뻤습니다.

"하나님, 저를 가르쳐 주셔서 감사합니다. 사소한 부분까지도 다바꾸어 주세요. 저를 훈계해 주세요. 제 길을 지도해 주세요. 제게 정한 마음을 더 많이 부어 주세요."

이제 나는 다른 사람과 나를 비교하지 않습니다. 오직 어제보다 더 나은 나를 기대하며 삽니다. 사람들의 인정에 목말랐던 과거의 김혜민은 죽었습니다. 그리스도 안에서 새롭게 태어난 김혜민은 평생에 걸친 변화와 성숙을 목표로 삼고 앞만 보고 달려갑니다.

나는 비록 느리더라도 꾸준히 성령님과 함께 매일 나 자신을 조금씩 다스리고 있습니다. 어제는 음식물 쓰레기를 쌓아 뒀다면 오늘은 즉시 치웁니다. 며칠 전에 또 하나님께 구했습니다.

"하나님 더 정확한 사람이 되게 해주세요."

하나님은 그 기도를 하는 중에 이미 응답하셨습니다.

"곧 네가 기도를 시작할 즈음에 명령이 내렸으므로 이제 네게 알리러 왔느니라. 너는 크게 은총을 입은 자라 그런즉 너는 이 일을 생각하고 그 환상을 깨달을지니라."(단 9:23)

때로 당신 주위에 있는 사람이 당신을 재촉할 수 있습니다.

"도대체 언제 바뀔 거니? 왜 어제나 오늘이나 그대로야."

가끔은 나 자신에게 화가 날 수도 있습니다.

"또 똑같은 실수를 하다니 정말 지친다."

솔직히 고백하자면, 내가 자주 겪는 상황들입니다. 그래도 나는 의인이며, 나의 크신 하나님께 기도합니다. 즉각적으로 변화가 눈에 보이지 않아도 괜찮습니다. 하나님께서 나를 정확히 인도하고 계시며, 내가 그분의 사랑 안에 안전히 거하고 있기 때문입니다.

성경 인물 중 다니엘은 마음이 민첩하여 모든 총리들과 방백들 위에 뛰어나서 왕이 그를 인정했습니다. 이에 총리들과 방백들이 다니엘을 질투하여 그에게서 빈틈을 찾으려고 했지만, 도무지 찾을 수 없었습니다. 다니엘은 하나님 앞에 충성된 사람이어서 죄를 짓지 않았고 모든 일처리를 확실하게 했기 때문입니다.

독한 시기에 빠진 그들은 '하나님에 대한 믿음'을 이유로 다니엘을 무너뜨리려는 계략을 세웁니다. 다니엘은 그런 계략을 알면서도 하루 세 번씩 항상 행하던 대로, 예루살렘을 향해 감사 기도를 드렸습니다. 놀랍지 않습니까? "항상 행하던 대로"라고 했습니다.

나는 지혜를 사모하여 다니엘서를 많이 읽었습니다.

하나님 앞에서 모든 순간을 사는 다니엘의 충성된 자세와 민첩한 마음을 나도 너무나 갖고 싶었습니다. 내가 훗날 자녀에게 이것 하나만은 반드시 가르쳐야겠다고 생각한 것이 있습니다.

바로 '코람데오 의식'입니다. 어떤 것이든 사람에게 하듯 하지 않고 하나님께 하듯 온 마음을 다해서 해야 한다는 것을 아이에게 너무나 가르쳐주고 싶다고 간절히 열망했습니다.

"종들아, 모든 일에 육신의 상전들에게 순종하되 사람을 기쁘게 하는 자와 같이 눈가림만 하지 말고 오직 주를 두려워하여 성실한 마음으로 하라. 무슨 일을 하든지 마음을 다하여 주께 하듯 하고 사람에게 하듯 하지 말라."(골 3:22~23)

사실 지금 이 책도 그런 각오로 쓰고 있습니다.

"만일 하나님 아버지께서 다시 쓰라고 하신다면 모든 내용을 다 버리고 다시 쓸지라도 최선을 다해 완결하겠습니다."

내가 가장 두려워하는 것을 기꺼이 감당하기로 하나님 앞에 결단한 순간부터 모든 두려움이 사라졌습니다. 처음으로 돌아가서 다시 시작하는 것을 좋아하는 사람이 누가 있을까요? 하지만 하나님께서 "잘못된 것이 있다면 바꾸어야 한다. 그것을 외면한다면 더 많은 것을 잃게 될 것이다"라고 가르쳐주셨습니다. 당신도 힘들면 초심으로 돌아가십시오. 초심이란 무엇입니까? 예수가 그리스도이며, 그리스도가 모든 문제의 해결자이심을 인정하는 것입니다.

예수님이 십자가에서 온 인류의 모든 문제를 대신 짊어지시고, "다 이루었다"(요 19:30)고 외치셨습니다. 당신이 지고 있는 모든 문제의 짐은 사실 그리스도 안에서 이미 다 끝난 것입니다.

"왜 이렇게 해결되지 않는 거야? 어떻게 해야 하지?"

그렇게 고민하는 당신에게 성령님께서 말씀하십니다.

"다 해결되었다고 믿어라. 이미 다 끝난 문제다."

항상 초심으로 돌아가야 합니다.

당신은 문제아가 아닙니다. 아직도 문제가 남아 있고 그것을 당신의 힘으로 다 해결해야 된다고 믿는다면 예수 그리스도가 흘리신 보혈이 무슨 소용이겠습니까? 인류의 문제를 완벽히 해결하신 하나님 아버지께서 당신에게 지혜를 주시면 어떤 문제든 거뜬히 해결할 수 있습니다. 주 예수 그리스도 안에 모든 답이 있습니다.

"예수 그리스도는 모든 문제 해결자이십니다. 아멘."

얼마 전에 나의 초심을 묵상하며 시를 한편 썼습니다.

[초심(初心)]

힘들 때면
다시 초심으로 돌아가세요.

당신의 초심은
기뻐 춤추는
구원의 즐거움입니다.

당신의 초심은
결코 정죄함 없는
해방의 자유입니다.

당신의 초심은
구하는 대로 다 받아 누리는
응답의 기쁨입니다.

당신의 초심은

아버지 하나님만 의지하는
완전한 믿음입니다.

다시 초심으로 돌아가세요.

하나님이 당신을
있는 그대로 사랑하십니다.

초심은 그리스도 안에서 행복하고 부요한 마음입니다.

하나님은 내게 "주라"고 말씀하십니다. 그리고 주면, 누르고 흔들어 넘치도록 안기어 주신다고 약속하셨습니다.(눅 6:38) 그렇습니다. 내가 사람들에게 신뢰를 줄때 그들도 내게 신뢰를 줍니다. 당신이 사람들에게 먼저 신뢰를 주는 사람이 되십시오. 그러면 당신이 의도하지 않아도 넘치는 신뢰를 받을 것입니다.

평생 존귀한 자 앞에 서서 존귀한 일을 하게 될 것입니다.

"네가 자기 사업에 근실한 사람을 보았느냐? 이러한 사람은 왕 앞에 설 것이요 천한 자 앞에 서지 아니하리라."(잠 22:29)

나는 오늘도 내게 맡겨진 것을 보다 능숙히 해내는 사람이 되기 위해 정진합니다. 나를 끊임없이 돌아보며 기도하고 반성하고, 내 마음을 관리합니다. 하나님께 신이 나서 구하고 또 구합니다. 하나님이 주신 소중한 깨달음들을 부지런히 메모하고 저장하며 그 내용들을 바탕으로 책을 쓰고 마음에 새깁니다. 그리고 행동합니다.

나는 이런 내가 참 좋습니다.

나를 잘 크게 하신 하나님

내게는 명절 때마다 안부를 전하는 은사님이 있습니다.

바로 중학교를 졸업하면서 만난 과외 선생님입니다. 선생님은 지금도 가끔 고향에 가서 찾아뵈면 "가시나야"라고 정겹게 부르십니다. 특목고에 강사로 나가셨던 선생님은 실력이 좋으셔서 아무 학생이나 가르치지 않았습니다. 무슨 인연인지 그분은 당시 집안 사정도 좋지 않고 뺀질이였던 나를 거두어 주셨습니다.

선생님은 직접 교재를 만들어서 사용하셨으며, 학원에는 교재를 제작하는 공간이 따로 있을 정도였습니다. 분필 가루가 손을 다 덮어도 상관없이 선생님 강의는 몇 시간씩 이어질 때가 많았습니다.

나는 천성이 명랑하고 낙천적이어서, 참 잘 웃는 아이였지만 남들 모르게 항상 마음이 불안했습니다. 어릴 때부터 똑똑하다는 소리를 많이 들었던 것도 어떤 부담이 되어 어느 순간 내가 똑똑하지 않으면 안 된다는 생각이 자리 잡았습니다.

초등학교 3학년 때 일입니다. 과학 미술대회에서 내가 그린 그림이 상을 받았습니다. 나는 4학년 때도, 내가 3학년 때 그렸던 그림을 똑같이 그려서 상을 받았습니다. 그때 3학년, 4학년 같은 반을 했던 친구가 있었는데 그 친구가 내게 놀리며 말했습니다.

"3학년 때랑 똑같은 그림을 그렸네."

나는 그때 얼굴이 화끈거렸습니다. 어느 누구에게도 들키고 싶지 않은 정곡을 찔린 기분이었습니다.

나는 도망쳤습니다. 고향에는 학업 성적이 좋은 학생들을 모아 놓고 서울에서 초빙한 일류 강사들이 가르치는 학습관이 있었습니다. 그곳에 선발되어 몇 달 다니다가 선생님과 다툰 후에 도망쳐 나왔고 또 과외 선생님께도 어느 날 편지 한통 써 두고 도망쳐 나왔습니다. 그렇게 나는 항상 도망치는 인생을 살았는데, 하나님을 만나면서 도망치지 않고 정면 돌파하는 담력을 얻었습니다.

당신도 혹시 어떤 문제나 한계에 부딪히면 도망치지 않나요?

그렇게 도망치면 당장은 문제가 해결된 것 같지만 결코 아닙니다. 그 문제가 끝까지 당신을 따라다닙니다. 도망자 인생을 멈추십시오. 그 문제에 정면으로 부딪혀 해결하십시오. "악인은 쫓아오는 자가 없어도 도망하나 의인은 사자 같이 담대하니라."(잠 28:1)

이제 나는 내가 서 있는 자리를 지키며 하나님을 의지하고 그분께 예배합니다. 귀찮아도 때로는 버거워도 언제든지 하나님께 도움을 구하면 된다는 사실을 알고 있기 때문입니다. 결코 두려움 때문에 어떤 일을 그만두거나 자리를 떠나지 않습니다.

약 2년 전 정말 오랜만에 과외 선생님을 고향에서 뵈었습니다.

그때는 결혼하기 전이었는데, 선생님이 내가 결혼한다는 소식을 듣고 아빠 가게에 방문하신 것이었습니다.

선생님은 그날 내가 고향에 와 있다는 사실을 모르셨지만, 나는 선생님이 아빠 가게에 방문하실 것을 알고 있었습니다. 순간적으로 '도망칠까?'라는 생각이 들었지만, 도망치지 않고 기다렸습니다.

분명 주님의 계획이 있을 거라고 생각했기 때문입니다.

잠시 후 선생님이 가게 문을 열고 들어오셨고 나를 보고 무척 놀라셨습니다. 고등학교를 졸업한 이후로 처음 뵙는 것이었습니다.

선생님은 축의금과 함께 용돈도 따로 챙겨 주시면서 어머니가 편찮으셔서 결혼식에는 참석이 어려울 것 같다고 말씀하셨습니다. 대신 맛있는 걸 사주겠다고 하셔서 같이 국밥집에 갔습니다.

선생님은 내게 말씀하셨습니다.

"혜민아, 너는 참 잘 컸어."

그때 내 마음은 참 감사하고 감격스러웠습니다.

'아, 하나님께서 지금까지 나를 키우셨구나. 나를 이렇게 잘 크게 하셨구나.'

내가 예전의 내 모습 그대로였다면, 그 날도 선생님을 뵙기가 죄송하다는 핑계로 도망쳤을 것입니다. 하나님은 나도 모르는 사이에 나를 강하고 아름다운 나무로 자라게 하셨습니다. 더 이상 죄책감이 아닌 감사로 은사님을 만나게 해주신 하나님께 감사드립니다.

바꿀 수 없다는 사실에 차라리 지우고 싶었던 나의 과거를 발판삼아, 오늘 나는 하나님의 증인으로 삽니다. 나는 날마다 행복한 가운데 끊임없이 성장하고 있습니다. 하나님이 자라나게 하시기 때문입니다. "나는 심었고 아볼로는 물을 주었으되 오직 하나님은 자라나게 하셨나니 그런즉 심는 이나 물주는 이는 아무 것도 아니로되 오직 자라나게 하시는 이는 하나님뿐이니라." (고전 3:6~7)

하나님께 소망을 두는 나는 모든 행사가 형통합니다. 아멘.

"그가 하는 모든 일이 다 형통하리로다."(시 1:3)

요리로 말씀을 먹이고 전도하는 나

내게는 사랑하는 남편이 있습니다. 나는 그를 너무나 좋아해서 자기 전에 누우면 종종 그의 숨소리에 귀를 기울이곤 합니다. 고요한 가운데 숨소리만 들려오는데 새근새근 그 소리가 너무나 사랑스럽습니다. '내 옆에 지금 살아 숨 쉬는 이 사람을 보내 주신 분이 하나님이시구나'라고 생각하면 무한한 감사가 터져 나옵니다.

올해부터 남편이 일과 학업을 병행하고 있어 무척 바쁩니다. 특히 최근에는 거의 새벽 5~6시면 사무실로 출근했습니다. 말씀 묵상도 하고 책도 쓰고 과제도 하기 위해서입니다. 남편은 이른 시각에 출근하면서 내게 아침 도시락을 챙겨 달라고 부탁했습니다.

나는 순간 아차 싶었습니다. '당연히 내가 먼저 챙겨 줬어야 하는데, 왜 남편이 말할 때까지 가만히 있었을까?' 하지만 한편으로는 내가 앞으로 매일 남편의 도시락을 챙겨 줄 수 있을까 싶어서 걱정스럽기도 했습니다. 남편이 말했습니다. "여보, 아침에 도시락을 싸려고 생각하면 못 싸요. 밤에 미리 준비해 놓고 자야 해요."

나는 잘잘 준비를 다 하고 침대에 올라와 있었지만 남편의 말에 즉시 순종했습니다. 신기하게도 바로 순종하고 움직이니 도시락은 금방 뚝딱 만들어졌습니다. 나는 남편의 아침 식사를 준비했다는 사실이 뿌듯하고 또 감사해서 휴대폰을 꺼내 사진을 찍었습니다.

그리고 하나님께 감사 기도를 드렸습니다.

"와, 하나님. 정말 감사합니다."

다음날 남편이 내게 칭찬해 줬습니다.

"정말 너무너무 맛있었어요. 엄청 힘이 났어요."

그 칭찬 한 마디에 힘을 얻어 밤마다 도시락을 준비합니다.

최근에 나는 요리를 배우고 있습니다. 예전에는 요리에 관심도 없었고 요리 과정 자체가 귀찮았습니다. 재료를 구입해서 다듬고 요리해서 먹기까지의 과정이 너무 복잡하고 성가신 일이라고 생각되었기 때문입니다. 그런 내가 결혼만 하면 바로 요리를 잘하게 될 줄 알았는데 그렇지 않았습니다. 손을 움직이지 않으면 글을 한 줄도 쓸 수 없듯이 요리도 마찬가지였습니다. 하나님은 손을 움직이지 않고 날마다 스트레스만 받고 있는 내게 손을 움직이라고 말씀하셨습니다. 일단 움직이면 마음의 짐이 사라집니다.

어느 날이었습니다. 내가 손대는 것마다 복주시고 잘되게 하시는 하나님 아버지로 인해 엄청난 행동력이 내게 나타났습니다. 내가 어려워하는 부분이 있다면 도망치지 말고 돌진하자는 마음이 일어서 집을 나와 요리학원을 여기 저기 찾아다니게 된 것입니다.

하나님께 기도하며 수원역 근처에 있는 학원 세 곳을 방문했는데 모두 썩 마음에 들지 않았습니다. 그나마 괜찮았던 학원에서 수업을 들어야겠다고 생각하고 수업 신청을 했는데 웬걸, 우리 집과 더 가까운 행궁동 쪽에도 요리학원이 있다는 사실을 우연히 알게 되었습니다. 조금 더 움직여 보자는 생각으로 다음날 행궁동에 있는 학원에 방문했더니 시설도 그동안 알아봤던 곳 중에 가장 준수했고 안내 담당 선생님도 아주 친절하셨습니다.

나는 그날 기존에 신청했던 수업을 취소하고 행궁동 학원에 등록했습니다. 좋은 위치에 있는 좋은 학원을 만난 것, 하나님의 은혜였습니다. 그렇게 신청한 훈련 과정이 10월 5일을 마지막으로 벌써 끝났습니다. 내가 들었던 수업은 훈련생 평균 연령이 50대 이상으로 모두 나보다 나이가 많은 분들만 있었습니다. 대부분 어머님들이셨는데 매번 수업 때마다 그분들을 보며 감탄을 금치 못했습니다. 천천히 요리하는 것 같은데 어느 순간 요리를 완성해 놓고 뒷정리까지 끝낸 후에 쉬고 있었습니다. 그러고도 시간이 한참 남아서 나와 30대 훈련생과 40대 훈련생을 도와주곤 했습니다.

어느 날부터는 내가 늦으면 어머님들이 손에 물을 더 묻혀야 하는 것이 죄송해서 나도 속도를 내기 시작했습니다. 하지만 그렇게 속도를 내도 그분들을 따라갈 수 없었고 또 늦고 말았습니다. 그러다가 남편이 출근할 때 같이 차를 타고 학원에 가게 되었습니다. 일찍 학원에 가려는 생각은 없었지만 저절로 그렇게 되었습니다.

너무 이른 시각에 도착하면 근처 카페에 들러 책을 읽거나 말씀을 듣고 학원에 갔습니다. 그렇게 학원에 도착하면 8시20분~40분쯤 되는데 선생님이 학원에 오는 시간과 비슷했습니다.

점차 일찍 학원에 도착하게 되면서 나는 그날 요리 과정에서 필요한 조리 도구들을 미리 준비하여 내 자리에 두고 간단히 물로 헹궈 세팅해 두었습니다. 그래도 시간이 남아서 짝지 자리에도 조리 도구를 세팅해 주었고 오늘 배울 메뉴의 조리 과정도 읽어 보았습니다. 그리고 선생님이 당일 식재료를 다듬어 접시에 담아 주시면 그것을 각 훈련생들의 테이블 위에 하나씩 옮겨서 가져다 놓았습니다. 그렇게 행동한 결과가 어땠을까요?

첫째, 항상 도와주시는 어머님들께 감사한 마음을 그렇게나마 표현할 수 있었기에 내 마음이 무척 기뻤습니다. 둘째, 선생님과도 대화를 나눌 수 있었고 애쓰지 않는데도 내 요리 속도가 빨라졌습니다. 어머님들이 놀라며 내게 말씀하셨습니다.

"그새 요리가 많이 늘었나 봐."

나는 싱긋 웃었습니다. 깨달았습니다.

'아! 행동하면 되는구나. 요리가 그렇게 어려운 게 아니구나. 행동하지 않으니까 힘들었고 자꾸 두려움만 커졌던 거구나!'

행동하는 것이 오히려 쉽다는 것을 알게 되자 굼뗬던 내 모습은 어디로 훌쩍 사라졌고 행동 속도가 훨씬 빨라졌습니다.

지금은 요리도 순식간에, 설거지도 순식간에 완료합니다.

사실 인생의 대부분이 그렇습니다. 어떤 문제가 우리 앞을 가로막는 것이 아니라 두려움이 우리 앞을 가로막는 것입니다.

"문제를 조금도 두려워하지 마라."

나는 평소 가족과 친구들에게 선물하는 것을 좋아합니다. 그런데 돌이켜보니 식사를 준비해서 대접한 적은 없었던 것 같습니다.

요리에 자신이 없었기 때문입니다. 정말 감사한 것은 요리 배우기라는 작은 도전이 사소한 변화였음에도 내 삶의 모습을 바꾼 것입니다. 최근에는 엄마 생신 상도 처음으로 차려 드렸고 가족 모두 맛있게 먹었습니다. 또 나의 친구이자 믿음의 동역자인 지선이도 초대하여 식사를 대접했습니다. 식사를 대접하는 기쁨은 평생 느껴 본 적이 없는데 새롭게 알게 된 기쁨입니다. 하나님, 감사합니다.

어제는 남편 도시락을 싸면서 작은 쪽지를 썼습니다. 하나님께서 순간 떠올려 주신 작은 지혜였습니다. 쪽지 내용은 이랬습니다.

"당신을 위해 시원하게 국을 끓였어요. 밥과 국은 1분 30초~2분 정도 데워 먹으면 됩니다. 그리고 늘 기도하고 사랑해요."

가장 밑에는 하나님의 말씀을 썼습니다.

"내가 사자를 네 앞서 보내어 길에서 너를 보호하여 너를 내가 예비한 곳에 이르게 하리니……." (출 23:20)

그렇습니다. 하나님은 천군 천사를 파송하여 당신의 앞에서, 그리고 당신의 뒤에서 호위하게 하십니다. 그분은 언제나 보이지 않는 힘으로 당신을 보호하고 지키시며 하나님이 예비하신 곳에 정확히 이르게 하십니다. 나는 지금 내가 서 있는 가정과 교회와 배움의 현장이 모두 하나님이 예비하신 곳임을 믿습니다. 그리고 그 믿음이 내게 큰 위로와 평안, 행복을 가져다주었습니다.

당신의 시선을 언제나 하나님께로 집중하십시오. 그리고 당신 앞에 주어진 작은 것에 최선을 다하십시오. 지금 내가 서 있는 현장과 현실을 내게 능력 주시는 자 안에서 잘 누리는 방법은 있는 그대로의 나를 부정하는 것이 아니라 있는 그대로의 나를 인정하고 하나님께 도움을 구하면서 한 걸음씩 나아가는데 있습니다.

반드시 해야 하는 일과 하고 싶은 일을 다 하십시오. 어려울 것 같다고 생각됩니까? 가만히 있는 것이 더 어렵습니다. 직접 해보면 무척 쉽다는 것을 알게 될 것입니다. 두 마리 토끼를 다 잡으십시오.

나는 하고 싶은 일만 하려고 했고 많은 순간 그렇게 살아왔는데 결론적으로 내 마음이 행복하지 않았습니다. 이제는 해야 할 것을 즉시 순종해서 처리하고 그 다음에 하고 싶은 것들을 합니다.

해야 할 것을 미루지 않고 처리해 나가는 즐거움을 느껴 본 적이 있습니까? 해야 할 것은 이왕이면 즐겁게 하십시오. 하나님께서 주시는 반짝이는 지혜가 있다면 얼마든지 하기 싫었던 일도 또 힘든

일도 즐겁게 할 수 있습니다. "즐겨 순종하라."(사 1:19)

내가 남편 도시락을 싸고 쪽지를 쓸 때 얼굴에 미소가 가득했던 것처럼 하나님이 주시는 영감과 창의력의 힘은 대단합니다.

지금 이 책을 쓰고 있는 순간 하나님께서 주신 생명이 내 자궁에서 무럭무럭 잘 자라고 있습니다. 나는 하나님께 기도합니다.

"하나님, 이 아이가 하나님 안에서 정말로 하나님을 사랑하는 빛나는 아이로 자라게 하여 주시고, 무엇보다 제가 하나님께서 주신 교훈대로 아이를 잘 양육하게 해주세요. 사랑이신 하나님 안에서 아이와 잘 노는 행복한 우리 부부가 되게 해주세요. 또 하나님께서 내게 주신 지금 이 시간들이 어린 시절 항상 하던 놀이처럼 순간순간 즐거움으로 가득 차서 주님께 드릴 수 있는 최고의 예물이 되길 원합니다. 순종을 기뻐하시는 하나님, 언제나 놀라운 지혜를 주시는 하나님, 많이 사랑합니다."

"사무엘이 가로되 여호와께서 번제와 다른 제사를 그 목소리 순종하는 것을 좋아하심 같이 좋아하시겠나이까 순종이 제사보다 낫고 듣는 것이 수양의 기름보다 나으니……" (삼상 15:22)

복음을 나누는 행복한 식탁

얼마 전 오랜만에 동생과 엄마가 우리 집에 놀러 왔습니다.

늦은 밤이어서 일찍 출근하는 남편이 먼저 자러 침실에 들어갔고 엄마와 나, 동생은 셋이서 식탁에 둘러 앉아 복음의 대화를 나누었습니다. 부엌 식탁 위에는 이 성구가 담긴 액자가 있습니다.

"사람이 마음으로 자기의 길을 계획할지라도 그의 걸음을 인도하시는 이는 여호와시니라."(잠 16:9)

사실 나는 그 말씀을 썩 좋아하지 않았습니다. 그 말씀을 읽을 때마다 내가 꼭 고집스런 양 같았고 하나님은 그런 나보다 억만 배나 강하신 목자 같아서 늘 부끄러운 마음이 들었기 때문입니다.

그런데 그 날은 그 말씀이 왜 그렇게 좋았던지 속으로 되뇌며 말씀을 음미했습니다. 하나님은 참 많은 것을 바꾸어 주셨습니다. 동생에 이어 엄마도 예수님을 구주로 영접했습니다. 이제 아빠도 할머니도 다른 친척들도 저절로 예수님을 다 믿게 될 겁니다. 나는 그때를 평안한 마음으로 기다리면서 계속 복음을 전합니다.

부모님은 얼마 전부터 이사할 곳을 알아보고 있습니다. 지금 살고 계신 집은 내가 고등학생 때부터 살았던 곳인데 더 넓고 쾌적한 곳으로 이사할 수 있도록 하나님이 축복해 주셨기 때문입니다.

엄마는 자주 이렇게 말합니다.

"하나님은 참 대단하신 분이야."

나는 단순한 그 한 마디가 참 예쁘고 멋있어서 엄마가 그렇게 말씀하실 때마다 웃으며 맞장구를 칩니다.

"맞아. 하나님은 진짜 대단하셔."

잠든 남편이 깨지 않도록 우리는 소곤소곤 이야기꽃을 피우다가 함께 식탁 위의 잠언 16장 9절 말씀을 소리 내어 읽었습니다.

"사람이 마음으로 자기의 길을 계획할지라도 그 걸음을 인도하시는 이는 여호와시니라."

그 말씀이 우리 대화를 깊은 곳으로 이끌었습니다.

엄마는 자신이 평생 일해야 할 거라고 생각했다고 합니다. 위로 오빠만 넷에 막내인 엄마는 꽤나 유복하게 자랐지만 아빠에게 시집와서 어렵게 살았습니다. 그래도 생활력이 강하고 지혜로운 엄마와 가정적인 아빠는 우리 남매를 부족함 없이 키워 주셨습니다.

신기하게도 돌이켜보면 부모님은 꾸지 않고 항상 꾸어 주는 위치에 있었습니다. 분명히 넉넉한 형편이 아닌데 친척들은 언제나 우리 부모님께 도움을 요청했습니다. 나는 남에게 꾸지 않고 빌려주며 당당하게 우리를 키우신 부모님이 자랑스럽습니다.

최근에 엄마는 하나님 은혜로 하나님의 자녀가 되었습니다. 그와 동시에 가정의 경제가 놀라울 정도로 회복되었습니다. 이제 엄마는 직장을 졸업하고 매일 저녁에 아빠와 운동을 다니면서 여유로운 생활을 즐기고 있습니다. 또한 엄마는 할머니를 모시고 있는데, 할머니와의 관계 때문에 어려움을 좀 겪고 있습니다. 나는 말했습니다.

"아빠가 형제 중에 장남도 아닌데 할머니가 우리 집에 온 것은 분명히 하나님의 계획이 있어요. 하나님이 할머니를 비롯해서 우리 집안이 다 복음을 받아들이길 바라시는 거예요."

복음은 기쁜 소식입니다. 복음이 왜 기쁜 소식일까요?

최초의 인류인 아담과 하와가 지은 원죄로 인해 인류는 저주를 받았습니다. 그래서 죽을 수밖에 없고, 죽음 이후에도 끝나는 게 아니라 영원한 형벌을 받아야 합니다. 그런데 그 모든 죄를 해결하기 위해, 온 인류의 죄를 대신 담당하기 위해, 하나님은 죄가 없는 하나님의 아들 예수 그리스도를 이 땅에 보내신 것입니다.

예수님이 십자가에 못 박히실 때 온 인류의 과거·현재·미래의 죗값을 대신 치루셨고 구속 사역을 다 끝내셨습니다. 그 예수님을 믿기만 하면 구원받는다는 것이 '복음'입니다. 나는 이 은혜의 복음이야말로 잠언 16장 9절의 말씀처럼 사람의 계획과는 전혀 다른 하나님의 놀라운 인도하심이라고 생각합니다.

"하나님의 지혜에 있어서는 이 세상이 자기 지혜로 하나님을 알지 못하므로 하나님께서 전도의 미련한 것으로 믿는 자들을 구원하시기를 기뻐하셨도다. 유대인은 표적을 구하고 헬라인은 지혜를 찾으나 우리는 십자가에 못 박힌 그리스도를 전하니 유대인에게는 거리끼는 것이요 이방인에게는 미련한 것이로되 오직 부르심을 받은 자들에게는 유대인이나 헬라인이나 그리스도는 하나님의 능력이요 하나님의 지혜니라."(고전 1:21~24)

하나님의 생각은 사람의 생각과 다릅니다. 창세기를 보면, 죄를 지은 아담과 하와가 부끄러움을 알게 되어 숨었다고 나옵니다.

"이에 그들의 눈이 밝아 자기들의 몸이 벗은 줄을 알고 무화과나무 잎을 엮어 치마를 하였더라. 그들이 날이 서늘할 때에 동산에 거니시는 여호와 하나님의 음성을 듣고 아담과 그 아내가 여호와 하나님의 낯을 피하여 동산 나무 사이에 숨은지라."(창 3:7~8)

이에 아담과 하와는 하나님이 왜 선악과를 따먹었는지 묻자 남 탓하며 비겁한 변명을 했습니다. "가라사대 누가 너의 벗었음을 네게 고하였느냐? 내가 너더러 먹지 말라 명한 그 나무 실과를 네가 먹었느냐? 아담이 가로되 하나님이 주셔서 나와 함께 하게 하신 여자 그가 그 나무 실과를 내게 주므로 내가 먹었나이다. 여호와 하나님이 여자에게 이르시되 네가 어찌하여 이렇게 하였느냐? 여자가 가로되 뱀이 나를 꾀므로 내가 먹었나이다."(창 3:11~13)

아담과 하와가 얼마나 떨었을까요? 분명 하나님께 벌 받고 버림 받을 거라고 생각했을 것입니다. 하지만 하나님은 그들에게 죄로 인한 저주를 설명하시고 가죽옷을 만들어 입히셨습니다. 가죽옷은 세상 죄를 지고 가는 하나님의 어린 양 '예수 그리스도'를 상징합니다. "이튿날 요한이 예수께서 자기에게 나아오심을 보고 이르되, 보라 세상 죄를 지고 가는 하나님의 어린 양이로다."(요 1:29)

당신은 실수하거나 넘어지면 징계를 두려워하지 않습니까?

그러나 하나님은 당신을 정죄하지 않습니다. 예수 그리스도께서 당신 대신 모든 징계를 이미 다 받으셨기 때문입니다. 하나님은 당신의 연약함과 허물을 다 아시고 당신을 불쌍히 여기십니다. 그분은 인간에게 스스로 구원할 힘이 없다는 것을 잘 아시기에 독생자 예수 그리스도를 이 땅에 보내 십자가에 매달아 피 흘려 죽이신 것입니다. 이러한 은혜의 복음을 잊지 말아야 합니다.

오직 복음이 죄로 인해 죽을 수밖에 없는 우리를 살렸습니다. 복음은 죄와 마귀의 노예처럼 살았던 우리, 징계에 대한 두려움으로 떨었던 우리를 빛의 자녀로 바꾸어 준 진짜 기쁜 소식입니다. 하나님은 예수 그리스도를 보내어 그분의 사랑을 확증하셨습니다.

"우리가 아직 연약할 때에 기약대로 그리스도께서 경건하지 않은 자를 위하여 죽으셨도다. 의인을 위하여 죽는 자가 쉽지 않고 선인을 위하여 용감히 죽는 자가 혹 있거니와 우리가 아직 죄인 되었을 때에 그리스도께서 우리를 위하여 죽으심으로 하나님께서 우리에

대한 자기의 사랑을 확증하셨느니라."(롬 5:6~8)

앞으로 엄마와 나, 동생은 온 가정과 가문, 일가친척들뿐만 아니라 영적으로 고통 받는 많은 이들을 돕게 될 것입니다. 그들을 도울 때 우리는 절대 이전과 같이 말하거나 행동하지 않겠다고 결단했습니다. 동생이 말했습니다. "우리는 예전의 수준을 완전히 벗어났어. 그러니까 삶의 모든 면에서 일반적인 수준을 뛰어 넘어야 해."

일반적인 수준은 다른 사람에게 해를 끼치지 않고 내게 주어진 일만 잘하는 것이고 내게 잘해 주는 사람들만 챙기고 사랑하는 것입니다. 그러나 하나님은 그런 일반적인 수준을 초월하셨습니다.

하나님은 우리가 죄인이었을 때, 원수였을 때, 연약할 때에 이미 우리를 독생자 예수님처럼 사랑하신 것입니다. 그래서 우리도 그 사랑에 힘입어 연약한 모든 사람을 대할 때 미움이 아닌 사랑이라는 정반대의 길을 선택하기로 했습니다. 그것이 무엇일까요?

첫째, 모든 계산을 내려놓고 오직 복음을 전합니다. 둘째, 악인과 죄인을 예수 그리스도 이름으로 다스리고 축복합니다. 셋째, 무엇보다 하나님을 사랑하는 자 곧 그 뜻대로 부르심을 입은 자들에게는 모든 것이 합력하여 선을 이룬다는 사실을 굳게 믿습니다.

정답은 '오직 복음'입니다. 그래서 나는 내 생각과 계획이 아닌 오직 복음을 누리며 전하기로 했습니다. 예수를 깊이 생각하십시오. 그러면 전혀 다른 길을 선택할 수 있게 됩니다.

주님은 약속대로 나를 통해 가문을 소생시키시고 나아가 복음을 전하는 가족이 되게 하셨습니다. "주 예수를 믿으라. 그리하면 너와 네 집이 구원을 얻으리라."(행 16:31)

앞으로도 복음을 잘 누리고 잘 전하는 믿음의 가문으로 대대손손 지키실 나의 하나님께 모든 영광 돌립니다.

"오직 나와 내 집은 여호와를 섬기겠노라."(수 24:15)

나를 눈동자같이 지키시는 하나님

당신은 하나님께 쉬지 않고 기도합니까?

나는 쉬지 않고 계속 하나님께 기도하고 있습니다.

하나님은 스쳐 지나가는 작은 생각마저도 다 듣고 이루어 주시며, 모든 것을 아시고 모든 것을 지켜보고 계시기 때문입니다.

최근에 꿈을 꿨습니다. 평소 하나님의 말씀이 주어지는 꿈은 되도록 잠에서 깨자마자 바로 기록해 두는 편입니다. 꿈에서 비행기를 탔는데, 내가 가려는 목적지로 향하는 비행기가 아니었습니다. 비행기 안에는 어떤 남자아이가 울고 있었고 아이의 아빠가 달래는데도 아이는 울음을 그치지 않았습니다. 그때 아이 옆에 성경이 보였습니다. 성경 위에 "그 어떤 것도 당신을 향한 예수님의 사랑을 끊을 수 없으리라"고 쓰여 있었습니다. 나는 우는 아이에게 성경 위에 새겨진 말씀을 읽어 주었습니다. "그 어떤 것도 너를 향한 예수님의 사랑을 끊을 수 없어." 아이의 아빠도 내가 말한 내용을 따라 아이에게 말했습니다. 그리고 나는 그 비행기를 나왔습니다.

이어서 하나님은 지금까지 내가 잘한 일, 잘못한 일, 하나님이 나를 보며 기뻐하셨던 일 등을 하나씩 보여주셨습니다. 나는 꿈속에서 내 일생을 아주 짧은 순간에 다 돌아볼 수 있었는데, 그 순간 눈물을 펑펑 흘렸습니다. 그때 내 앞에 눈이 하나 그려졌습니다. 나는 그 눈을 보고서야 하나님의 눈이 항상 나를 지켜보고 있었고 그 눈이 항상 내 앞에 있었다는 것을 깨달았습니다.

일상에서 하나님은 항상 나와 함께 계시지만 눈에 보이지 않습니다. 꿈에서 내 눈 앞에 그려진 눈을 보았을 때 큰 충격을 받았습니다. 하나님을 의식하려고 노력했던 나와는 달리 그분은 쉬지 않고 그분의 눈동자처럼 나를 지키고 계셨습니다. "주의 눈동자처럼 나를 지키시고 주의 날개 그늘 아래 나를 숨기시며."(시편 17:8)

다윗의 고백이 이해가 되지 않아 목사님께 여쭌 적이 있습니다.

"눈동자처럼 지킨다는 게 무슨 말인가요?"

이제는 그 의미를 어렴풋이 압니다. 영어 성경에는 "keep me as the apple of eye"라고 표현하고 있습니다. 직역하면 "눈 속의 사과와 같이 나를 지켜 달라"는 말입니다. 눈 속에 들어 있는 빨갛고 사랑스러운 사과를 떠올려 보세요. 그런 귀엽고 소중한 존재가 바로 나입니다. 부모님들이 자녀를 향해 "눈에 넣어도 아프지 않다"는 말을 많이 합니다. 눈에 넣어도 아프지 않고, 언제나 어디서나 내 눈 속에 있는 사람. 하나님은 그렇게 나를 사랑하십니다.

하나님은 나를 그분의 눈동자처럼 지키십니다.

나는 하나님의 보호하심을 받고 있습니다.

나는 하나님 앞에 단독자로 살기로 했다

당신은 하나님 앞에 단독자로 살고 있습니까?

나는 그분 앞에 단독자로 삽니다. 그것이 가장 나다운 모습이고 하나님이 진정으로 원하시는 내 인생의 모습이기 때문입니다. 나는 지금까지 인생의 많은 순간을 타인과 비교하느라 힘들어했습니다. 지나고 보니 아까운 시간들입니다. 혹시 당신도 생명처럼 귀한 시간을 그렇게 남들과 비교하면서 함부로 낭비하고 있지는 않나요?

내가 이제 더 이상 남과 비교하지 않는 이유는 명확합니다. 나를 향한 하나님의 특별한 계획을 사랑하고 그 계획 속에서 하나님이 내게 주신 모든 것에 감사하고 만족하기 때문입니다.

예전에는 그렇지 않았습니다. 대학생 때는 잃어버린 고등학생 시절의 명예를 회복하고 싶었고 좋은 학업 성적을 얻어 친구들과 부모님께 다시 인정받고 싶었습니다. 그때 나는 여느 또래들과 비슷하게 얼굴도 예쁘고 공부도 잘하는 친구들이 부러웠습니다. 그러면서도 내 외모를 열심히 가꾸거나 학업에 집중하지는 않았습니다. 그렇게 간신히 졸업했고 그 해에 결혼했습니다.

결혼하고서 1년간은 아무 일도 하지 않고 쉬었습니다. 그 가운데 날마다 책을 읽으며 혼자만의 자기 계발 시간을 꾸준히 가졌습니다. 나는 많은 순간을 고민하며 하나님께 질문했습니다.

"하나님, 도대체 저의 달란트는 무엇인가요?"

하나님은 천천히, 정확하게 나를 인도해 가셨습니다. 내가 가장 두드러지게 바뀐 것은 오늘의 소중함을 깊이 깨닫고 주어진 일에 최선을 다하게 된 것입니다. 남편이 내게 말했습니다.

"여보, 오늘에 모든 것이 있어요. 냉장고 청소, 정말 별것 아닌 것

같죠? 기적이 거기서부터 시작됩니다. 해보세요. 정말이에요."

솔직히 내키지 않았습니다. 냉장고 청소는 싫었고 그보다 훨씬 새롭고 멋지고 굉장한 일을 시작하고 싶었기 때문입니다. 그래도 남편의 말에 일단 순종하기로 했습니다. 결과적으로 별 기대를 갖지 않았던 작은 순종은 매번 내 영혼에 큰 자유를 안겨 주었습니다.

"와! 정리하는 게 이렇게 좋은 거구나. 정말 마음이 상쾌하다."

어느 날 저녁, 남편과 함께 '정리(整理)'를 한자 사전에 검색해 보았습니다. 정리는 '가지런한 정, 다스릴 리'를 써서 '가지런히 질서를 유지하고 다스림'이라는 의미를 가지고 있었습니다.

우리는 그 의미에 크게 감동받았습니다. 요즘 나는 내 삶에 정리되지 않은 부분들을 하나씩 정리하고 있습니다.

눈에 보이는 세계뿐만 아니라 눈에 보이지 않는 세계도 정리가 필요합니다. 어떨 때는 묵은 감정 쓰레기들을 내다 버리고, 어떨 때는 필요하지만 잊고 있었던 것들을 하나씩 구비합니다. 당장 구비할 수 없는 것들은 하나님께 기도하며 구합니다. 또 어떨 때는 평소 눈여겨보지 않는 구석진 부분들을 집중해서 청소합니다.

그리고 자주 씻어 주어야 하는 것, 자주 닦아 주어야 하는 것들은 계속 관심을 기울이며 주기적으로 정리하고, 또 매일 정리해야 하는 것들은 되도록 매일 정리하려고 노력합니다. 그 외에도 혹시라도 구멍이 난 부분이 있다면 메워 주고, 나쁜 해충이 한 마리라도 보이면 바로 약을 칩니다. 마치 실제로 집을 관리하듯 내 생각과 마음을 관리하고 지키는 것입니다. 이 모든 것이 매일 가지는 혼자만의 시간에 이루어지며 나는 이것을 '일상의 기적'이라 일컫습니다.

특히 내가 가장 중요하게 생각하는 정리는 '하나님과 나와의 약속', '나 자신과의 약속', '이웃과의 약속'을 실천하는 것입니다.

하나씩 지키면서 정리하고 있는데 얼마나 감사한지 모릅니다.

지금은 새벽 1시가 넘은 늦은 시각입니다. 오랜만에 놀러 온 동생은 내 맞은편에 앉아 과제를 하고 있고 나는 책을 쓰고 있습니다.

올해 첫날에 하나님은 이 말씀을 주셨습니다. "여호와 하나님은 해요 방패이시라. 여호와께서 은혜와 영화를 주시며 정직하게 행하는 자에게 좋은 것을 아끼지 아니하실 것임이니이다."(시 84:11)

정직하신 하나님은 내게 정직을 가르쳐주셨습니다.

나는 사람들로부터 순간적인 칭찬을 받기 위해 애쓰지 않기로 했습니다. 대신 떳떳한 나, 당당한 나로서 낮은 곳에서도 감사하며 내 손에 들려 있는 작은 일을 하나씩 끝까지 매듭지을 생각입니다.

솔직히 말해서, 지금 나는 내가 너무나 자랑스럽습니다.

내가 변함없이 하나님을 사랑하고 있고 그분의 사랑을 넘치도록 받고 있기 때문입니다. 그로 인한 행복은 영원히 변하지 않는 '절대적인 행복'입니다. 그래서 항상 기쁘고 행복합니다. 이제 나는 누가 알아주지 않아도 또 남의 눈에 잘 드러나지 않아도 행복합니다.

하나님의 은혜로 내 주위에는 각자의 자리에서 묵묵히 자신의 길을 가는 사람들이 많습니다. 하나님께서 찾으시는 충성된 자요 존재 자체로 그리스도의 향기를 내뿜는 그들에게 감사를 전합니다.

그냥 바라보는 것만으로도 마음이 시원해지는 믿음의 사람들, 나도 그들처럼 날마다 하나님 앞에서 단독자로 살 것입니다.

"내가 항상 내 앞에 계신 주를 뵈었음이여."(행 2:25)

하나님의 순결한 신부로서 선서하다

당신은 하나님 앞에 선서한 적이 있습니까?

선서는 맹세와는 다릅니다. 그렇게 살겠다고 선택하고 내 마음에 작정하는 것입니다. 나는 하나님 앞에 다음과 같이 선서합니다.

"나는 억만 배나 강해져서 하나님 앞에 충성된 단독자로 살 것을 엄숙히 서약합니다."

"나의 선택은 오직 복음이며, 나 자신을 포함한 모든 것을 초월하여 생명을 살립니다."

"하나님께서 그의 영광을 위해 내게 주신 은사와 은혜에 대하여 깊은 찬양과 감사를 드립니다."

"나는 하나님 자녀로서의 고귀한 위엄과 명예를 지키며 나를 항상 따르는 주의 선하심으로 악을 이깁니다."

"성령님의 인도를 믿으며 내가 달려갈 길을 다 가기 위해 목숨까지 아끼지 않습니다."

"어떤 순간에도 나의 아버지, 나의 주인은 하나님이십니다."

"아멘."

2021년 4월14일 김혜민 씀

당신이 생각하는 그 이상의 길이 있다

당신은 길에 대한 고민을 하고 있지 않습니까?

최근에 나는 제과 제빵을 배우기 시작했습니다.

제과 제빵은 지금까지 단 한 번도 고려해 본 적이 없는 분야입니다. 평소 빵을 즐겨 먹는 편이 아님에도 불구하고 전혀 생각지도 못한 도전을 하게 됐습니다. 모두 성령님의 은혜입니다.

제과 제빵 수업에서 올해 20세인 한 친구를 만났습니다.

그 친구는 여느 20대 친구들처럼 진로에 대한 고민이 많아 보였습니다. 내가 사범대학을 졸업했다고 하니 이전에 무슨 일을 했는지 또 임용 시험은 어떤지, 이것저것 물어보는 것이었습니다.

나는 잠깐의 대화를 통해 그 친구에게 진로에 대한 조언을 해주는 사람이 공무원을 추천하는 부모님 외에는 없다는 것을 알 수 있었습니다. 초면이었기 때문에 조심스러웠지만 그 친구가 마치 오래 전의 나 같아 보여서 조금이라도 도움을 주고 싶었습니다. 그래서 간단히 꼭 말해 주고 싶은 내용을 이야기해 주었습니다.

"제가 대학생 때 길이 하나라고 생각했어요. 주변 친구들이 너도 나도 임용 공부를 하고 있을 때 아무것도 하지 않고 있으니 마치 낙오자 같다고 느껴졌죠. 그러다가 졸업하고 나도 임용 공부를 해봤어요. 내가 말하고 싶은 건 인생에는 길이 하나가 아니라는 거예요. 내가 어떤 분야에서 계속 전문성을 쌓아 간다면 분명히 다른 누군가에게 도움을 줄 수 있는 기회가 주어질 거예요. 그때 내 전공이 사용될 수도 있는 거죠. 임용고시는 교사가 되기 위한 수많은 길 중에 하나이니까 너무 서두르지 말고 지금 하고 싶은걸 다 해봐요."

하나님은 79억의 인구를 향해 저마다의 다른 계획을 가지고 계시기에 각 사람의 인생길은 똑같을 수 없습니다. 그런데 요즘 많은 이들이 남들과 같은 길을 가려고 애를 씁니다. 셀 수 없을 정도로 다양한 길이 있는 세상에서 다른 사람이 가는 길을 그대로 따라가려고만 한다면 사실 그것만큼 어려운 일도 없을 것입니다.

그러나 그 모든 것보다 가장 시급하고 중대한 것이 있다면 '영혼의 진로를 결정하는 일'입니다. 앞으로 어떤 직업을 가질 것인지, 어떤 일을 하고 싶은지에 대한 고민도 지금 내가 이 땅에 살아 있기 때문에 할 수 있는 것입니다. 그런데 내일 당장 죽는다면 어떻게 하겠습니까? 사람은 내일도 당연히 살아 있을 거라고 생각하고 내일 석성까지 끌어와서 오늘을 살지만, 내일 일은 하나님만 아십니다.

그러므로 가장 먼저 영혼의 구원자인 예수 그리스도를 믿어야 합니다. 예수 그리스도를 나의 구주, 나의 하나님으로 마음으로 믿고 입으로 시인하면 당신은 지금 당장 죽어도 천국에 갑니다.

나를 따라 이렇게 고백하기 바랍니다.

"예수님, 감사합니다. 주는 그리스도시요 살아 계신 하나님의 아들이심을 믿습니다. 예수님이 나의 죄와 목마름과 병과 가난과 어리석음과 징계와 죽음을 다 짊어지고 십자가에서 피와 물을 쏟으시며 죽으시고 부활하신 것을 믿습니다. 저는 이제 새로운 피조물이 되었습니다. 의와 성령 충만과 건강과 부요와 지혜와 평화와 생명이 제 안에 가득합니다. 저를 구원해 주시고 하나님의 자녀가 되게 해주셔서 감사합니다. 예수님의 이름으로 기도합니다. 아멘."

축하합니다. 당신은 지금 이 순간 모든 죄를 사함 받고 성령으로 거듭났습니다. 하나님의 자녀가 되었으며 하늘나라 시민권을 가졌고 영원한 생명을 가졌습니다. 요한복음 6장 47절에 "진실로 진실로 너희에게 이르노니 믿는 자는 영생을 가졌나니"라고 했습니다.

당신 안에 생명이신 예수님이 실제로 살아 계십니다.

나는 하나님의 은혜로 고등학생 때 하나님을 만났습니다.

그 날로 내 영혼의 문제가 해결되었으며, 이후 복음을 깨닫고 성령님과 동행하며 날마다 행복하게 살고 있습니다. 그리고 25살에 결혼해서 내년이면 아이가 태어납니다. 하나님은 사람들이 불안과 두려움 때문에 미루는 결혼과 출산의 일을 먼저 하게 하셨습니다.

나는 하나님을 믿은 것에 대해, 결혼하고 아이를 가진 것에 대해 한 번도 후회한 적이 없습니다. 돌이켜 보면 정말 한 순간의 선택으로 인해 내 인생이 송두리째 바뀌었습니다. 정말 감사한 일입니다.

신(神)을 만난 이후, 나 자신과 내가 만나는 사람들이 바뀌었고, 내 인생에 없었던 시간 개념인 '영원'을 바라보게 되었고, 내 고향과 본토 친척 아비 집을 떠나 주님이 지시하는 땅으로 가게 되었습니다. 그 과정에서 덤으로 내가 꿈꾸던 수많은 복을 받았습니다.

당신도 상상 그 이상의 방식과 결과로 인도하시는 하나님을 믿고 하나님께 구하고, 진정 원하는 선택을 하십시오. 어떤 일이든 두려워하지 말고 끝에서부터 시작하십시오. 그것이 성공의 비결입니다.

최근 직업훈련원을 다니면서 더 절실히 느끼는 것은 내가 보통의 사람들과 완전히 다른 길을 가고 있다는 것입니다. 직업훈련원은 취업 또는 창업을 위해 모인 사람들이 대부분입니다. 나는 그 틈에서 겉으로는 별반 다를 바 없는 평범한 가정주부지만, 꾸준히 책을 쓰는 '복음 작가'이고, 아침저녁으로 물건을 파는 '1인 사업가'입니다. 또 조용히 저축하고 투자하며 '투자가'의 길을 가고 있습니다.

앞으로도 취업은 생각이 없지만, 원한다면 언제든 취업할 수도 있고 또 내가 원하는 아이템으로 창업할 수도 있습니다. 내가 창업한다면 많은 사람들에게 취업의 기회를 제공하는 CEO가 될 수도 있겠네요. 하지만 그 무엇보다도 나는 '복음전도자'입니다.

직업훈련원에 나가기 전에 아침마다 항상 기도합니다.

"하나님, 오늘도 전도할 문을 열어 주세요."

나는 주고 싶어서 안달이 난 사람입니다.

내가 주고 싶은 것은 그 무엇보다 '복음'입니다. 그 이유는 이 복음이 너무 좋아서 나만 알고 있기에는 너무 아깝기 때문입니다.

하나님께서 나를 통해 어떤 일을 하실 지는 아무도 모릅니다.

"오직 성령이 너희에게 임하시면 너희가 권능을 받고 예루살렘과 온 유대와 사마리아와 땅 끝까지 이르러 내 증인이 되리라."(행 1:8)

"오직 성령이 임하시면"이라고 했습니다. 당신이 예수님을 믿으면 그 즉시 하나님의 영인 성령이 임하시는데, 그분이 임하시면 저절로 예루살렘과 온 유대와 사마리아와 땅 끝까지 이르러 예수님의 증인이 됩니다. 나는 지구 끝까지 복음을 전하는 하나님의 증인입니다. 하나님이 어떤 사람을 통해 일하실 때 그의 외모도 나이도 중요하지 않습니다. 그분은 오직 사람의 중심을 보십니다.

항상 기억하십시오. 당신의 생각보다 더 큰 생각이 있습니다.

당신이 생각하는 그 이상의 길이 있습니다.

하나님은 위대하신 분입니다.

"여호와께서 여호수아에게 이르시되, 내가 오늘부터 시작하여 너를 온 이스라엘의 목전에서 크게 하여 내가 모세와 함께 있던 것 같

이 너와 함께 있는 것을 그들로 알게 하리라."(수 3:7)

나는 한결같은 사랑을 받는 사람이다

누군가 내 머리를 만져 주는 손길을 나는 참 좋아합니다.

특히 남편이 사랑스러운 듯 내 머리를 쓰다듬어 줄 때, 출근하기 전 내 머리에 손을 얹고 기도해 줄 때 '내가 이렇게 큰 사랑을 받고 있다니!'라는 생각이 들 정도로 깊은 행복감에 젖어 듭니다.

또 나는 사랑하는 사람들에게 손을 얹고 기도해 줍니다.

고향을 가면 쿨쿨 자고 있는 동생의 머리에 손을 얹고 기도해 주고, 엄마 머리에도 종종 손을 얹고 기도해 줍니다. 또 동생도 나처럼 틈만 나면 내 머리에 손을 얹고 예수 이름으로 명령하곤 합니다.

가끔 우리는 둘 다 동시에 머리에 손을 얹고 기도해 주기도 합니다. 그때마다 우리는 약속이라도 한 듯 "으어어어억!" 소리를 지르며 눈을 부릅뜨고 "아멘"이라고 대답합니다. 그러면 나는 껄껄껄 웃습니다. 이 모든 것이 사랑입니다.

친구 지선이가 스페인으로 유학 가기 전이 떠오릅니다.

나와 동생, 친구 보예까지 이렇게 넷이 고향에서 모였습니다. 우리는 다함께 지선이 머리에 손을 얹고 기도해 주었습니다. 축복의 기도로 파송된 지선이는 해외에서 행복한 유학 생활을 보내고 강렬한 태양빛에 피부를 까맣게 태워 한국으로 돌아왔습니다. 벌써 한국에 온지 3년이 넘었네요. 무슨 은혜로 하나님을 만나 이렇게 행복하고 또 이토록 귀한 사람들이 내 곁에 함께 있는지요.

내 인생이 감격 그 자체입니다.

오늘 오전에는 비가 왔습니다. 평소처럼 카페에 들릴까 하다가 조금 다르게 수원천을 따라 집으로 걸어왔습니다. 길을 걸으면서 자연스레 풍경을 감상하는데, 키가 너무 많이 자라 무성한 초록풀이 빗방울을 머금고 귀엽게 웃는 것처럼 보였습니다. 얼마 전까지 베이지색이었던 갈대는 까만 보라색을 띄었고 갈대 옆을 흐르는 시냇물 소리는 너무나도 청아해서 자꾸 듣고 싶어졌습니다.

마치 배꼽을 잡고 웃는 듯 날개 짓하는 하얀 나비들, 오래된 담벼락 위로 넝쿨을 늘어뜨린 진남색 나팔꽃, 그 모든 것에 하나님의 신성이 스며들어 있었습니다. 나는 눈을 감고 숨을 길게 들이마셨다가 "후우" 하고 길게 내쉬며 "성령님" 하고 불렀습니다.

그 순간 온 몸에 전율이 일었습니다.

그렇게 잠깐만 걸어도 복잡한 생각이 사라지고 시간의 흐름을 온전히 내 몸으로 느끼게 됩니다. 그 안에서 하나님이 내게 주신 것들이 얼마나 귀하고 아름다운지 이내 그 은혜를 깨닫습니다. 한걸음, 한걸음 주 예수님과 함께 걸으며 나는 생각합니다.

'나는 여행자다.'

평소 남편과 함께 산책하면서 종종 이렇게 말합니다.

"알고 보니 우리는 동향 사람이네요."

둘 다 본향이 천국이기 때문에 동향 사람인 것입니다.

"지구별에 여행 와서 자기 고향을 잊은 사람들이 너무나 많은데 말이죠. 우리는 동향 사람끼리 만났으니 참 행운이에요."

남편과 나는 장난스럽게 웃습니다.

인생은 행복한 여행입니다. 왜냐면 언제 어디서나 한결같은 하나님의 사랑이 성령으로 우리 마음속에 가득히 들어와 계시기 때문입니다. '한결같은 사랑'이란 단어를 떠올릴 때면 이루 말할 수 없이 밀려오는 감동과 함께 내 마음은 깊은 그리움에 사무칩니다.

본향에 대한 그리움입니다.

나는 지금 잠시 이 땅을 여행하지만 언젠가 돌아갈 고향을 늘 생각합니다. 내 안에 새겨진 주님의 사랑을 기억하며 얼굴과 얼굴을 맞대고 주님을 볼 때를 간절히 사모하며 기다리고 있습니다.

변함이 없으신 주님, 늘 그립고 사랑합니다.

"우리가 지금은 거울을 보는 것같이 희미하게 보지만 그 때에는 얼굴과 얼굴을 맞대고 볼 것이며 지금은 내가 부분적으로 알지만 그 때에는 하나님이 나를 아신 것처럼 내가 완전하게 알게 될 것입니다."(고전 13:12)

나는 현숙한 여인이고 왕비다

결혼 생활 중 여러 가지 어려움으로 지칠 때마다 주님은 말씀을 통해 내게 참 많은 힘을 주셨습니다. 그 중에 내가 필사하면서까지 묵상하고 또 묵상했던 말씀은 잠언 31장입니다.

잠언 31장을 읽을 때마다 나는 내가 누군지, 즉 나의 정체성을 되새기게 됩니다. "혜민아 너는 현숙한 여인이고 왕비야."

나의 정체성에 맞는 생각과 말투, 행동은 정체성이 각인되는 만큼 따라옵니다. 현숙한 여인을 다르게 말하면 '유능한 여인'입니다.

잠언 31장에 나오는 현숙한 여인이 어떤 사람인지 살펴볼까요?

첫째, 현숙한 여인은 그 가치가 진주보다 귀하고, 남편의 온전한 신뢰를 받습니다. 그래서 자나 깨나 행복합니다. "누가 현숙한 여인을 찾아 얻겠느냐? 그의 값은 진주보다 더 하니라. 그런 자의 남편의 마음은 그를 믿나니."(잠 31:10~11)

둘째, 현숙한 여인의 가정은 가난을 모르고 삽니다. "산업이 핍절하지 아니하겠으며."(잠 31:11)

셋째, 현숙한 여인은 남편에게 평생 선을 행하며 해를 입히지 않습니다. "그런 자는 살아 있는 동안에 그의 남편에게 선을 행하고 악을 행하지 아니하느니라."(잠 31:12)

넷째, 현숙한 여인은 일거리를 구해다가 부지런히 손을 움직여 일하기를 즐거워합니다. "그는 양털과 삼을 구하여 부지런히 손으로 일하며."(잠 31:13)

다섯째, 현숙한 여인은 먼 데서 양식을 가져오고 새벽에 일어나 가족들을 위해 아침 식사를 준비하며, 여종에게 할 일을 일러줍니다. "상인의 배와 같아서 먼 데서 양식을 가져 오며 밤이 새기 전에 일어나서 자기 집안사람들에게 음식을 나누어 주며 여종들에게 일을 정하여 맡기며."(잠 31:14~15)

여섯째, 현숙한 여인은 땅을 직접 보고서 사며 자기가 번 돈으로 포도원을 만듭니다. "밭을 살펴보고 사며 자기의 손으로 번 것을 가지고 포도원을 일구며."(잠 31:16)

일곱째, 현숙한 여인은 언제나 강인하고 근면하여 열심히 일합니다. "힘 있게 허리를 묶으며 자기의 팔을 강하게 하며."(잠 31:17)

여덟째, 현숙한 여인은 자기가 하는 일이 잘되는 줄 알고 밤늦게까지 일을 하며, 가난한 자들을 도와줍니다. "자기의 장사가 잘되는 줄을 깨닫고 밤에 등불을 끄지 아니하며 손으로 솜뭉치를 들고 손가락으로 가락을 잡으며 그는 곤고한 자에게 손을 펴며 궁핍한 자를 위하여 손을 내밀며."(잠 31:18~20)

아홉째, 현숙한 여인은 미리 가족에게 입힐 따뜻한 옷을 마련해 놓았기 때문에 겨울이 닥쳐도 염려하지 않습니다. "자기 집 사람들은 다 홍색 옷을 입었으므로 눈이 와도 그는 자기 집 사람들을 위하여 염려하지 아니하며."(잠 31:21)

열째, 현숙한 여인은 자신의 침실도 아름답게 꾸미며 귀한 옷감의 고운 옷을 입습니다. "그는 자기를 위하여 아름다운 이불을 지으며 세마포와 자색 옷을 입으며."(잠 31:22)

열한째, 현숙한 여인의 남편은 높은 자리에 올라 존경을 받게 됩니다. "그의 남편은 그 땅의 장로들과 함께 성문에 앉으며 사람들의 인정을 받으며."(잠 31:23)

열둘째, 현숙한 여인은 자신의 제품을 팔며 사업합니다. "그는 베로 옷을 지어 팔며 띠를 만들어 상인들에게 맡기며."(잠 31:24)

열셋째, 현숙한 여인은 자신감과 위엄이 몸에 배여 있고 미래를 준비했기 때문에 조금도 두려워하지 않습니다. "능력과 존귀로 옷을 삼고 후일을 웃으며."(잠 31:25)

열넷째, 현숙한 여인은 말을 지혜롭고 친절하게 합니다. "입을 열

어 지혜를 베풀며 그의 혀로 인애의 법을 말하며."(잠 31:26)

열다섯째, 현숙한 여인은 자기 집안일을 잘 보살피며 일하지 않고 얻은 양식은 먹지 않습니다. "자기의 집안일을 보살피고 게을리 얻은 양식을 먹지 아니하나니."(잠 31:27)

열여섯째, 현숙한 여인의 자녀들은 어머니에게 감사하며 그 남편도 그녀를 칭찬합니다. "그의 자식들은 일어나 감사하며 그의 남편은 칭찬하기를 덕행 있는 여자가 많으나 그대는 모든 여자보다 뛰어나다 하느니라."(잠 31:28~29)

열일곱째, 이 모든 것을 말한 뒤에 가장 귀한 것은 주님을 경외하는 것이라고 말합니다. "고운 것도 거짓되고 아름다운 것도 헛되나 오직 여호와를 경외하는 여자는 칭찬을 받을 것이라."(잠 31:30)

열여덟째, 결국 그 손의 열매가 그에게로 돌아가고 모든 사람 앞에서 칭찬을 받습니다. "그 손의 열매가 그에게로 돌아갈 것이요 그 행한 일로 말미암아 성문에서 칭찬을 받으리라."(잠 31:31)

당신은 어떻습니까? 나는 내가 생각하기에 여전히 서투른 구석이 많습니다. 베테랑 주부처럼 빠르게 식사 준비를 하지도 못하고 항상 깨끗하게 집을 잘 관리하지도 못합니다. 그러면 어떤가요?

그럼에도 불구하고 하나님이 나를 인정해 주십니다.

남편도 나를 믿고 사랑해 줍니다. 남편은 웃으며 말합니다. "당신이 하나님을 사랑하기 때문에 그 사랑이 모든 허물을 다 덮어."

동생이 말합니다. "누나는 복음에 진심인 사람이야."

사실 나는 내가 현숙한 여인과는 정반대에 가까운 사람이라고 줄곧 생각해 왔습니다. 막 결혼했을 때는 그 생각이 더 커졌습니다.

집안 살림도 잘 못했고 내가 너무나 무능해 보였기 때문입니다.

그러나 부정적인 생각과 눈에 보이는 현상과는 상관없이 주님은 항상 내게 칭찬과 격려의 말씀을 해주십니다. "너는 현숙한 여인이다. 극히 담대해라. 내가 너를 반드시 강하게 할 것이다."

내가 가진 것이라고는 '하나님을 사랑하는 마음' 단 한가지였는데, 하나님께서는 그 마음 하나를 귀히 여기셔서 내게 없는 것들을 있는 것처럼 다 불러 내셨습니다. 이제는 제법 손이 빨라져서 맛있는 국도 쉽게 끓여 내고 외출 준비를 하면서 집도 금방 치웁니다.

당신에게는 무엇이 필요합니까? 하나님이 재물 얻을 능력을 나타내시면 돈도 벌면 됩니다. 다른 능력도 조금씩 키우면 됩니다.

그러나 결혼할 때도 가장 중요한 것이 서로 사랑하는 마음인 것처럼 '하나님을 향한 마음'은 어떻게 만들어 낼 수가 없습니다.

결국 현숙한 여성은 두려운 마음으로 여호와를 섬기는 여성이며 하나님께서 직접 그녀를 칭찬하십니다. 또한 그녀는 자기가 행한 일에 대한 보상을 받게 되고, 모든 사람에게도 칭찬을 받습니다.

얼마 전 설교를 듣는데, 목사님이 이런 말씀을 하셨습니다.

"사람들은 다들 대단한 일, 특별한 일을 하려고 합니다. 하지만 영적 서밋은 똑같은 일, 평범한 일을 해도 뭔가 다른 사람입니다."

그렇습니다. 나는 영적 서밋(summit, 정상, 리더)으로서 '왕비'입니다. 내 말 한 마디, 내 행동 하나가 가지는 엄청난 영적 파급력을 알기에 함부로 경거망동하지 않으며 내 도움이 필요한 영혼들에게 손을 내밉니다. 순간적인 감정이 아닌 믿음을 따라 삽니다.

사람들이 나를 불편해 해도 할 수 없습니다. 나는 내가 듣고 본

바를 말하지 않을 수 없기에, 앞으로도 모든 것을 다스리고 복음을 선포할 것입니다. 이제껏 그래 왔던 것처럼 예수 이름으로 명령하고 천군 천사를 파송하며 악한 영들을 내쫓을 것입니다.

당신 안에 감추어진 자아상을 끄집어내십시오. 나는 내가 어리다고 생각했지만, 나이를 초월하는 '초자연적인 신분과 권세'가 내 안에 있음을 깨달았습니다. 나는 내가 약하다고 생각했지만 내 안에 강하신 예수님이 살아 계심을 발견했습니다. 내가 믿음으로 예수 이름을 사용할 때마다 우주에서 가장 크신 하나님이 일하셨습니다.

당신은 누구입니까? 하나님이 기름 부으신 영적 서밋입니다.

"또 함께 일으키사 그리스도 예수 안에서 함께 하늘에 앉히시니"(엡 2:6)라는 말씀대로 당신은 그리스도 안에서 그리스도와 함께 하늘에 앉히운 바 되었기 때문입니다. 왜일까요? 하나님의 은혜의 풍성함을 장차 모든 세대에게 전하게 하기 위함입니다. "이는 그리스도 예수 안에서 우리에게 자비하심으로써 그 은혜의 지극히 풍성함을 오는 여러 세대에 나타내려 하심이라."(엡 2:7)

하나님은 이미 당신에게 모든 것을 다 주셨습니다.

당신 안에 실제로 살아 계신 그리스도 예수가 모든 것입니다.

조금도 두려워하지 마십시오. 당신이 믿음으로 순종하면 기적이 일어납니다. 약한 사람은 아무 것도 할 수 없습니다. 두 팔을 걷고 손과 발을 움직이십시오. 정복하고 다스리십시오.

하나님 아버지는 그분의 자녀인 당신이 항상 모든 것을 다스리는 위치에 있기를 진심으로 바라십니다. "하나님이 자기 형상 곧 하나님의 형상대로 사람을 창조하시되 남자와 여자를 창조하시고 하나

님이 그들에게 복을 주시며 그들에게 이르시되 생육하고 번성하여
땅에 충만하라, 땅을 정복하라, 바다의 고기와 공중의 새와 땅에 움
직이는 모든 생물을 다스리라 하시니라."(창 1:27~28)

나의 모든 가난을 짊어지신 예수님

당신은 매일 부요 믿음으로 살고 있습니까?

올해 초 문득 '왜 내 것은 하나도 없을까?'라는 생각을 하게 됐습
니다. 그러던 어느 날, 성령님이 말씀하셨습니다. '혜민아, 이 세상
에 있는 모든 것이 다 내 것이다. 애초에 네 것은 아무것도 없어.'

나는 너무나 놀랐습니다. 그날 생애 처음으로 깨달았습니다.

"아, 나는 원래 청지기구나."

고등학생 때부터 교회를 다니면서 청지기에 대한 말씀을 많이 들
었지만 한 번도 그런 말씀이 내 것으로 들려온 적이 없었습니다.

하나님의 청지기로 살았던 믿음의 거장들에 대한 책을 읽으면 그
저 대단하다고만 생각했습니다. 그런 내게 하나님이 청지기의 의미
를 직접 가르쳐 주신 것입니다. 청지기란 '주인(소유권자)이 맡긴
것들을 주인의 뜻대로 관리하는 위탁관리인'을 말합니다.

지금 나는 청지기로서의 역량을 기르는 훈련을 받고 있습니다.
특별히 돈(재정)에 대해 하나님께 많은 훈련을 받고 있습니다. 어떻
게든 선십일조와 선저축, 후지출을 실천하려고 애쓰고 있습니다.

신용카드를 많이 썼을 때는 카드 값을 결제하느라 십일조만 해도

한 달 동안 쓸 돈이 없었고 또 다시 신용카드로 한 달을 버티는 악순환이 반복되었습니다. 그러나 선십일조를 결단한 후부터 어떻게든 하나님이 채우실 것을 믿고 십일조부터 먼저 하나님께 드리고 무조건 버텼습니다. 그러자 정말 신기하게도 하루 만에 목돈이 들어와 어느 날 카드 값을 모두 결제하게 되었고 신용카드 인생을 졸업하게 되었습니다. 당신도 실천해 보십시오.

나는 '온전한 십일조'를 반드시 지킵니다. 뿐만 아니라 감사헌금도 전에 하던 것의 두 배를 기쁜 마음으로 매주 드리고 있습니다. 또한 때를 따라 어려움을 겪고 있는 교회나 선교사님들을 위해 기도하고 조금씩 후원합니다. 말라기 3장 10절에 말씀합니다.

"만군의 여호와가 이르노라. 너희의 온전한 십일조를 창고에 들여 나의 집에 양식이 있게 하고 그것으로 나를 시험하여 내가 하늘 문을 열고 너희에게 복을 쌓을 곳이 없도록 붓지 아니하나 보라."

요즘에는 선십일조 다음으로 중요한 '선저축'을 실천하려고 노력하고 있습니다. 부부가 공동으로 저축하는 통장을 하나 만들어 서로가 저축 약속을 지키고 함께 관리할 수 있도록 했습니다. 또 우리는 적은 금액이라도 각자의 생활비에서 따로 떼어 개인 저축도 하고 있으며, 투자해 놓은 금액을 계속해서 굴리고 있습니다.

그간 저축의 중요성은 익히 알고 있었지만 실천이 쉽지 않았습니다. 항상 저축은 우선순위에서 밀려 뒷전이었기 때문입니다. 학생 때는 매주 돈이 부족해서 자주 부모님께 손을 벌렸던 기억이 납니다. 워낙 대접하는 것을 좋아해서 친구들을 만나면 대부분 내가 샀습니다. 문제는 친구와 헤어지고 집으로 돌아올 때면 통장이 텅 비어 '텅장'이 되어 있는 것이었습니다. 당신은 어떤가요?

그때는 헌금에 대한 스트레스가 컸습니다. 기쁜 마음으로 드리고 싶었지만 매주 어떻게 헌금하면 좋을지 고민이었습니다. 항상 돈을 다 쓰고 나머지 돈으로 헌금하다 보니, 헌금이 모자랄 때는 돈을 빌리거나 부모님께 용돈을 더 타서 헌금하기도 했습니다.

그렇게 나는 십일조도 겨우 했고 저축은 생각지도 못했습니다. 물론 그런 상황 속에서도 부모님의 지원이 있었기 때문에 하고 싶은 것들은 부족함 없이 다 했습니다. 하나님의 은혜였습니다.

그러나 내게는 재정 관리 습관의 개선이 필요했습니다. 언제나 지출이 수입을 넘어섰기 때문입니다. 나는 수입이 지출을 넘어서게 해 달라고 하나님께 구했고 현재는 실제로 그렇게 되었습니다. 지금은 수입이 많이 늘었지만 규모 없는 지출은 하지 않습니다.

나는 하나님이 주신 귀한 돈을 청지기 마인드로 철저히 관리하기 위해 순간마다 지혜를 구하고 있습니다. 또한 어디에 어떻게 쓸 것인지에 대해서도 돈의 주인이신 하나님께 항상 여쭈어 봅니다.

올해 초, 집 근처에서 산책하고 있던 어느 날입니다.

김열방 목사님이 내게 카톡을 보내왔습니다.

"내 딸아, 너는 평생 부요하게 살게 될 것이다."

나는 그 카톡 메시지를 읽고 "아멘"이라고 답장을 보냈습니다.

그 날 내게 특별한 돈 걱정이 있지는 않았습니다. 그럼에도 불구하고 목사님의 예언이 내 영혼에 너무나도 큰 위로가 되어 구름 위를 걷는 듯 행복한 마음으로 성령님과 산책했던 기억이 납니다.

나의 아빠는 '부자 아빠 하나님'입니다. 그래서 나는 인생의 모든 면에서 부요하게 살 수 밖에 없습니다. 제한이 없으신 부자 아빠 하나님이 내가 구하는 것마다 다 주신다고 약속하셨기 때문입니다.

사실 나는 이미 부족함 없고 모든 좋은 것이 넘칩니다.

의가 넘칩니다.(롬 1:17)
성령이 넘칩니다.(요 7:38)
건강이 넘칩니다.(마 8:17)
부가 넘칩니다.(고후 8:9)
지혜기 넘칩니다.(엡 1:8)
평화가 넘칩니다.(사 53:5)
생명이 넘칩니다.(요 6:47)

예수님이 내 대신 죄와 목마름, 병과 가난, 어리석음과 징계와 죽음을 다 짊어지고 십자가에서 피와 땀과 눈물을 쏟으며 죽으셨기 때문에 내게는 의와 성령 충만, 건강과 부요, 지혜와 평화와 생명이 넘칩니다. 내 인생에서 '죄목병가어징죽'이 사라지고 '의성건부지평생'이 넘치게 되었다는 것이 천국 복음이며 온전한 복음입니다.

나는 그리스도 안에서 새로운 피조물이며 행복한 사람입니다.

그리고 나는 하나님의 청지기로서 남은 생애 동안 하나님이 내게 주신 모든 것을 소중히 여기며 더 잘 지키고 관리할 것입니다. 내게는 그렇게 해야만 하는 이유가 있습니다. 그것은 바로 '후대'입니다.

하나님이 나를 청지기로 부르신 이유가 무엇이겠습니까?

오늘 내가 쓰는 것이 내 대에서 끝난다고 생각한다면 큰 착각입니다. 만약 내가 건강에 소홀한 사람이라면 나의 자녀에게 좋지 않은 건강을 물려주게 됩니다. 만약 내가 수입보다 지출이 많은 사람이라면 나의 자녀에게 빚을 물려주게 됩니다. 이해되십니까? 또한 내가 영적 깨달음을 기록하고 실천하는데 게으른 사람이라면 나도 모르게 자녀에게 육적인 사상과 가르침을 전달하게 됩니다.

이것은 정말 무서운 일입니다. 당신의 모든 가난을 해결하신 예수님을 믿고 당당하게 부요를 누리며 사십시오. 그리고 후대를 위해 당신에게 맡겨진 모든 것을 잘 관리하며 점점 불리십시오.

이 땅에서도 천국과 같이 살 수 있음을 나는 믿습니다. 천국 복음을 믿고 누릴 때 내가 서 있는 이곳이 천국이 되기 때문입니다.

예수님이 어떤 분입니까? 그분은 하나님께서 맡기신 임무를 다 완수했습니다. 하나님께서 맡기신 영혼들을 다 사랑했습니다. 십자가에 못 박혀 자신을 죽이면서까지 우리를 지켜 주신 분입니다.

나는 예수님을 본받아 하나님의 자녀로서, 또한 청지기로서 남은 인생을 최고로 행복하게 살 것입니다. 무엇보다 가장 중요한 것은 온전한 복음을 자손 대대 전달하는 것입니다. 그래서 나는 복음을 잊지 않고 더 깊이 알게 해 달라고 하나님께 계속 도움을 구합니다. 그리고 책에 그 모든 내용을 남깁니다. 이 땅에 내 것이 하나도 없음에, 그리고 나를 자녀 삼아 주심에, 복음을 깨닫게 하심에 진실로 하나님께 감사드립니다. 내 모든 것이 아버지의 것입니다.

나는 가을 하늘처럼 맑고 넓은 마음을 가졌다

당신의 이름은 무엇인가요? 나는 김혜민(金慧旻)입니다.

초등학생 때 우리 학교에는 나와 똑같은 이름을 가진 아이들이 여러 명 있었습니다. 중학생, 고등학생, 대학생이 되어서도, 그리고 사회에 나가서도 비슷한 이름을 가진 사람을 자주 만났으니 꽤 흔한 이름입니다. 초등학교 2, 3학년 때쯤이었던 것 같습니다.

어느 날 선생님이 자신의 한자 이름을 알아 오라고 하셨습니다.

그날 집에 가서 아빠에게 물었습니다.

"아빠, 내 한자 이름은 어떻게 쓰는 거야?"

필체가 뛰어난 아빠는 한 글자씩 멋지게 써 주셨습니다.

그리고 말씀하셨습니다.

"지혜 혜慧, 가을하늘 민旻."

"가을 하늘처럼 맑고 넓은 마음을 가진 지혜로운 아이."

그 당시 나는 이름이 예쁜 친구들이 참 부러웠습니다. 이름이 예쁘면 얼굴까지 예뻐 보였기 때문입니다. 그런데 그날 처음으로 평범하게만 보였던 내 이름이 특별하고 예쁜 이름이라는 생각이 들었습니다. 숨겨진 의미가 참 멋져서 썩 마음에 들었습니다.

이름은 세상에 단 하나뿐인 나를 표현해 주는 고유명사로 평생 나라는 사람을 대표합니다. 사실 한 사람을 설명하려면 얼마나 많은 단어들이 필요할까요? 그런데 몇 글자 되지도 않는 이름은 그렇게 복잡하고 추상적인 존재를 가장 간단하고 명료하게 나타냅니다.

이름은 매일, 매순간 불리기 때문에 부모들은 아이의 태명부터 무척 신경 씁니다. 또 인생에서 큰 어려움을 겪거나 인생이 잘 풀리지 않는다고 생각하는 사람들은 이름을 바꾸기도 합니다. 연예인들은 예명을 많이 쓰는데 그 예명의 가치가 매우 커서 아무나 그 이름을 함부로 쓰지 못하도록 법적 권한을 부여하기도 합니다.

각자의 이름에는 값이 있습니다. 빌게이츠나 워렌 버핏 같은 사람들은 이름값이 엄청납니다. 그러나 이름값이 아무리 높아도 그 이름에 걸맞은 삶을 사는 사람은 드물어 하루아침에 명예를 잃는 연예인, 사업가, 정치인 등을 각종 매체에서 심심치 않게 접할 수 있습니다. "호랑이는 죽어서 가죽을 남기지만 사람은 죽어서 이름을 남긴다"고 합니다. 한 번 정한 이름이 영원히 남는 것입니다.

따라서 사람이 어떤 이름을 남기고 죽는지가 중요합니다. 오명을 남기고 죽으면 죽어서도 고통 받고 그 후대까지 부끄러움을 당하게 됩니다. 성경은 말합니다. "많은 재산보다는 명예를 택하는 것이 낫고 은이나 금보다는 은총을 택하는 것이 낫다."(잠 22:1)

당신은 자신의 이름을 소중히 여깁니까? 나는 내 이름을 오랫동안 소중히 여기지 못했습니다. 이름대로 내가 지혜로운 사람이라 믿고 살아왔는데, 세상에 나와 보니 지혜롭기는커녕 너무나 어리석은 사람처럼 보였기 때문입니다. 학창 시절 때 내가 원하는 성적을 받지 못했고 내가 원하는 대학을 가지도 못했습니다.

또한 친구들 사이에서 인기 있는 사람이 되고 싶었지만 그러지도 못했고 오히려 인간관계에서 많은 어려움을 겪었습니다. 다양한 일과 사건 속에서 나라는 존재는 점점 위축되고 특별하다고 믿었던 나 자신에 대한 믿음이 틀렸다고 결론 내리게 되었습니다.

그러던 어느 날 하나님이 찾아오셨습니다. 그분이 나를 부르신 것입니다. 그분의 이름은 여호와 하나님이었습니다. "하나님이 모

세에게 말씀하여 가라사대 나는 여호와로라."(출 6:2)

여호와라는 이름은 "I am who I am"으로 '나는 나, 즉 스스로 있는 자다'라는 뜻입니다. 사람은 스스로 존재할 수 없으나 여호와 하나님은 영원 전부터 스스로 계셨고 그분의 지혜로 천지 만물을 창조하셨습니다. 또 하나님은 죄로 인해 죽은 인간을 구원하기 위해서 독생자 예수 그리스도를 보내셨습니다. 인간은 스스로 구원할 수 있는 능력이 없기 때문에 하나님께서 죄가 없는 하나님의 아들을 이 땅에 보내어 온 인류의 죄를 대속하게 하신 것입니다.

"하나님이 세상을 이처럼 사랑하사 독생자를 주셨으니 이는 저를 믿는 자마다 멸망치 않고 영생을 얻게 하려 하심이니라."(요 3:16)

하나님은 예수님을 통해 은혜가 무엇인지 보여 주셨으며, 그분의 영인 보혜사 성령님을 이 땅에 보내어 지금 우리와 함께 하시며 우리에게 계속 말씀하고 계십니다. "보혜사 곧 아버지께서 내 이름으로 보내실 성령 그가 너희에게 모든 것을 가르치시고 내가 너희에게 말한 모든 것을 생각나게 하시리라."(요 14:26)

이제 나는 지혜가 무엇인지 압니다. 단순히 학과 공부를 잘하는 것이 아닌 지혜로우신 하나님을 알고 경외하는 것이 참된 지혜입니다. 이 세상에서 행복하게 사는 모든 지혜는 그분에게서 나옵니다.

나는 지난 날 내가 왜 그토록 어리석은 인생을 살 수 밖에 없었는지 이제야 깨달았습니다. 창조주 하나님을 몰랐기 때문입니다.

"너는 청년의 때에 너의 창조주를 기억하라."(전 12:1)

이제 나는 보이지 않는 분을 통해 보이지 않는 세계를 봅니다.

하나님께서 내 눈을 열어 그분을 알게 하셨고, 그분의 가장 놀라운 비밀인 복음을 깨닫게 하셨기 때문입니다. 그로 인해 내게 초자연적인 지혜가 임했습니다. 나는 스스로 지혜롭게 여기지 않습니다. 그리고 실수해도 기죽지 않습니다. 하나님을 경외하는 것만이 참된 지혜이기 때문에 잠잠히 하나님을 경외할 뿐입니다.

2015년, 내가 중국에 선교 여행을 갔을 때 하나님은 이렇게 말씀하셨습니다. "너답게 해라."

처음에는 도무지 이해할 수 없었습니다. 그런데 이제는 그 말씀이 어떤 의미인지 알 것 같습니다. 하나님의 자녀답게 모든 일을 하라는 것입니다. 하나님이 만드신 나답게, 내가 진정으로 원하는 것을 선택하라는 것입니다. 이것이 행복의 비결입니다.

하나님이 만드신 나는 이런 사람입니다.

첫째, 애쓰지 않아도 잘되는 사람입니다. 나는 이제 다른 어떤 모습이 되려고 애쓰지 않습니다. 언제부턴가 거짓된 인생이 지긋지긋해서 정직하게 살려고 부단히 노력했습니다. 그런 내게 주님은 정직에 대한 놀라운 깨달음을 주셨습니다. "너는 정직해지려고 애쓰지 마라. 네가 정직함을 사랑하는 나의 딸이기 때문에, 이미 정직한 사람이기 때문에 그냥 정직하게 말하고 행동하면 된다."

둘째, 영혼을 살리는 사람입니다. 세상은 나를 죽이려고 했지만 복음은 나를 살렸습니다. 그래서 나도 영혼을 살리는 일을 선택합니다. 나는 자신을 포함한 모든 것을 초월하여 생명을 살립니다.

셋째, 하나님 앞에서 사는 단독자입니다. 나는 예전보다 억만 배나 강해져서 하나님 앞에 충성된 단독자로 살 것을 서약했습니다. 어떤 순간에도 나의 아버지, 나의 주인은 하나님이시기 때문입니다.

당신도 하나님을 사랑하십시오. 그리고 하나님이 주시는 변함없는 사랑으로 자신을 사랑하십시오. 하나님께서 주신 당신의 이름을 소중히 여기십시오. 그러면 이웃을 내 몸처럼 사랑할 수 있습니다.

때때로 삶이 어렵게 느껴지고 당신의 눈에 스스로가 어리석게 보일지라도 함부로 단정 짓거나 판단하기는 아직 이릅니다. 당신의 인생이 어떻게 될지 아무도 모르기 때문입니다. 누구나 실수하거나 실패할 수 있습니다. 더욱 중요한 것은 그런 시련 중에도 흔들리지 않고 계속 하나님을 경외하는 것입니다. 모든 상황과 사건, 만남 속에는 하나님의 계획이 있음을 알고 하나님을 믿어야 합니다.

하나님도 보이지 않고 믿음도 보이지 않습니다. 그러나 하나님은 당신이 심은 믿음의 씨앗을 자라게 하시고 반드시 거두게 하십니다.

하나님이 아브라함에게 약속하셨습니다. "네게 복을 주어 네 이름을 창대케 하리니 너는 복의 근원이 될찌라."(창 12:2)

실제로 하나님이 말씀하신 대로 아브라함은 믿음의 조상, 복의 근원이 되었고 그로 인해 인류가 큰 복을 받았습니다. 그리고 이 말씀은 지금까지도 살아서 온 인류를 이끌고 있습니다.

사람은 내일 일도 어떻게 될지 모르는 안개 같은 존재입니다.

그러나 하나님이 복을 주시면 그 사람의 이름이 창대해집니다.

내가 고향과 부모를 떠나기 전, 하나님께서 아브라함에게 주셨던 그 언약을 내게도 주셨습니다. 그래서 나는 시간과 공간을 초월하여 내 이름이 이미 그리스도 안에서 창대하게 되었다고 믿습니다.

그분이 내 이름을 창대하게 하시고 복의 근원이 되게 하신 이유가 모든 민족에게 복을 끼치기 위함이라는 것을 압니다.

가장 큰 복은 무엇일까요? 하나님을 만나 하나님의 자녀로서 당당히 사는 것입니다. 또한 내가 가진 행복을 온 세상에 나누고 전하는 것입니다. 밑바닥 인생을 살았던 내가 하나님의 부르심을 받고 변화된 지 어느덧 10년이 다 되어 갑니다. 그 시간 동안 나는 학생에서 성인이 되었고 부모님으로부터 독립하여 결혼도 했습니다.

앞으로도 많은 것이 변하겠지요. 나의 자녀들이 태어나고 자라 독립할 것이고 그들도 가정을 이룰 것입니다. 그리고 나는 할머니가 될 것입니다. 많은 이들이 죽고 태어날 것이고 세상도 놀랍게 바뀔 것입니다. 그러나 나는 계속해서 변하지 않는 유일한 한 가지를 말하고 싶습니다. 하나님이 살아 계시며 그분이 사랑이시라는 사실입니다. 그 사실은 영원히 변하지 않습니다.

"하나님은 사랑이시라."(요일 4:16)

영원하신 하나님이 저주의 늪에서 나를 건져서 승리의 언덕과 행복의 푸른 초장에 누이셨습니다. 진정한 성공은 하나님 품으로 돌아가는 것입니다. 애초에 인간을 창조하신 분이 하나님입니다. 그런데 그분을 알지 못하고 죽는다면 무슨 의미가 있을까요?

하나님은 나의 이름을 창대케 하시기로 작정하셨고 나는 그분의 절대적인 계획 속에 폭 안기어 있습니다. 하나님의 절대 계획은 복의 근원인 나를 통해 당신에게도 많은 복을 끼치는 것입니다.

나는 이 책을 통해 당신을 섬길 수 있다는 사실이 무척 기쁘고 감사합니다. 지금까지 꽤 오랜 시간 당신이 하나님 안에서 진짜 '나'를 찾고 행복해지기를 기도해 왔는데 이 책이 그 응답입니다.

나도 행복해지고 싶었지만 행복이 무엇인지 몰랐고, 나답게 살고

싶었지만 나다운 것이 무엇인지 몰랐습니다. 그런데 그 모든 비밀
이 하나님의 복음 안에 있었습니다. 세상에 완벽한 사람은 없습니
다. 완벽해지려고 애쓰지 말고 하나님의 은혜를 따라 사십시오.

하나님의 어리석음이 사람의 지혜보다 더 낫고 하나님의 약함이
사람의 강함보다 더 낫습니다. 다른 사람의 말에 개의치 말고 하나
님께서 당신에게 주신 것을 소중히 여기며 행복하게 사십시오.

겸손하게 하나님만 두려워하며 하나님의 자녀로서의 명예와 위
엄을 지키십시오. 오직 하나님만이 가장 당신다운 모습을 알고 계
십니다. 주님께서 당신에게도 말씀하십니다.

"딸아, 너답게 살아라."

[내 평생 춤추며 살리라]

나의 주님,
그동안 기다린다고 힘들었지만
하나님의 뜻을 알고 신뢰하니
더 이상 어떤 기다림도 힘들지 않습니다.

순간의 선택이 현재와 미래,
그리고 영원까지 바꿀 수 있음을
나는 이제 깨달았습니다.

하나님께서 우리에게 주신 '믿음의 기도'
그것이 바로 시공간을 초월하는

영적인 힘이자 증거입니다.

거실 벽에 걸린 아빠가 써 주신
성구 액자가 매일 눈에 들어옵니다.
"너는 마음을 다하고 뜻을 다하고 힘을 다하여
네 하나님 여호와를 사랑하라."(신 6:5)

오묘하고 기이하신 나의 하나님,
당신을 사랑했더니
여호와의 영광이 내게 임했습니다.

영광은 아름다운 빛,
빛이 내 삶을 비추고
나는 주의 은혜로 춤을 춥니다.

여호와 하나님이 나의 방패시니
비가 내리고 세찬 바람이 불어도
두려움 없이 춤을 춥니다.

여호와 하나님은 나의 해가 되시니
주의 해바라기가 되어
날마다 행복을 노래합니다.

이것이 바로 내가 남기고 싶은 가장 귀한 것이고
당신에게 전하고 싶은 가장 소중한 것입니다.
"그 어떤 것도 당신을 향한

주 예수 그리스도의 사랑을 끊지 못하리라."

이것이 우리가 춤을 추는 이유이며
우리가 춤을 멈출 수 없는 이유입니다.
"허락이 필요 없는 이 춤을
내 평생 마음껏 추며 살리라."

성령님을 1순위로 내세우라

나의 최고는 오직 성령님이다

당신에게는 무엇이 1순위입니까?

나는 내 안에 실제로 살아 계신 성령님이 1순위입니다. 그분이 내 인생을 완전히 바꾸어 놓았기 때문입니다. 그래서 나는 어떤 모임에 가든지 당당하게 '성령님 이야기'를 합니다. 놀랍게도 많은 사람들이 자기 인생을 바꾸어 주신 성령님에 대해 잘 알지도 못하고 당당하게 말하지 않습니다. 성령님이 영이시므로 눈에 보이지 않기 때문일까요? 아니면 성령님에 대해 몰라서 그런 걸까요?

"우리는 성령이 계심도 듣지 못하였노라."(행 19:2)

그들에게 성령님을 전해야 합니다. 성령님만 빼고 다 이야기하는 사람들이 많습니다. 눈에 보이는 사람과 만물만 자랑하는 것은 옳지 않습니다. 성령님은 예수의 영이시며 우리의 가장 큰 자랑입니다. 빌립이 '하나님 나라'에 대해 전했는데, 이것은 죽어서 가는 천국만 아닌 이 땅에 임한 하나님 나라 곧 '성령님'을 가리킵니다.

천국은 성령님을 통해 내 안에서부터 시작됩니다.

"빌립이 하나님 나라와 및 예수 그리스도의 이름에 관하여 전도함을 그들이 믿고 남녀가 다 세례를 받으니 시몬도 믿고 세례를 받은 후에 전심으로 빌립을 따라다니며 그 나타나는 표적과 큰 능력을 보고 놀라니라."(행 8:12~13)

이 소식을 들은 예루살렘에 있는 사도들이 베드로와 요한을 그곳으로 보냈고 그들은 성령의 나타남을 위해 안수하며 기도했습니다.

"예루살렘에 있는 사도들이 사마리아도 하나님의 말씀을 받았다 함을 듣고 베드로와 요한을 보내매 그들이 내려가서 그들을 위하여 성령 받기를 기도하니 이는 아직 한 사람에게도 성령 내리신 일이 없고 오직 주 예수의 이름으로 세례만 받을 뿐이더라. 이에 두 사도가 그들에게 안수하매 성령을 받는지라."(행 8:14~17)

하나님 나라는 '하나님의 실제적인 다스림'을 말하며 성령님을 통해 왔습니다. 예수님께서 "이 글이 오늘 너희 귀에 응하였다"고 하셨기 때문입니다. "주의 성령이 내게 임하셨으니 이는 가난한 자에게 복음을 전하게 하시려고 내게 기름을 부으시고 나를 보내사 포로 된 자에게 자유를, 눈 먼 자에게 다시 보게 함을 전파하며 눌린 자를 자유롭게 하고 주의 은혜의 해를 전파하게 하려 하심이라 하였더라. 책을 덮어 그 맡은 자에게 주시고 앉으시니 회당에 있는 자들이 다 주목하여 보더라. 이에 예수께서 그들에게 말씀하시되 '이 글이 오늘 너희 귀에 응하였느니라' 하시니라."(눅 4:18~21)

하나님의 통치가 성령님을 통해 이 땅에 나타났습니다.

천국은 성령님을 통해 당신 안에 가득합니다.

나는 누가 뭐래도 성령님 이야기를 한다

당신은 이러한 하나님의 나라 곧 성령님에 대해 아십니까?

나는 교회를 왔다 갔다 했지만 성령님에 대해 잘 몰랐고 또 알려고 하지도 않았습니다. 가끔 듣기는 했지만 슬쩍 지나갔습니다.

그러다가 내 삶이 너무 힘들고 어려웠을 때 하나님께서 김열방 목사님의 책 〈성령을 체험하라〉를 보게 하셨는데 그 책이 내 인생을 완전히 바꾸어 놓았습니다. 지금 돌이켜 보니까 내가 살아 온 하루하루가 하나님의 계획 속에 다 있었습니다. 하나님이 내 인생을 이끌고 계셨습니다. 이런저런 문제를 주신 분도 하나님이셨고 해결까지도 그분이 다 해주셨습니다. 그분이 말씀하셨습니다.

"너의 삶을 주관하는 이는 나 여호와 하나님이다."

"이런 걸 알게 해주신 성령님, 감사합니다. 목사님, 감사합니다."

나는 내 안에 오셔서 내 인생을 이끌어 주신 성령님이 너무 좋아서 어떻게 하면 이러한 성령님을 높일까 하고 늘 기도합니다.

그래서 목장 이름도 '성령 목장'으로 정했습니다. 우리 가정도 성령 가정, 공동체도 '성령 공동체'로 하고 싶습니다. 카톡을 해도 '성령님' 전화 통화를 해도 '성령님' 어디든지 성령님을 알리고 싶어 못 견디겠습니다. 나의 성령님을 평생 높이며 살 것입니다.

어떤 사람은 내가 '성령님 이야기'를 하면 싫어합니다.

왜 그런지 모르겠습니다. 2천 년 전에 사람들이 '예수님 이야기'를 하면 싫어했던 것과 같습니다. 성령님은 예수의 영이십니다.

성령님이 앞으로의 내 인생을 어떻게 가장 좋은 길로 설계하고 인도하실지 너무나 기대가 됩니다. 나는 밤이나 낮이나 늘 성령님을 부릅니다. 그런 내게 성령님은 너무나도 놀랍고도 좋은 것을 계속 가르쳐 주시고 또 모든 것을 기적적으로 넘치게 채워 주십니다.

한 번은 내 동생이 일을 열심히 하다가 잠시 쉬게 되어 어려워 할 때 조금 도와줬습니다. 그랬더니 그 돈으로 국민연금을 넣었다고 했습니다. 앞으로 평생 연금을 받게 되었다고 좋아했습니다.

이 모든 것이 하나님의 은혜입니다. 나는 사람들에게 말합니다.

"당신도 당신 안에 계신 성령님을 찾고 구하고 교제하고 이야기하세요. 함께 하세요. 물어보세요. 오늘도 내일도 매일매일 부르세요. 그분의 음성을 귀 기울여 들으세요. 지금, 바로 지금 하세요. 시간을 따로 내어 그분과 교제하고 듣고 적고 책으로도 출간하세요."

그러면 그럭저럭 하루하루를 겨우 사는 것이 아니라 탁월한 인생, 기적의 인생, 최고의 행복한 인생, 천국같이 살다가 천국에 가게 되는 아름다운 인생을 하나님이 당신에게 살게 해주십니다. "소망이 우리를 부끄럽게 하지 아니함은 우리에게 주신 성령으로 말미암아 하나님의 사랑이 우리 마음에 부은 바 됨이니……."(롬 5:5)

하나님은 당신을 많이 사랑하십니다.

나는 성령 안에서 날마다 가슴 설렌다

당신은 하루를 어떻게 시작합니까?

나는 눈 뜰 때부터 하루를 가슴 설레게 시작합니다.

나는 하나님의 자녀입니다. 내 안에 성령님이 계시기 때문입니다. 그래서 나는 하나님 아버지께 감사의 기도를 드립니다.

"하나님 아버지, 이런 놀라운 생각을 주시고 놀라운 삶을 말하고 또 이렇게 글로 쓸 수 있게 해주셔서 감사합니다."

그리고 "성령님, 안녕하세요? 최고의 하루를 주신 것에 감사합니다"라고 성령님께 인사하고 하루를 시작합니다. 성령님은 하나님의 크고 놀라운 일을 내게 알려주십니다. 성경은 말씀합니다.

"너는 내게 부르짖으라. 내가 네게 응답하겠고 네가 알지 못하는 크고 은밀한 일을 네게 보이리라."(렘 33:3)

나는 이 말씀을 붙잡고 "성령님 크고 비밀한 것이 뭐가 있나요?"라고 자꾸 물어봅니다. 이 글을 쓰면서도 계속 물어봅니다. 참 희한합니다. 내 생각, 내 마음속에 좋은 것들이 가득 쌓이고 강물처럼 계속 흘러나옵니다. 날마다 자꾸자꾸 솟아나옵니다. 샘처럼 마르지 않고 계속 나옵니다. 예수님의 말씀이 내게 이뤄진 것입니다. "내가 주는 물을 마시는 자는 영원히 목마르지 아니하리니 내가 주는 물은 그 속에서 영생하도록 솟아나는 샘물이 되리라."(요 4:14)

아침에 남편이 출근할 때 "오늘도 일 잘하고 마음이 기쁘게 해 달라고 기도하자"고 말했더니 남편의 마음도 기쁨으로 바뀌고 있습니다. 내 안에 있는 이 기쁨이 남편에게 전염되게 해주셨습니다.

나는 하나님이 주신 이 가장 좋은 것 곧 '성령님'에 대한 소식을 들은 사람이 또 다른 사람에게 또 다른 사람에게 계속 전염하고 옮겨서 세상 모든 사람이 행복하게 되었으면 합니다.

예수님이 말씀하셨습니다. "너희가 악한 자라도 좋은 것으로 자식에게 줄 줄 알거든 하물며 하늘에 계신 너희 아버지께서 구하는 자에게 '좋은 것'으로 주시지 않겠느냐?"(마 7:11) "너희가 악할지라도 좋은 것을 자식에게 줄 줄 알거든 하물며 너희 하늘 아버지께서 구하는 자에게 '성령'을 주시지 않겠느냐 하시니라."(눅 11:13)

성령님은 하나님이 우리에게 주신 가장 좋은 선물입니다.

당신도 성령 안에서 하루를 가슴 설레게 시작하십시오. 기대감과 사모함으로 하루를 시작하고 감격하고 감사하며 사십시오.

"영접하는 자 그 이름을 믿는 자들에게는 하나님의 자녀가 되는 권세를 주셨으니"라고 했습니다. 예수님을 믿고 영접하십시오.

지금 나를 따라서 이렇게 중얼거리며 말하기 바랍니다.

"예수님, 저는 죄인입니다. 나의 죄 때문에 십자가에서 죽으시고 사흘 만에 부활하신 예수님을 믿습니다. 저를 구원하여 주시니 감사합니다. 성령을 보내 주셔서 감사합니다. 성령님, 내 안에 오셔서 나의 주인이 되어 주시고 이 순간부터 영원토록 나를 이끌어 주세요. 예수님의 이름으로 기도합니다. 아멘."

축하합니다. 당신은 구원을 받고 하나님의 자녀가 되었으며 지금 당신 안에 성령님이 가득히 들어와 계십니다. "나를 믿는 자는 성경에 이름과 같이 그 배에서 생수의 강이 흘러나오리라."(요 7:38)

성령님의 음성에 순종하고 지금 책을 써라

당신은 하나님께서 기뻐하시는 일을 언제 합니까?

나는 왜 그런지 모르겠지만 하나님이 기뻐하시는 일인 줄 알면서도 많이 망설이고 미루고 다음에 하려고 했습니다. 이 책을 쓰는데도 '다음에 하면 되지'라는 마음이 생겼습니다. 그런 내 마음을 아시고 하나님은 강하게 말씀하셨습니다. 아주 강하게, 강하게, 새벽마다 나를 깨우셨습니다. 그리고 이렇게 말씀하셨습니다.

"지금. 지금. 지금. 지금이 네 날이다. 다음은 네 날이 아니다. 다음은 알 수 없다. 다음은 네 시간이 아니다."

성령님께서 새벽에 계속 음성을 들려 주셨습니다.

"지금. 지금 하라. 지금 하라."

그래서 벌떡 일어나서 "지금 하겠습니다"라고 말씀드리고 '지금'이라고 크게 종이에 적어 붙여 놨습니다. 그리고 김열방 목사님께 책을 쓰겠다고 문자를 보냈습니다. 당신도 지금. 지금 하세요.

지금 바로 안 하면 마음에 갈등이 생기고 힘이 듭니다.

지금 책을 쓰세요. 지금 쓰세요. 성령님께 물어 보세요.

성령님과 함께 하세요. 성령님과 날마다 교제하세요.

구원받는 것도 그렇습니다. 지금 예수님을 마음으로 영접하세요.

당신도 지금 성령님과 교제하고 풍성한 삶을 누리세요. 지금 온전한 복음으로 전도하세요. 지금 책을 쓰세요. 성령님의 음성을 들었을 때는 즉시 순종해야 합니다. 그러면 기적이 일어납니다.

"책에 써서 후세에 영원히 있게 하라."(사 30:8)

성령님이 계신 곳에는 영혼의 자유가 있다

당신의 마음은 지금 자유가 있습니까?

지금 나는 "주의 영이 계신 곳에는 자유가 있다"(고후 3:17)는 말씀대로 모든 것에 자유가 있습니다. 그러나 예전에 나는 작고 연약하고 늘 빌빌거렸습니다. 말도 잘 안하고 근심 걱정이 많고 두려움이 많아 사는 게 뭘까 하고 고민하던 아이였습니다. 좋은 날도 많았지만 힘든 날도 많아 교회는 다녀도 자주 흔들렸습니다.

그런 나를 하나님이 성령의 사람으로 완전히 바꾸어 주셨습니다.

나의 삶은 날마다 성령님과 교제하며 복음을 전하는 놀라운 삶, 세상 그 무엇과도 바꿀 수 없는 행복한 삶이 되었습니다. "하나님 아버지, 감사합니다. 예수님, 감사합니다. 성령님, 감사합니다."

오늘은 "진리가 너희를 자유케 하리라"는 말씀을 주시고 책도 쓰게 하시고 자유를 누리게 하십니다. 세상 근심과 두려움 없이 문제보다 크신 하나님의 말씀으로 넉넉히 이기며 살게 해주셨습니다.

믿지 않는 사람들이 내 앞에서 큰 소리쳐도 전혀 두렵지 않아요.

주님이 말씀하십니다. "조금도 두려워하지 마라."

올해 나는 이 가을이 너무 아름답고 좋습니다.

하나님이 창조하신 이 가을이 너무 좋아서 하나님이 더욱 좋습니다. 하나님이 우주 만물을 주시고 이 가을을 주셔서 너무 감사합니다. 나무에 달려 있는 낙엽도, 떨어지는 낙엽도, 굴러다니는 낙엽도, 쌓여 있는 낙엽도 다 좋고 아름답습니다. 나는 밥을 지을 때 태우기도 하는데, 하나님은 매년 가을마다 낙엽 색깔이 골고루 아름답게 물들게 하십니다. 까맣게 태운 낙엽은 아직 보지 못했습니다. 정말 놀랍습니다. 나는 하나님께 감사의 기도를 드립니다.

"하나님, 감사해요. 하나님 아버지, 감사해요. 온천지에 어찌 이리 아름다운 대자연을 만드시고 또 가을에는 예쁜 낙엽까지 주셨나요? 아버지 하나님의 섭리, 하나님의 은혜, 하나님의 선물, 하나님의 계획, 하나님의 축복, 모든 것이 너무너무 감사합니다. 하나님 아버지, 내 남편도 저 단풍과 대자연을 보고 하나님이 하셨다고 하나님의 이름을 높이고 하나님께 영광 돌리게 해주세요. 우리 식구들도 자자손손 믿음의 명문가로 주님의 이름을 높이며 살게 해주세요. 세상 모든 사람들의 가정이 믿음의 명문 가정으로 주님의 이름을 높이며 살게 해주세요. 예수님의 이름으로 기도합니다. 아멘."

믿음의 말만 하라. 기적이 일어난다

당신은 평소에 어떤 말을 자주 하고 있습니까?

나는 날마다 믿음의 말을 입술로 선포하고 있습니다. 내 안에 성령님이 강물처럼 가득히 계시니까 늘 성령님께 물으면서 말합니다.

내가 그렇게 성령님께 묻고 존중하자, 성령님은 나로 하여금 믿음의 말을 할 수 있게 자세히 가르쳐주시고 믿음의 사람을 만나게 해주시고 믿음의 책. 복음의 책. 성령의 책을 읽게 해주시고 또 그런 책을 쓰게 해주셨습니다. 이 모든 것이 하나님의 은혜입니다.

나는 기도할 때도 '믿음의 기도'를 합니다.

"내가 너희에게 말하노니 무엇이든지 기도하고 구하는 것은 받은 줄로 믿으라. 그리하면 너희에게 그대로 되리라."(막 11:24)

주위 사람들은 내가 믿음의 말을 하는 것을 싫어합니다. 그러나 나는 그런 사람들의 말보다 하나님이 기뻐하시는 대로 살겠다고 결단했습니다. 나는 아침에 일어나면 성령님께 인사합니다.

"성령님, 안녕하세요. 오늘도 최고의 날을 주셔서 감사합니다."

그러면 하나님은 그 날을 최고의 날로 이끌어 가십니다. 최고의 상황을 만들어 주십니다. 최고의 인생을 살게 해주십니다. 최고의 글을 쓰게 해주십니다. 하나님이 주신 내 인생은 '백만 불짜리 인생'입니다. 그래서 이 책도 백만 불짜리 귀한 책입니다. 내 안에 성령님이 계십니다. 성령님이 나로 하여금 쓰게 해주셨습니다.

당신도 원망과 불평을 그치고 오직 믿음의 말만 하십시오. 성경은 '말의 권세'에 대해 분명히 말씀하고 있습니다. "네 입의 말로 네가 얽혔으며 네 입의 말로 인하여 잡히게 되었느니라."(잠 6:2)

당신의 입에서 나온 말대로 하나님이 행하십니다. "너희 말이 내 귀에 들린 대로 내가 너희에게 행하리니……."(민 14:28)

순간마다 성령님께 도움을 구하며 지혜롭게 말하십시오. "우리가 다 실수가 많으니 만일 말에 실수가 없는 자라면 곧 온전한 사람이라. 능히 온 몸도 굴레 씌우리라. 혀는 능히 길들일 사람이 없나니 쉬지 아니하는 악이요 죽이는 독이 가득한 것이라."(약 3:2, 8)

사람은 혀의 열매를 먹습니다. "죽고 사는 것이 혀의 힘에 달렸나니 혀를 쓰기 좋아하는 자는 혀의 열매를 먹으리라."(잠 18:21)

입을 넓게 열고 하나님께 큰 것을 구해야 합니다.

"나는 너를 애굽 땅에서 인도하여 낸 여호와 네 하나님이니 네 입을 크게 열라. 내가 채우리라 하였으나."(시 81:10)

구원도 입으로 시인함으로 받습니다. "사람이 마음으로 믿어 의에 이르고 입으로 시인하여 구원에 이르느니라."(롬 10:10)

당신은 오직 믿음의 말만 하는 복된 입술을 가졌습니다.

당신을 축복합니다.

당신은 세상의 빛이다. 세상에서 리더십을 발휘하라

당신은 빛입니까 어둠입니까?

나는 이제 세상의 빛으로 살고 있습니다.

전에는 빛도 어둠도 잘 몰랐고 빛의 자녀, 어둠의 자녀도 몰랐습니다. 또 내 안에 성령님이 계시지만 그것도 잘 모르고 "그래, 계신다고 했지. 맞아. 계시지"라며 아무 생각 없이 살았습니다. 그러던 어느 날, 새벽 예배를 가기 위해 화장실 불을 켰는데, 문을 활짝 열면 화장실 전체가 환해지고 조금 열면 50퍼센트로 밝았습니다. 그래서 조금씩 더 열고 닫고를 반복하면서 이런 생각을 했습니다.

'내 안에 태양보다 더 큰 성령의 빛이 있는데 나는 어느 정도의 빛으로 살고 있지? 10퍼센트, 20퍼센트의 빛으로 살고 있는 건 아닐까? 문을 다 열고 100퍼센트, 200퍼트 빛으로 살아야지.'

그래서 나는 이렇게 기도했습니다. "하나님, 저는 200퍼센트 넘치는 성령의 빛으로 살고 싶어요. 200퍼센트 하나님께 항복하고

200퍼센트 세상의 승리자로 살고 싶어요. 그렇게 되게 해 주세요. 어두움이 전혀 없는 200퍼센트 성령의 빛으로 살고 싶어요."

그러다가 하나님은 책을 쓰시는 김열방 목사님을 만나게 해주셨고 나로 하여금 책도 쓰게 해주셨습니다. 또한 날마다 성령님과 교제하며 온전한 복음으로 예수님만 자랑하며 살게 해주셨습니다.

십자가에서 나의 죄를 해결해 주신 예수님, 다 이루시고 부활하시고 승리하신 예수님을 만나게 해주셨습니다. 그리스도 안에서 나는 의인이 됐고 성령 충만 받았고 건강과 부요, 지혜와 평화, 그리고 생명을 얻었습니다. 하나님의 은혜에 감사드립니다.

나를 변화시킨 예수님을 만나세요. 그러면 당신도 변화됩니다.

당신이 살 길은 오직 길이요 진리요 생명 되신 예수님뿐입니다.

예수님께 항복하고 회개하면 모든 것을 회복시켜 주십니다.

하나님이 당신을 많이 사랑하십니다.

성령님과 함께 꿈꾸고 도전하라

주님의 이름으로 문안합니다.

나는 대한민국 서울에 사는 '유지선'입니다. 책 속에서 당신과의 첫 만남은 살짝 간지럽고 어색하지만 좋은 것 같습니다. 아니, 무척 좋습니다. 나는 지금 생각보다 많이 떨리고 그 와중에 많이 즐겁고 또 기대에 차 있습니다. 그러면서도 고민이 있기도 합니다.

'하나님을 사랑하는 나의 어떤 이야기가 좋을까?'

하나님과 함께했던 내 인생의 아름다운 순간들은 참 색달랐습니다. 이해할 수 없는 일, 감사하면서도 아주 오묘한 일이 많았습니다.

아무튼 모든 것이 진실로 긍정적입니다.

나는 조잘조잘 말이 많습니다. 생각나는 대로 조잘거리는 말주변보다는 그래도 조금은 정리되었을 글 주변으로 책을 썼습니다. 이 책은 '책을 써내고 싶다'는 내 꿈이 실제로 이루어진 것입니다.

나도 책 쓰는 사람이 되고 싶다

당신에게는 어떤 꿈이 있습니까?

나는 여러 가지 꿈이 있었습니다. 어렸을 때, 기억은 정확히 나지 않지만 초등학교 시절 글쓰기 대회에서 상을 받은 적이 있습니다. 그 기억이 그렇게 행복했습니다. 어린 마음에 상을 받고 인정을 받으니 기분이 좋았던 것 같습니다. 지금은 이유가 좀 달라졌습니다.

지금은 그냥 글쓰기가 좋습니다. 나를 숨길 필요도 없고 글 안에서는 아주 자유로운 기분입니다. 이렇게 글을 쓰는 건 내게 정말 위로가 됩니다. 누구한테 보여주지 않아도 괜찮습니다. 그냥 글을 쓰는 자체가 행복합니다. 북받치는 내 마음을 드러낼 수도 있고 너무 기뻤던 일도 마음껏 말할 수 있는 '글쓰기'는 내게 친구와 같습니다.

그냥 무언가 쓸 수 있다는 것이 그저 좋습니다. 그러고 보니 건강한 손가락과 눈과 뇌가 참으로 큰 복이네요. 마음속에 '글을 쓰는 사람이 되고 싶다'는 소망이 있었지만 한편으론 두려웠습니다.

똑똑한 사람들은 이런 말을 합니다.

"글은 누구나 쓸 수 있지만 '작가'는 아무나 될 수 없다."

그런 것 같습니다. 나도 나중에서야 글을 쓰고 싶다고 말할 수 있는 용기가 생겼고 정확히 '작가'라고 말하기엔 부담스러웠습니다.

하지만 그저 소망에 가지고 기도했던 것을 실제로 행하게 하시는 이는 '전능하신 하나님'이었다고 밖에 말할 수가 없습니다.

당신도 무엇이든지 기도하면 초자연적인 응답을 받습니다.

"무엇이든지 기도하고 구하는 것은 받은 줄로 믿으라. 그리하면 너희에게 그대로 되리라."(막 11:24)

그 후로 시간이 많이 지났습니다.

27세가 된 지금의 나는 이렇게 책을 써낸 작가가 되었습니다.

과거에 '될까 말까' 했던 내 소망을 이루신 분은 하나님이십니다.

나의 하나님은 내가 항상 마음에만 간직하고 있던 소중한 작가의 꿈을 이루어 주셨는데, 그것노 에세이니 소설, 드라마 작가가 아닌 가장 영광스럽고 존귀한 '복음 작가'가 되게 해주셨습니다. 복음 작가는 온 천하보다 귀한 한 영혼, 한 영혼을 예수 그리스도 복음으로 살리며 그들의 삶을 아름답게 디자인해 주는 사람입니다.

예수님은 말씀하셨습니다. "사람이 만일 온 천하를 얻고도 제 목숨을 잃으면 무엇이 유익하리요? 사람이 무엇을 주고 제 목숨과 바꾸겠느냐?"(마 16:26) 그렇습니다. 하나님 앞에 자신이 성공했다며 온 천하를 들고 와도 죄를 사함 받거나 자기 영혼이 구원받을 수 없습니다. 큰 사업을 해서 1년에 수백억을 벌며 온 천하를 다 가졌다고 자랑하지만 막상 자기 영혼을 챙기지 못하는 사람들이 너무 많습니다. 그런 사람들은 다른 어떤 책을 읽어도 행복해지지 못합니다. 내가 쓴 예수 그리스도 복음이 담긴 책을 읽어야 합니다.

바울은 사도행전 16장 31절에 이렇게 외쳤습니다.

"주 예수를 믿으라. 그리하면 너와 네 집이 구원을 받으리라."

오직 예수를 믿음으로만 구원을 받습니다. 예수를 믿으십시오.

지금 이 시간에 나를 따라 이렇게 기도하면 됩니다.

"예수님을 나의 구원자로 믿고 영접합니다."

하나님은 꿈과 용기를 주신다

당신은 꿈과 그 꿈을 이룰 수 있는 용기가 있습니까?

사람에게 꿈과 그 꿈을 이룰 수 있는 용기를 주시는 분은 오직 하나님이십니다. 하나님은 꿈을 이룰 수 있는 믿음을 주시며 상황을 만들어 주십니다. 그러므로 모든 성공은 오직 하나님의 은혜입니다.

나도 책을 쓰기까지 혼자 많이 싸웠습니다.

"네가 책 쓰기를 할 수 있겠어?"

"만약에 책을 썼다 해도 누가 보고 실망하면 어떡할 거야?"

"잘 써야 하는데, 네가 잘 쓸 수 있겠어?"

내겐 책 쓰기에 대한 용기가 너무나 필요했습니다.

어느 날 스스로 큰 맘 먹고 용기를 가져 보았습니다.

"그래, 그냥 해보지 뭐!"

하지만 다음 날이 되자 전날의 용기가 사라졌습니다.

"아하. 아직은 못하겠구나."

용기를 갖는다는 것이 내 힘으로 되는 게 아니었습니다.

나의 육신의 감정으로는 용기를 가지는 것이 불가능했습니다. 하루가 멀다 하고 내 감정이 요동쳤습니다. 오늘 가졌다가 내일은 빼앗겼다가 사흘 후엔 또 가졌다가 이레 후엔 사라지곤 했습니다.

"하루하루 바뀌는 게 내 감정인데, 과연 가능할까?"

"내일 또 내 마음이 어떻게 될지 몰라."

내 속에서 계속해서 반문했습니다.

'네가 할 수 있겠어? 정말 감당하고 책임질 수 있겠어?'

아, 머리가 아팠습니다. 그때 가장 좋은 방법을 찾았습니다.

그것은 탁월한 선택이었는데 곧 '하나님을 찾는 것'이었습니다.

"저가 네 마음의 소원을 이루어 주시리로다. 너의 길을 여호와께 맡기라. 저를 의지하면 저가 이루시고……."(시 37:4~5)

그리고 니는 승리했습니다. 이것은 진정한 승리가 맞습니다.

나는 정말 행복합니다. 지금은 신나게 매일 글을 씁니다. 이렇게 빨리 이루어질 것이라곤 생각하지 못했습니다. 나는 내 생각보다 더 크고 놀라운 하나님의 계획을 하나도 짐작할 수 없었습니다.

수백 권의 책을 쌓아 놓고 짜깁기하는 것이 아닌 온전히 나 '유지선'의 글을 씁니다. 재밌습니다. 책을 쓰는 내내 재밌습니다. 키보드를 타닥타닥 두드리는 소리가 참 좋습니다. 하나님이 27세에 이렇게 재미있는 에피소드(episode)를 만들어 주셔서 즐겁습니다.

옛날 그 시절 내가 가지고 있던 꿈은 그저 땅에 묻힐 뻔했습니다.

어쩌면 평생 마음에 가지고 그저 몽상가로만 살지 않았을까 합니다. 정말 큰일 날 뻔했습니다. 하나님이 다 하신 것입니다.

'때가 이르매' 하나님이 행하신 것입니다. 하나님과 함께 꿈을 꾸고 시간과 공간을 초월해서 받았다고 믿으십시오. 때가 이르면 하나님이 그렇게 품고 있는 꿈을 현실로 태어나게 하실 것입니다.

"너희 안에서 행하시는 이는 하나님이시니 자기의 기쁘신 뜻을

위하여 너희에게 소원을 두고 행하시나니……."(빌 2:13)

영적인 존재는 실제로 있다

당신은 영의 세계를 인정합니까?

나는 시커먼 마귀를 생생하게 본 적이 있습니다.

나의 19세를 떠올려 보면 그저 평범한 아이였습니다. 고등학교 3학년, 수능준비에 집중하면서도 노는 것을 좋아했고 친구들과 있는 시간이 행복한 아이였습니다. 그 당시 내게 있어 학과 공부는 아무리 올라가도 끝이 보이지 않는 높은 산과 같았고 수능시험은 하루하루 성큼성큼 코앞에 다가오는 사형의 날과 같았습니다.

그리고 19세는 그저 평범했던 내 삶에 가장 놀라운 만남이 있었던 해입니다. 그때도 친구를 따라 다른 지역으로 놀러 갔습니다.

내게 중요했던 건 '그 친구와의 시간'이었는데 그렇게 가게 된 곳이 교회였습니다. 그는 내가 정말 좋아하는 친구였고 평소에 많이 의지했던 친구였습니다. 오로지 그 친구가 중요했던 내게 있어 '교회'라는 장소는 별로 중요하지 않았습니다. 그렇게 몇 주를 꾸준히 갔습니다. 지금 생각해보면 참으로 놀라운 일입니다.

어떻게 갈 수 있었을까요. 아무 흥미도 없고 재미도 없었을 텐데 하루 종일 거기서 시간을 보냈습니다. 사람들과는 어색했지만 친구가 있으니 좋아서 그냥 있었습니다. 그 친구를 따라 자연스럽게 기도했고 말씀을 읽었습니다. 아니, 귀는 소리를 들을 수 있어 듣고 말씀은 글자니 볼 수 있어 봤습니다. 기도는 보고 따라 했습니다.

처음으로 적극적으로 방언을 말하는 모습을 보았고 부르짖어 기도해도 이상하다는 생각이 들지 않았습니다. 지금 생각해도 희한하게, 그냥 다 자연스러웠다는 것입니다. 물론 나도 그때 원하는 기도 제목이 있었습니다. 기도하면 들어주신다고 하니 '좋은 성적'을 구했습니다. 성적이 잘 나와야 누구에게나 떳떳할 수 있었으니까요.

그렇다고 기적같이 성적이 올랐다거나 수능시험을 너무나 잘 봐서 대단한 성과를 냈다거나 하지는 못했습니다. 수능일, 대성공을 터뜨리겠다고 말했지만 결과는 그리 신통치 못했습니다.

어느 날도 비슷하게 기도하고 있었는데 정말 눈물이 펑펑 터졌습니다. 놀라웠습니다. 나 자신을 영화로 보는 것 같았습니다.

정말 애통하게 꺼이꺼이 울었습니다. 그런데 웬 걸요. '머리와 가슴이 이렇게 분리될 수 있을까?'라는 느낌이 들었습니다. 그렇게 눈물을 쏟고 있는 내 모습을 보는데, 문득 이런 생각이 들었습니다.

'왜 이러지? 미친 건가? 뭐가 슬픈 거지?'

내가 어떻게, 왜 움직이고 있는지를 몰랐던 하루였습니다.

그러다가 시간이 지나자 신기하게도 어릴 때가 떠올랐습니다.

그 후로 더 많이 울었던 것 같은데, 어린 내가 울고 있었습니다.

혼자 이모를 기다리면서 무서워했던 천둥치던 그 날, 또 처음으로 사랑하는 사람 앞에 두려움에 떨며 무릎을 꿇었던 어떤 날. 그 날들이 너무나 명확히 보였습니다. 혼자가 되어 너무 무서웠습니다. 내 편이라고 생각했던 사람들도 없었습니다. '나와 함께 하는 사람들이 없구나. 그 어디에도 따뜻함이 없구나'라는 생각이 나를 많이 괴롭혔습니다. 그날 봤던 어린 나는 참으로 불쌍했습니다.

그 순간 내 앞에 있는 어떤 검은 형체를 보았는데 마귀였습니다.

당신도 알겠지만, 하나님의 영인 성령님도 계시지만 마귀의 영인 귀신도 있습니다. 날 오랫동안 괴롭혔던 마귀를 본 날이었습니다. 그 마귀는 예수 이름으로 쫓겨 나갔고 나는 완전한 자유와 행복, 건강을 얻었습니다. 당신도 예수 이름으로 마귀를 대적하십시오. 그러면 당신을 피할 것입니다. "그런즉 너희는 하나님께 복종할지어다. 마귀를 대적하라. 그리하면 너희를 피하리라."(약 4:7)

마귀는 실제로 있습니다. 하지만 조금도 두려워하지 마십시오.

당신 안에 계신 하나님은 마귀보다 억만 배나 크신 분입니다.

"자녀들아, 너희는 하나님께 속하였고 또 그들을 이기었나니 이는 너희 안에 계신 이가 세상에 있는 자보다 크심이라."(요일 4:4)

하늘과 땅의 모든 권세를 가진 예수님이 당신과 함께 계십니다.

"내가 세상 끝날까지 너희와 항상 함께 있으리라."(마 28:20)

가랑비에 옷 젖듯이 변화된 내 인생

당신은 언제 예수님을 만났습니까?

나는 사실 언제인지 정확히 기억나지 않습니다.

어떤 사람은 그 날짜를 정확하게 기억할 것입니다.

내게 맞는 표현이라면 '가랑비에 옷 젖듯이'가 아닐까 합니다.

이 책을 읽는 당신도 가랑비에 옷 젖듯이 점점 변화될 것입니다.

나는 자연스럽게 교회를 계속해서 나가게 되었습니다. 그리고 많은 분들을 따라 기도했습니다. 그러다 방언을 하나님으로부터 받게 되었습니다. 목사님께서 안수를 해주셨고 방언 기도를 하게 되었습니다. 나는 그 당시에 방언 기도가 무엇인지도 몰랐습니다.

'그냥 각자 조금 희한하게 하는 기도의 방식이구나.'

이렇게만 생각했습니다. 지금 생각해보면 그때 내가 무슨 생각으로 그렇게 했는지 모르겠습니다. 그래서 웃음이 납니다. 하지만 그때 자연스럽게 내 마음을 열어 주시고 받아들이게 해주신 하나님의 은혜에 정말 감사합니다. 이 모든 것이 하나님의 은혜입니다.

그 시절에 나는 하나님을 인지하고 있었지만 내 삶 속의 하나님은 잘 몰랐던 때였습니다. 존재는 아는데 정말 살아 계시는지, 나와 함께 하시는지, 정확히 알지 못했다고 해야 할까요. 그래서인지 나는 나서서 하나님과 교회, 기독교 이야기를 하는데 우물쭈물하는 그런 아이였습니다. 어쨌든 그때 내 종교는 기독교였습니다.

신기하다는 말을 계속하게 될 것 같은데, 지금의 나는 또 정말 많이 바뀌었습니다. 왜냐하면 이제는 자신 있게 말할 수 있거든요.

사람들이 "네가 아는 예수님은 누구시냐?"라고 물으면 나는 자신 있게 이렇게 대답할 수 있습니다. "주는 그리스도시요 살아 계신 하나님의 아들이시니이다."(마 16:16) 이것이 내 믿음입니다.

그리고 나는 예수님 때문에 인생이 완전히 바뀌었습니다.

"내가 곧 길이요 진리요 생명이니 나로 말미암지 않고는 아버지께로 올 자가 없느니라"(요 14:6)라고 말씀하신 예수님이 내 안에 실제로 살아 계십니다. 나는 길과 진리와 생명을 가졌습니다.

나는 매일 행복한 마음으로 이렇게 고백합니다.

"예수님, 감사합니다."

"예수님, 사랑합니다."

"예수님, 행복합니다."

나는 예수님 때문에 새 생명을 얻었습니다. 예수님이 내게 물으십니다. "나는 부활이요 생명이니 나를 믿는 자는 죽어서도 살겠고 무릇 살아서 나를 믿는 자는 영원히 죽지 아니하리니 이것을 네가 믿느냐?"(요 11:25~26) 나는 분명히 대답합니다. "네, 믿습니다."

나는 이제 자신 있게 외칩니다.

"아멘!"

멋있지 않습니까?

길과 진리와 생명과 부활이신 예수님.

나는 진짜 예수님을 사랑합니다.

나한테 예수님은 누구일까요?

나를 사랑해 주시는 너무나 자상하신 분입니다. 그런데도 그 누구와도 비교할 수 없이 멋있고 장엄한 분입니다. 도대체 누구에게 이런 말을 할 수 있겠습니까? 오직 나의 구주 예수님뿐입니다.

나는 영원히 살아 계신 예수님만 섬깁니다.

나의 사랑하는 친구 예수님

당신에게는 좋은 친구가 있습니까?

나는 한 친구를 만났습니다. 그는 너무 소중하고, 내게 많은 것을 알려줬습니다. 그에게는 배움이 있었습니다. 늦은 밤, 아름다운 연주 소리로 내게 왔던 사람, 생각하면 감사하고, 뭐라 말할 수 없는 여러 감정이 듭니다. 처음으로 정말 오랜 친구가 되고 싶다고 생각했습니다. 그 만남은 친구에 대한 나의 생각을 마음 속 깊은 곳에서부터 바꾸었습니다. 몇 안 되는, 마음에 닿는 순간이었습니다.

좀 진부할 수 있지만, 내 곁을 내어 주고 싶은 사람. 그 앞에선 모든 것이 진심이 되는 사람. '친구'란 내게 그런 의미가 되었습니다.

"내 계명은 곧 내가 너희를 사랑한 것 같이 너희도 서로 사랑하라 하는 이것이니라. 사람이 친구를 위하여 자기 목숨을 버리면 이보다 더 큰 사랑이 없나니 너희는 내가 명하는 대로 행하면 곧 나의 친구라. 이제부터는 너희를 종이라 하지 아니하리니 종은 주인이 하는 것을 알지 못함이라. 너희를 친구라 하였노니 내가 내 아버지께 들은 것을 다 너희에게 알게 하였음이라."(요 15:12~15)

나의 친구라고 예수님이 말씀하셨습니다.

"나의 친구라." 이 말씀을 읽으면서 정말 감동적이었고 말할 수 없이 감사했습니다. 그 누구도 아닌 예수님이 서로 사랑하면 친구가 되어 주겠다고 하시니, 하나님의 아들인 예수님이 나의 친구가 되어 주신다니 그저 감사할 따름입니다.

나는 세상에서 가장 좋은 친구이신 예수님이 계시기 때문에 조금도 외롭지 않습니다. 친구는 '사랑'의 또 다른 이름입니다. 친구가 되면 시간을 내줄 수 있고 기다려 줄 수 있고 들어줄 수 있고 믿어 줄 수 있습니다. 언제 어디서나 기쁜 마음으로 맞을 수 있습니다.

우리가 이런데, 예수님은 더 큰 사랑을 갖고 있지 않을까요.

그분은 우리를 위해 십자가 형벌의 죽음 앞에서도 하나님의 뜻대로 온전히 순종하신 분입니다. 그분은 우리를 향한 사랑을 택하고 결코 우리에게서 등을 돌리지 않는 가장 좋은 친구입니다. 죽음 앞에서도 나를 택하신 예수님, 나의 영원한 친구가 되어 주신 예수님.

"예수님, 억만 번이나 감사하고 사랑합니다."

예수님이 우리를 친히 친구라 불러 주시고 우리가 그분의 친구가 되어 너무나 다행입니다. 그분을 사랑할 수 있어 다행입니다.

[친구]

당신은 누굽니까?
당신은 어떤 사람입니까?
나는 예수님의 친구입니다.

나는 여전히 잘 웃습니다.
나는 여전히 잘 웁니다.
나는 여전히 꿈을 꿉니다.
나는 여전히 단순합니다.

나는 여전히 멍을 많이 때립니다.
나는 여전히 혼자서도 잘 놉니다.
나는 여전히 조금은 웃깁니다.

그래도 괜찮습니다.

내게 더 중요한 건 바로 이겁니다.
"나는 하나님의 자녀다."

나는 하나님을 많이 사랑합니다.
나는 하나님을 확실히 믿습니다.
나는 하나님을 존경하고 두려워합니다.

나는 예수님의 진실한 친구입니다.
나는 은혜와 소망을 소중히 여깁니다.

내 인생에 있어 가장 중요한 건
바로 그분의 은혜입니다.
"모든 것이 하나님의 은혜다."

나는 하나님의 자녀입니다.
당신도 하나님의 자녀입니다.
하나님은 우리를 사랑합니다.

당신은 자신을 무엇이라고 대답할 겁니까?
나는 예수님의 친구이고 또한 예수님의 가족입니다.
우리는 정확한 대답을 해야 합니다. 나에 대해 말할 때, 내 성별을 말하고 이름을 말하고 직업을 말하기 전에 먼저 내가 '하나님의 자녀'인 것을 알고 말해야 합니다. 당신은 하나님의 자녀입니다.
"영접하는 자 곧 그 이름을 믿는 자들에게는 하나님의 자녀가 되는 권세를 주셨으니 이는 혈통으로나 육정으로나 사람의 뜻으로 나

지 아니하고 오직 하나님께로부터 난 자들이니라."(요 1:12~13)

이것보다 더 큰 특권은 없습니다. 당신을 축복합니다.

나는 요즘 사랑에 푹 빠져 있다

당신은 요즘 누구를 사랑하고 있습니까?

나는 하나님을 많이 사랑합니다. 그리고 친구도 사랑합니다.

나는 자기 전에 기도하는 시간을 좋아합니다. 물론 기도하는 시간은 꼭 자기 전이 아니라도 괜찮습니다. 기도는 언제나 좋습니다.

방안은 고요하고 어둡지만 여전히 많은 것들이 보입니다.

책장에 꽂힌 책들도 거울도 옷장 사이로 삐져나온 옷도 보입니다. 침대는 포근해서 좋고 나를 감싼 이불은 금방이라도 어떤 생각 없이 무의식 상태로 나를 꿈나라로 당장 보내려고 합니다. 그때 나는 더 즐거운 꿈나라로 가려고 혼자 놀면서 계속 엄청 짧은 단어로 기도합니다. 내가 '사랑'을 정말 좋아하니깐 사랑이 항상 내 안에 가득하길 바라는 마음으로 사랑이란 단어를 백번 정도 말합니다.

"사랑 사랑 사랑 사랑 사랑……"

그러다 보면 피곤한지 이내 깊은 잠에 빠져듭니다.

"사랑은 오래 참고 사랑은 온유하며 시기하지 아니하며 사랑은 자랑하지 아니하며 교만하지 아니하며 무례히 행하지 아니하며 자기의 유익을 구하지 아니하며 성내지 아니하며 악한 것을 생각하지 아니하며 불의를 기뻐하지 아니하며 진리와 함께 기뻐하고 모든 것을 참으며 모든 것을 믿으며 모든 것을 바라며 모든 것을 견디느니라. 사랑은 언제까지나 떨어지지 아니하되 예언도 폐하고 방언도 그치고 지식도 폐하리라.”(고전 13:4~8)

모든 성경 말씀이 다 주옥같지만, 요즘 나는 고린도전서 13장에 푹 빠져 있습니다. 여기서 말하는 사랑은 단순히 사람들이 연애하는 정도의 사랑이 아닌 ‘예수님을 뜨겁게 사랑하는 마음’입니다.

“예수님, 사랑합니다.”

그동안 사랑을 어찌나 못했는지 하나 읽고 울고 하나 읽고 울기를 참 많이 했습니다. 어떻게 모든 것을 참으며 모든 것을 믿으며 모든 것을 바라며 모든 것을 견딜 수 있나요? 나를 향한 그분의 사랑은 이렇게 숭고할 수 없습니다. 그래서 사랑이 아름답나 봅니다.

하나님은 나를 사랑하시되 아들을 내어 주기까지 사랑하셨습니다. “하나님이 세상을 이처럼 사랑하사 독생자를 주셨으니 이는 그를 믿는 자마다 멸망하지 않고 영생을 얻게 하려 하심이라. 하나님이 그 아들을 세상에 보내신 것은 세상을 심판하려 하심이 아니요 그로 말미암아 세상이 구원을 받게 하려 하심이라.”(요 3:16~17)

하나님의 사랑을 아는 사람은 당연히 이웃을 사랑하게 됩니다.

그래서 사도 요한은 요한복음 3장 16절과 함께 요한일서 3장 16절도 기록했던 것입니다. “그가 우리를 위하여 목숨을 버리셨으니 우리가 이로써 사랑을 알고 우리도 형제들을 위하여 목숨을 버리는 것이 마땅하니라.” 형제들의 영혼을 사랑하고 그들에게 복음을 전하기 위해 목숨까지 버린 사람이 성경에 많이 기록되어 있습니다.

바울은 남을 사랑하는 자는 율법을 다 이루었다고 했습니다.

"피차 사랑의 빚 외에는 아무에게든지 아무 빚도 지지 말라. 남을 사랑하는 자는 율법을 다 이루었느니라. 간음하지 말라, 살인하지 말라, 도둑질하지 말라, 탐내지 말라 한 것과 그 외에 다른 계명이 있을지라도 네 이웃을 네 자신과 같이 사랑하라 하신 그 말씀 가운데 다 들었느니라. 사랑은 이웃에게 악을 행하지 아니하나니 그러므로 사랑은 율법의 완성이니라."(롬 13:8~10)

사랑은 힘입니다. 사랑은 모든 것을 가능하게 합니다.

부끄럽습니다만, 내겐 요즘 사랑이 전부입니다.

해석은 자유입니다. 사랑은 나의 기쁨입니다.

"하나님은 사랑이시라."(요일 4:16)

나는 부요 믿음으로 누린다

당신은 특별히 좋아하는 곳이 있습니까?

어떤 장소에 가서 오래 머무를 일이 생길 때면 나도 모르게 하는 습관적인 행동이 있는데 그것은 곧 '특정 장소'를 정하는 것입니다.

한 도시에 머물다 보면 아무래도 여기저기를 자꾸 돌아다니게 됩니다. 나는 그때마다 내가 좋아하는 장소를 한 군데씩 꼭 만들었습니다. 그런 후에 못해도 이틀에 한번은 꼭 그 곳을 갔습니다.

고향에 있을 때도 물론이거니와 대학교에 다닐 때도 자취하면서 그런 장소를 한 곳씩 정했습니다. 대부분 나무가 많고 햇빛이 잘 드는 곳이었습니다. 그리고 해외여행을 다닐 때도 꼭 그랬습니다.

정말 습관은 어딜 가지 않나 봅니다.

지금 살고 있는 서울에도 그런 곳이 하나 있습니다.

나는 요즘 '중구'를 좋아합니다. 중구를 홍보하는 문구가 거리 곳 곳에 세워져 있습니다. 전통과 현대가 함께 하는 곳, 그 말이 퍽이 나 맞습니다. 시청 앞쪽에 있을 때면 애국심이 저절로 솟아납니다.

"와. 진짜 멋있다. 대한민국 사람인 게 자랑스럽다."

그러곤 폰으로 영상 촬영을 합니다. 덕수궁을 바라보다가, 발걸 음을 떼어 한 바퀴를 돌면 정말 옛 문화와 현대 문화가 어울리는 듯 어울리지 않게 묘하게 맞대고 있습니다. 그리고 덕수궁에서 밖을 보면 아이러니하게도 큰 빌딩들이 아무렇지 않게 서 있습니다.

조금은 신기한 광경입니다. 그러곤 덕수궁 옆 돌담길을 걷습니 다. 구불구불하고 나무가 우거진 그 길이 참 재밌습니다.

하나님은 우리가 많은 것을 누릴 수 있게 해주셨습니다.

햇빛도 그늘도 비도 화창함도 서늘함도, 아름다운 문화재도 있고 누가 지었나 싶은 번쩍번쩍한 초고층 건물도 있습니다. 정말 감사 한 일입니다. 너무나 많은 기적이 우리 주위에 즐비합니다.

여기저기 하나님의 초자연적인 손길이 묻어 있습니다.

"하나님이 그들에게 복을 주시며, 하나님이 그들에게 이르시되 생육하고 번성하여 땅에 충만하라 땅을 정복하라 바다의 물고기와 하늘의 새와 땅에 움직이는 모든 생물을 다스리라."(창 1:28)

그리고 그분이 지은 것들에 대해 이렇게 말씀하셨습니다.

"하나님이 보시기에 좋았더라."

그걸 여실히 느낍니다. 정말 우리 주위에 있는 모든 것에 하나님 아빠의 손길이 닿지 않은 것이 하나도 없습니다. 모두 아빠의 작품이고 생기가 충만하고 각각의 모양대로 개성이 넘칩니다. 이 모두를 누릴 수 있는 게 얼마나 감사하고 귀한지 모릅니다. 특히 좋아하는 곳이 있다는 것은 진짜 행복한 일이고 소소하지만 소중합니다.

이런 멋진 아빠를 가진 나는 부요합니다.

"하나님, 감사합니다."

외모보다 중요한 것은 꾸밈없는 믿음이다

당신은 좋아하는 옷차림이 있습니까?

나는 청바지와 백팩을 정말 좋아합니다. 간편하게 어디라도 떠날 수 있기 때문입니다. 그뿐 아니라 이런 편리한 차림은 어떤 상황에서도 그 누구에게서도 궁금한 것을 편하게 묻고 배울 수 있을 것 같은 차림입니다. 모든 일에 학생처럼 묻고 배운다는 건 무척이나 즐거우니까요. 내 옷차림은 가볍습니다. 나는 소박하고 꾸밈없는 게 좋습니다. 또 활동하기에 자유로워서 더욱 좋습니다. 나는 어떤 것에도 얽매일 필요가 없고 제한 둘 것도 없습니다.

내가 이탈리아를 여행했던 때, 거리에서 기타를 감동적으로 잘 연주하는 사람이 있었습니다. 노을은 아름다웠고 그들의 연주는 내 발걸음을 붙들었습니다. 나는 그들의 연주가 듣고 싶어 내 백팩을 의자 삼아 바닥에 뉘었습니다. 기억에 남는 좋은 추억입니다. 한 번도 내 물건을 함부로 사용한 적이 없었는데 그날은 달랐습니다.

어쩌면 그때 그런 행동은 내게 더없이 유용했고 이후로 나는 내 물건에 대해 더 애정을 가지고 보다 소중히 다루게 되었습니다.

이건 우리의 생각에도 마찬가지입니다.

"당신은 지금 몇 살인가요?"

"당신은 어떤 일을 하고 있나요?"

"당신은 얼마를 벌고 있나요?"

"당신은 어떤 옷을 입나요?"

물론 중요합니다. 하지만 또 다른 면에서 보면 별로 중요하지 않습니다. 이런 말들이 당신에게 걸림돌이 되고 당신을 틀에 가둔다면 차라리 벗어버리기 바랍니다. 자신에게 제한을 두는 그런 생각과 말, 그런 믿음이 당신의 인생을 가두고 제한합니다.

하나님은 약한 자를 들어 강한 자를 부끄럽게 하십니다.

당신이 약하다고 생각될 때가 그리스도의 능력이 머물 때입니다.

바울은 말했습니다. "나에게 이르시기를 내 은혜가 네게 족하도다. 이는 내 능력이 약한 데서 온전하여짐이라 하신지라. 그러므로 도리어 크게 기뻐함으로 나의 여러 약한 것들에 대하여 자랑하리니 이는 그리스도의 능력이 내게 머물게 하려 함이라."(고후 12:9)

성경은 예수님에 대해서도 이렇게 말씀합니다.

"건축자의 버린 돌이 집 모퉁이의 머릿돌이 되었다."(시 118:22)

건축자들은 '쓸모없는 돌'이라고 생각했습니다. 쓸모가 없으니 버립니다. 그런데 그 돌이 나중에 '집 모퉁이의 머릿돌'이 되었습니다. 머릿돌은 건축물의 가장 근간이 되는 기초석입니다.

예수 그리스도를 믿는 믿음이 인생의 중심이 되어야 합니다.

믿음은 우리를 흥하게도 하고 쇠하게도 합니다. 신에 대한 믿음은 정말 강한 힘입니다. 믿음이 다르다는 이유로 혹은 너와 내가 다르다는 이유로 사람들은 전쟁을 일으키고 많은 사람을 죽입니다.

당신은 어떤 믿음을 가질 겁니까?

나는 꾸밈없이 하나님을 믿을 겁니다. 끊임없이 하나님을 믿을 겁니다. 눈에 보이지 않는 그분을 믿을 겁니다. 오직 하나님만이 죽은 사람을 살리십니다. "그가 믿은 바 하나님은 죽은 자를 살리시며 없는 것을 있는 것으로 부르시는 이시니라."(롬 4:17)

그런 하나님이 지금 당신 안에 살아 계십니다.

다시 용기를 내십시오.

아름다운 구원의 소식을 받아들이라

당신은 구원 곧 아름다운 소식을 믿습니까?

당장 '구원'이라는 말을 하면 뭔가 머나먼 것처럼 느껴지나요?

나는 구원이라는 단어가 뭔가 중세 때나 어울릴 법하다고 생각해서 '음, 구원? 내가 무슨 구원을 바라나?'라고 많이 되물었습니다.

누군가는 나와 비슷하게 생각할 겁니다. 구원은 그런 뜻도 있지만 '어려움이나 위험에 빠진 사람을 구하여 줌'이라는 정의가 첫째입니다. 아주 보편적으로 우리 모두가 삶 전반에 걸쳐 간절히 원하는 것입니다. 그래서 당신이 어떠한 상황에 있건 당신을 구원할 수 있는 아름다운 소식을 나는 마음을 다해 전하고 싶습니다.

"주 여호와의 영이 내게 내리셨으니 이는 여호와께서 내게 기름을 부으사 가난한 자에게 아름다운 소식을 전하게 하려 하심이라. 나를 보내사 마음이 상한 자를 고치며 포로된 자에게 자유를, 갇힌 자에게 놓임을 선포하며 여호와의 은혜의 해와 우리 하나님의 보복의 날을 선포하여 모든 슬픈 자를 위로하되 무릇 시온에서 슬퍼하는 자에게 화관을 주어 그 재를 대신하며 기쁨의 기름으로 그 슬픔을 대신하며 찬송의 옷으로 그 근심을 대신하시고 그들이 의의 나무 곧 여호와께서 심으신 그 영광을 나타낼 자라 일컬음을 받게 하려 하심이라."(사 61:1~3)

이 말씀을 읽을 때면 떠오르는 사람이 몇 명 있습니다.

떠올리면 마음이 아리는 당신에게도 꼭 전하고 싶습니다.

당신이 힘들지 않았으면 좋겠습니다. 당신이 근심이 없었으면 합니다. 오늘이라도 죽고 싶다면 다시 살 용기를 얻었으면 합니다.

하루가 많이 버겁고 고달프게 느껴집니까? 당신의 상한 마음을 하나님은 다 아십니다. 그리고 당신이 마음 문만 열어 준다면 하나님은 항상 당신을 도와줄 준비가 되어 있습니다. 설령 문을 열어 주지 않더라도 하나님은 지금 당신이 처한 모든 상황을 다 지켜보고 계십니다. 지나온 내 시간을 돌아볼 때 명확히 말할 수 있습니다.

하나님은 생각하는 것보다 훨씬 더 좋은 분이었습니다.

그분은 나의 힘을 내려놓고 절박한 심정으로 그분을 의지했을 때 정말 정확하게 나를 도와주셨습니다. 어떤 걸 예로 들면 될까요?

한번은 내가 잃었던 돈을 정확히 토씨 하나 틀리지 않고 다른 방법으로 모두 되찾게 해주셨습니다. 이렇게 하나씩 이야기하자면 너무 많습니다. 정말 하나님의 도우심과 이끄심을 말하자면 끝이 없습니다. 하나님은 지금도 나와 당신을 돕기 원하십니다.

나는 당신이 혼자 힘들어하지 않았으면 합니다.

혼자인 것 같고 눈앞엔 아무도 없는 것 같지만, 나도 그랬습니다. 하나님은 다 알고 있고 하나님의 영은 항상 우리와 함께 계십니다. 누구에게도 말할 수 없는 사정 그것마저도 하나님은 다 알고 계십니다. 나는 그런 것들을 가지고 있으면서 참 많이 털어놓았습니다.

오직 하나님께만…….

그때마다 말씀이 떠오르거나 또는 내가 생각하기엔 심각한 상황인데 생각지도 못한 누군가가 나를 도와주었습니다. 때론 어떤 생각과 담대한 용기가 생겨 즉시 요청하므로 문제를 해결했습니다.

우리는 무엇을 하면 될까요? 하나님이 원하시는 것 곧 그의 아들 예수 그리스도를 믿으면 됩니다. 오직 이 믿음 하나면 됩니다. "무릇 하나님께로부터 난 자마다 세상을 이기느니라. 세상을 이기는 승리는 이것이니 우리의 믿음이니라. 예수께서 하나님의 아들이심을 믿는 자가 아니면 세상을 이기는 자가 누구냐?"(요일 5:4~5)

나는 진심으로 당신이 모든 어려움에서 구원받기를 원합니다.

모든 문제에서 완전히 자유로워지기를 바랍니다. 항상 기쁘게 살았으면 합니다. 더 이상 마음 상하지 않고 건강하길 바랍니다. 이게 내가 그토록 당신을 위한 기도를 하는 이유입니다.

나는 당신을 위해 간절히 기도하고 믿습니다.

당신이 하나님을 알게 되는 날, 그 누구보다도 하나님이 버선발로 당신을 맞이하러 나오셨다는 걸 당신은 알게 될 겁니다. 한없는 사랑을 알게 될 겁니다. 그리고 그날 세상은 바뀔 겁니다. 세상에 큰 놀라운 일이 있을 겁니다. 당신은 존귀한 사람입니다.

누가복음 15장 11~30절에 이런 감동적인 이야기가 나옵니다.

예수님께서 말씀하셨습니다.

[어떤 사람에게 아들이 둘 있었다. 하루는 작은 아들이 아버지에게 말했다. "아버지, 재산 가운데서 내게 돌아올 몫을 내게 주십시오."

그래서 아버지는 살림을 두 아들에게 나누어 주었다. 며칠 뒤에 작은 아들은 제 것을 다 챙겨서 먼 지방으로 가서 거기서 방탕하게 살면서, 그 재산을 낭비하였다. 그가 모든 것을 탕진했을 때에 그 지방에 크게 흉년이 들어서 그는 아주 궁핍하게 되었다.

그래서 그는 그 지방의 주민 가운데 한 사람을 찾아가서 몸을 의탁했다. 그 사람은 그를 들로 보내서 돼지를 치게 했다. 그는 돼지가 먹는 쥐엄 열매라도 좀 먹고 배를 채우고 싶은 심정이었으나 그에게 먹을 것을 주는 사람이 없었다. 그제야 그는 제정신이 들어서 이렇게 말했다.

"내 아버지의 그 많은 품꾼들에게는 먹을 것이 남아도는데 나는 여기서 굶어 죽는구나. 내가 일어나 아버지에게 돌아가서 이렇게 말씀드려야 하겠다. 아버지, 내가 하늘과 아버지 앞에 죄를 지었습니다. 나는 더 이상 아버지의 아들이라고 불릴 자격이 없으니 나를 품꾼의 하나로 삼아 주십시오."

그는 일어나서, 아버지에게로 갔다. 그가 아직도 먼 거리에 있는데, 그의 아버지가 그를 보고 측은히 여겨서 달려가 그의 목을 껴안고, 입을 맞추었다. 아들이 아버지에게 말했다. "아버지, 내가 하늘과 아버지 앞에 죄를 지었습니다. 이제부터 나는 아버지의 아들이라고 불릴 자격이 없습니다." 그러나 아버지는 종들에게 말했다. "어서 가장 좋은 옷을 꺼내서 그에게 입히고 손에 반지를 끼우고 발에 신을 신겨라. 그리고 살진 송아지를 끌어내다가 잡아라. 우리가 먹고 즐기자. 나의 이 아들은 죽었다가 살아났고 내가 잃었다가 되찾았다.”

그래서 그들은 잔치를 벌였다. 그런데 큰 아들이 밭에 있다가 돌아오는데 집에 가까이 이르렀을 때에 음악 소리와 춤추면서 노는 소리를 듣고 종 하나를 불러서 무슨 일인지를 물어 보았다. 그러자 종이 그에게 말했다. “아우님이 집에 돌아왔습니다. 건강한 몸으로 돌아온 것을 반겨서, 주인어른께서 살진 송아지를 잡으셨습니다.”

큰 아들은 화가 나서 집으로 들어가려고 하지 않았다. 아버지가 나와서 그를 달랬다. 그러나 그는 아버지에게 대답했다. “나는 이렇게 여러 해를 두고 아버지를 섬기고 있고, 아버지의 명령을 한 번도 어긴 일이 없는데, 나에게는 친구들과 함께 즐기라고 염소 새끼 한 마리도 주신 일이 없습니다. 그런데 창녀들과 어울려서 아버지의 재산을 다 삼켜버린 이 아들이오니까, 그를 위해서는 살진 송아지를 잡으셨습니다.”

아버지가 그에게 말했다. “얘야, 너는 늘 나와 함께 있으니 내가 가진 모든 것이 다 네 것이다. 그런데 너의 이 아우는 죽었다가 살아났고 내가 잃었다가 되찾았으니 즐기며 기뻐하는 것이 마땅하다.”]

이런 부자 아빠, 너그러운 아빠가 하나님이십니다.

나는 하나님 안에서 만족하며 산다

당신은 안녕하십니까?

나는 안녕합니다. 매일 행복하게 잘 지내고 있습니다.

울고 싶을 땐 마음껏 울면서 꺼이꺼이. 웃을 땐 모든 걸 다 잊어 버리고 깔깔 웃습니다. 대체로 평화롭습니다. 내게 어떤 것이든 처음 하는 것은 서툴고 어려웠습니다. 그래서 많이 혼란스러웠습니다.

'내 행동이 맞는 걸까?'

'나는 잘하고 있는 걸까?'

'이 선택은 괜찮은 걸까?'

'이 길이 맞는 걸까?'

나열하자면 많습니다. 그런데 지금은 많은 것들이 홀가분해졌고 내 마음은 여유를 찾았고 한없이 행복합니다. 나는 요즘 계속 기도하며 말씀을 읽고 되뇌고 있습니다. 이건 비밀이기도 하면서도 나름대로 내가 숨 쉬는 방법입니다. 나는 이 일에 점점 더 몰입합니다. 그러면 놀랍게도 혼란스러운 것들이 모두 잠잠해집니다.

예전에는 일시적인 감정으로만 살았습니다. 그때는 좋을 때와 나쁠 때가 너무 왔다 갔다 했고 그로 인해 내 신경이 많이 예민했습니다. 하지만 지금은 다릅니다. 내 영혼이 매일 살찌는 기분입니다.

그래서 너무나 좋습니다! "항상 기뻐하라. 쉬지 말고 기도하라. 범사에 감사하라. 이는 그리스도 예수 안에서 너희를 향하신 하나님의 뜻이니라."(살전 5:16~18)

하나님의 뜻을 아는 것은 매우 중요합니다. 천지를 창조하고 인간을 만드신 분은 하나님입니다. 그러면 지으신 분의 뜻에 따라 살아가야 합니다. 그 길이 가장 복되고 자연스러운 일입니다. "그러나 여호와여, 이제 주는 우리 아버지시니이다. 우리는 진흙이요 주는 토기장이시니 우리는 다 주의 손으로 지으신 것이니이다."(사 64:8)

그분의 뜻은 한 가지입니다. 우리가 행복하게 사는 것입니다.

하나님은 당신을 어떤 모양으로 만들었든 오직 한 가지 뜻만 갖고 계십니다. 그것은 곧 당신이 행복하게 사는 것입니다.

"이 사람아, 네가 누구이기에 감히 하나님께 반문하느냐? 지음을 받은 물건이 지은 자에게 어찌 나를 이같이 만들었느냐 말하겠느냐? 토기장이가 진흙 한 덩이로 하나는 귀히 쓸 그릇을, 하나는 천히 쓸 그릇을 만들 권한이 없느냐?"(롬 9:20~21)

나는 행복합니다. 그리고 이렇게 조금씩 글도 쓰고 있습니다. 지속적으로 써 가고 있습니다. 배우고 싶은 것은 책으로 읽기도 하고 영상으로 배우기도 합니다. 그 중에서 내가 관심 갖는 것은 더 유심히 살펴봅니다. 하루에 한 번은 꼭 내가 좋아하는 산길을 걷습니다.

달리기도 자주 합니다. 달릴 때 바람을 맞는 게 너무 좋습니다.

이러다 서울을 다 돌지도 모르겠습니다. 하하.

요즘 목표가 있다면, 더 일찍 자고 새벽에 일어나는 것입니다.

거창한 이유 때문이라기보다 단지 새벽의 모습을 보고 싶습니다.

또 그렇게 일찍 일어나면, 좋은 일들이 더 많이 생기지 않을까 하는 생각도 듭니다. 언제나 미러클이지만 '미러클 모닝'도 있지 않습니까? 꼭 특별한 일이 일어나지 않아도 내 인생은 매일 기적입니다.

그래서 나는 하나님 안에서 만족하며 살아가고 있습니다. "우리가 무슨 일이든지 우리에게서 난 것같이 스스로 만족할 것이 아니니 우리의 만족은 오직 하나님으로부터 나느니라."(고후 3:5)

나는 이미 모든 것을 다 가진 부요한 사람입니다.

나는 내가 원하는 것을 믿고 말한다

당신은 믿고 말합니까?

나는 "의인이 믿음으로 살리라"(갈 3:11)는 말씀대로 오직 믿음으로 삽니다. 그래서 내 인생에 일어난 모든 일도 믿고 말합니다.

"기록한바 내가 믿는 고로 말하였다 한 것 같이 우리가 같은 믿음의 마음을 가졌으니 우리도 믿는 고로 또한 말하노라."(고후 4:13)

오늘은 아침 9시쯤에 카페를 갔습니다.

집 주위에 있는 카페인데, 오다가다 보기만 했던 카페입니다.

호기심 삼아 들어가서 커피를 샀는데 이렇게 좋은 곳이 있는지 몰랐습니다. 작은 카페인데 그럭저럭 가격도 괜찮았습니다. 이른 시간이라 그런지 사람도 없었습니다. 날씨가 차가웠습니다.

말짱한 정신으로 나오니 찬 기운도 기분을 좋게 합니다.

예전엔 아침에 나올 때 출근 때문에 바빠서 뛰어나오기 마련이었고 비몽사몽이었는데 지금은 내 습관이 바뀌었습니다.

카페에는 사진이 하나 있었습니다. 그리스 산토리니였습니다.

포카리스웨트의 촬영 장소이기도 하고 지중해에 하얀색과 파란색으로만 이루어진 섬, 아마 사진으로 한번쯤은 다들 봤을 겁니다.

나의 오랜 꿈 중에 하나는 산토리니에서 글을 쓰는 것입니다.

"햇빛이 쨍쨍하고 눈부신 날, 산토리니 하얀 건물 안에서 지중해가 보이는 창가에 책상과 의자를 놓고 타다다다 글을 쓰는 것."

나는 이미 그 꿈을 머릿속에 그려서 마음에 걸어 놓았습니다.

어제 이런 말을 들었습니다.

"당신의 마음을 비워 두지 말라. 꿈과 소원의 그림을 명확히 그려서 마음의 벽에 걸어 두라. 그러면 그대로 될 것이다."

듣기만 해도 즐겁지 않습니까? 꿈과 소원을 몇 백가지 당신이 원하는 대로 쓰는 것도 좋습니다. 당신이 원하는 대로 하면 됩니다.

나는 써 놓기도 하지만 매일매일 그림을 그려서 마음의 방에 걸어 둡니다. 이 과정이 나는 재밌습니다. 뭔가 상상해서 내 마음의 방에 하나 둘 걸어 놓는데 무척 재밌습니다. 상상하되 아주 자세하게 그림을 그립니다. 그리고 입으로 말합니다. 거울을 찾습니다.

나 자신을 보고 말하는 게 또 좋아서 나는 말합니다.

"난 그리스 산토리니에 있어. 날씨가 화창하고 창가에서 글을 쓰는 게 너무 재밌어. 행복해."

R=VD. Realization = Vivid Dream

어렸을 때 정말 많이 들었던 말입니다.

"생생하게 꿈꾸면 이루어진다."

옛말입니까? 한때 떠들썩한 말, 그저 사람이 지어낸 말입니까?

아닙니다. 성경에서 하나님이 가르쳐주신 '믿음의 원리'입니다.

"사람이 마음으로 믿어 의에 이르고 입으로 시인하여 구원에 이르느니라."(롬 10:10)

구원도 마음으로 믿고 입으로 시인하면 주신다고 했습니다.

이 엄청난 선물을 믿고 말하면 준다고 하는데 하지 않을 겁니까?

솔직히 안 해볼 이유가 뭐가 있습니까? 또 그냥 한 번이라도 안 해볼 이유가 뭐가 있습니까? 예수님이 말씀하셨습니다.

"내가 진실로 너희에게 이르노니 누구든지 이 산더러 들리어 바다에 던져지라 하며 그 말하는 것이 이루어질 줄 믿고 마음에 의심하지 아니하면 그대로 되리라. 그러므로 내가 너희에게 말하노니 무엇이든지 기도하고 구하는 것은 받은 줄로 믿으라. 그리하면 너희에게 그대로 되리라."(막 11:23~24)

예수님이 무화과나무에게 "이제부터 영원토록 사람이 네게서 열매를 따먹지 못하리라" 했더니 다음날 아침에 지나갈 때에 보니 무화과나무가 뿌리째 말라 있었습니다. 예수님은 당신이 어떤 것을 말하든지 마음에 의심하지 않고 확실하게 이루어질 줄 믿기를 원하십니다. 선하시고 긍휼이 넘치는 하나님이 듣고 행하십니다.

나는 믿고 말해서 스페인을 다녀왔습니다.

나는 믿고 말해서 서울에 무작정 올라와 3년째 살고 있습니다.

나는 믿고 말해서 지금 이렇게 책을 쓰고 있습니다.

"믿음은 바라는 것들의 실상이요 보이지 않는 것들의 증거니 선진들이 이로써 증거를 얻었느니라. 믿음으로 모든 세계가 하나님의 말씀으로 지어진 줄을 우리가 아나니 보이는 것은 나타난 것으로 말미암아 된 것이 아니니라."(히 11:1~3)

"그리스 산토리니에 가게 되는 날까지
끝까지 믿음으로 아자아자!"

나는 성령님과 함께 책을 쓴다

당신은 어떤 도전을 하고 있습니까?

나는 매일 새로운 도전을 합니다. 오늘의 도전은 이겁니다.

"성령님, 오늘은 책 다섯 꼭지를 쓰려고 해요. 함께 해주세요."

일단 한 꼭지는 썼습니다. 후후, 네 꼭지 남았습니다. 왠지 1을 보다 4를 보니 꽤 큰 느낌은 있지만 그래도 나는 할 수 있습니다. 해보고 싶습니다. 성령님과 함께라면 못할 것이 없습니다.

나는 성령님께 모든 걸 맡깁니다. 내가 하면 '뭘 쓰지 뭘 쓰지?'라며 내 가는 손가락이 그렇게 천근만근 쇳덩이처럼 무겁습니다.

"성령님이 다 하십시오. 손가락도 생각도 성령님이 조화롭게 조합하셔서 책을 쓰게 해주세요. 성령님이 나를 통해 글을 쓰십시오."

새로운 일에 도전하는 건, 기대되면서도 마음이 떨립니다.

내가 떨고만 있을지 아니면 소리를 지르며 앞으로 나아갈지는 자신이 선택해야 합니다. 물론 어떤 선택을 할지 고민됩니다. 하지만 그 선택을 하게 하시는 이는 우주 만물을 지으신 하나님입니다.

"네 짐을 여호와께 맡기라. 그가 너를 붙드시고 의인의 요동함을 영원히 허락하지 아니하시리로다."(시 55:22)

믿을 만한 구석을 발견했습니다. 하나님이십니다.

그래서 나는 내 짐을 여호와께 맡기기로 선택했습니다. 그분은 나를 붙드시고 의인의 요동함을 영원히 허락하지 않으십니다.

오늘 꼭 해야 하는 일이 있습니까? 그래서 마음이 무겁습니까? 어제부터 잠자리도 뒤척였습니까? 아마 많은 것들 때문에 잠 못 이루는 밤이 꽤 많을 겁니다. 중요하게 다뤄야 하는 일들이 자꾸 생기니까요. 그러다 보면 스트레스도 받고 머리가 하얘지고 세월을 정통으로 맞습니다. 신경이 안 쓰이는 게 없는 요즘입니다. 요동함을 잠재우는 방법을 각자 하나씩은 다들 가지고 있을 겁니다.

수면제를 먹고 잠을 잔다든지, 음악을 틀고 명상을 한다든지, 헤비메탈을 꽝꽝 듣는다든지, 고급스러운 음식을 화끈하게 사 먹는다든지, 죄를 짓는 것만 아니라면 각자의 분량대로 뭘 하든 좋습니다.

그런데 나는 여호와께 짐을 맡기는 것을 택했습니다. 왜냐고요?

첫째, "그가 너를 붙든다"고 했기 때문입니다.

내가 애쓰며 해야 할 것이 없습니다. 여호와 하나님께 맡기기만 하면 됩니다. 내가 나를 풀어 주려고 돈을 쓰거나, 내가 여기저기 왔다 갔다 할 필요가 없습니다. 내가 힘을 쓸 필요가 없습니다.

모든 일에는 힘이 필요합니다. 먹으려고 해도 잠을 자려고 해도 힘이 필요합니다. 물론, 맡기려고 생각하는 것에도 힘이 필요하긴 하겠지만 물리적인 힘이 필요하진 않습니다. 그래서인지 나는 맡기는 걸 잘합니다. 내가 가지고 있으면 되레 걱정만 쌓입니다.

'아휴, 내 거 아니야.'

이렇게 생각하면 마음이 편합니다. 그렇다고 아무것도 안 하고 가만히 있습니까? 그게 아니라 그분이 나를 붙들고 행하십니다.

우리가 완전히 맡길 때 '그분'이 마음껏 일할 수 있습니다.

그분의 능력을 믿고 맡기십시오. 그래도 괜찮습니다.

둘째, "그가 너의 요동함을 영원히 허락하지 않는다"고 했기 때문입니다. '영원히'라는 말을 누가 감히 사용할 수 있습니까? 세상에 영원한 게 뭐가 있습니까? 인간이 자신할 수 있는 영원한 것이라곤 정말 없습니다. "영원히 널 사랑할 거야." 아주 달콤한 말입니다.

연인들은 쉽게 그런 말을 합니다. 나는 정말 모든 연인이 그러길 바랍니다. 진심입니다. 하지만 인간의 마음은 장담할 수 없습니다.

"만물보다 거짓되고 심히 부패한 것은 마음이라 누가 능히 이를 알리요마는……."(렘 17:9)

사람을 믿지 말고 하나님을 믿으십시오.

하나님을 믿으면 흔들림이 없는 영원한 복을 받습니다.

"여호와께서 이와 같이 말씀하시니라. 무릇 사람을 믿으며 육신으로 그의 힘을 삼고 마음이 여호와에게서 떠난 그 사람은 저주를 받을 것이라. 그는 사막의 떨기나무 같아서 좋은 일이 오는 것을 보지 못하고 광야 간조한 곳, 건건한 땅, 사람이 살지 않는 땅에 살리라. 그러나 무릇 여호와를 의지하며 여호와를 의뢰하는 그 사람은 복을 받을 것이라. 그는 물가에 심어진 나무가 그 뿌리를 강변에 뻗치고 더위가 올지라도 두려워하지 아니하며 그 잎이 청청하며 가무는 해에도 걱정이 없고 결실이 그치지 아니함 같으리라."(렘 17:5~8)

나는 요동함을 영원히 허락하지 않는 여호와 하나님을 바라보기로 결심했습니다. 하나님께 내 짐을 맡깁니다. 도전을 긍정적인 방향으로 이끌어 가시는 분도 하나님입니다. 잘되든 안 되든 모든 순간에 하나님이 그분의 기뻐하시고 선하신 뜻을 알려주십니다. 그러면 도전도 떨리는 마음을 가라앉히고 편안한 마음으로 할 수 있습니다. "예수께서 이르시되 할 수 있거든이 무슨 말이냐 믿는 자에게는 능히 하지 못할 일이 없느니라 하시니……."(막 9:23)

나는 하나님께 사랑 받는 공주다

당신은 어떤 딸입니까?

나는 하나님께 사랑받는 귀한 딸입니다.

얼마 전에 한 영화를 보았습니다. 거기에 다음 날이 딸의 결혼식인데 엄마가 딸에게 노래를 불러 주는 내용이 나옵니다.

"이른 아침 책가방을 손에 들고 그 애는 집을 나서죠. 무심한 미소와 함께 손을 흔들면서……. 갑자기 슬픔이 밀려들어 아이의 뒷모습을 바라보며 난 잠시 가만히 앉아 있죠. 그 아이의 세계로 들어가 보지도 못하고 영원히 놓칠 것만 같은 느낌, 그 작고 사랑스런 아이, 그 아이와 같이 웃음을 나눌 때가 제일 기쁜데, 매번 손가락 사이로 빠져나가요. 그 느낌을 아무리 잡으려 해도 늘 손가락 사이로 빠져 나가요. 난 그 아이와 가깝다고 생각하지만 정말 내가 아이의 마음을 잘 알고 있을까요? 아이는 점점 자라나는데 매번 손가락 사이로 빠져나가요."

나는 아직 헤아릴 수 없는 깊고 깊은 부모님의 마음입니다.

나도 덩달아 미래에 생길 내 아이들을 생각하며 마음이 애틋해졌습니다. 부모님의 자식을 향한 이런 마음이 곧 하나님이 우리를 바라보시는 마음과 같지 않을까 생각합니다. "네 구속자요 모태에서 너를 지은 나 여호와가 이같이 말하노라."(사 44:24)

하나님은 우리가 탯줄에 있을 때부터 아십니다. 우리가 처음 세상에 나와 울음을 터뜨렸을 때, 엄마의 젖을 먹던 때, 옹알이를 하고 뒤집기를 하던 때, 유치원에서 대장처럼 행동했을 때, 말을 요리

조리하면서 정말 귀여웠을 때, 학원에 결석하고 도망갔을 때, 집 열쇠를 잃어버려서 부모님 속 썩였을 때, 초등학교와 중학교를 졸업했을 때, 공부 때문에 웃고 울었을 때, 친구들과 싸웠을 때, 혼자 이불을 덮어 쓰고 울 때, 대학교 친구들과 신나게 놀 때, 아르바이트하면서 사장에게 혼나고 울 때, 처음 연인을 만났을 때, 취업에 성공해서 기뻐 소리 지를 때, 먼 여행을 다녔을 때, 사업을 시작할 때, 연인과 헤어졌을 때, 웨딩드레스를 입고 버진로드를 걸을 때, 아이를 낳았을 때, 남편과 텔레비전을 보는 한가로운 저녁때, 흰머리가 하나씩 많아져 갈 때, 자식이 속 썩일 때, 자식 때문에 웃을 때, 남편과 등산을 다녔을 때, 자식이 많이 아플 때, 돈 때문에 걱정할 때, 회사를 퇴직했을 때, 몸이 힘들 때, 죽을 때 등⋯⋯.

하나님은 하나하나 그 모든 모습을 보고 계십니다.

얼마나 애틋하기도 사랑스럽기도 즐겁기도 할까요. 그리스도 안에 있는 우리는 정말 큰 복을 받은 사람입니다. 성령님이 우리 모든 걸 보고 계시니까요. 성령님, 정말 감사합니다. 또 앞으로도 항상 좋은 곳으로 인도해 주실 테니 더할 나위 없이 감사할 뿐입니다. 지금 이 순간도 나와 함께 계시고 앞으로 나의 결혼식도 모두 하나님 아버지가 보실 것을 생각하면 왜 이리 눈물이 나는지 모릅니다.

"우리가 알거니와 하나님을 사랑하는 자 곧 그 뜻대로 부르심을 입은 자들에게는 모든 것이 합력하여 선을 이루느니라."(롬 8:28)

갑자기 이런 말이 나오네요.

"하나님, 저 참 잘 컸죠? 건강하고, 이만하면 밝은 편이고 당신을 사랑하고, 정말 감사합니다. 항상 여호와를 경외합니다."

나의 자리는 하나님 보좌 앞이다

당신의 자리는 어디입니까?

나의 자리는 하나님 보좌 앞입니다.

오늘은 요한계시록을 읽다가 이 내용에서 눈이 멈췄습니다.

"내가 말하기를 내 주여 당신이 아시나이다 하니 그가 나에게 이르되 이는 큰 환난에서 나오는 자들인데 어린 양의 피에 그 옷을 씻어 희게 하였느니라. 그러므로 그들이 하나님의 보좌 앞에 있고 또 그의 성전에서 밤낮 하나님을 섬기매 보좌에 앉으신 이가 그의 위에 장막을 치시리니 그들이 다시는 주리지도 아니하며 목마르지도 아니하고 해나 아무 뜨거운 기운에 상하지도 아니하리니 이는 보좌 가운데 계신 어린 양이 그들의 목자가 되사 생명수 샘으로 인도하시고 하나님께서 그들의 눈에서 모든 눈물을 씻어 주실 것임이라." (계 7:14~17)

이 말씀을 읽는데 '맞지. 내 자리는 저기지. 하나님 보좌 앞에 있고 밤낮 하나님을 섬기고 있지'라는 생각이 딱 들었습니다. 내 자리를 찾은 기쁨이 정말 큽니다. 자리는 아주 중요합니다. 맡은 자리에서 맡은 일을 하기 때문입니다. 만약 내가 회사에서 회계를 담당한다면 그 자리에서 그 일을 하게 됩니다. 내 자리에 다른 사람이 앉지 않습니다. 각자마다의 자리가 있습니다. 그 자리에 앉고 남의 자리에 앉지 않습니다. 가정에서도 학교에서도 나의 자리가 있습니다.

대학교에 가니 각자 자기 반이 있고 자기 강의실이 있었습니다. 아무 자리나 턱턱 가지 않았습니다. 자기 자리를 지키지 않고 마음대로 하면 어떻게 됩니까? 일단 우리는 그럴 수가 없다고 생각합니다. 회사에서 어떻게 남의 자리에 앉고 싶다고 가서 마구 앉습니까?

그게 아니라는 걸 우리가 더 잘 압니다.

"하늘에 전쟁이 있으니 미가엘과 그의 사자들이 용과 더불어 싸울 새 용과 그의 사자들도 싸우나 이기지 못하여 다시 하늘에서 그들이 있을 곳을 얻지 못한지라."(계 12:7~8)

미가엘은 하늘에 있는 천사장 중에 하나입니다.

"그런데 바사 왕국의 군주가 이십일 일 동안 나를 막았으므로 내가 거기 바사 왕국 왕들과 함께 머물러 있더니 가장 높은 군주 중의 하나인 미가엘이 와서 나를 도와주므로……."(단 10:13)

천국은 화평한 곳인데 용과 그의 사자들이 반역했습니다.

하나님을 찬양하고 섬겨야 하는 곳에서 그들의 자리를 지키지 않고 떠났던 것입니다. 그랬더니 마음이 한순간에 바뀌었습니다. 하나님을 사랑하지 않고 미워하고 대적하게 되었습니다. 그리고 결과는 비극이었습니다. 하늘에서 쫓겨났고 다시 하늘에서 그들이 있을 곳을 얻지 못하게 되었습니다. 이처럼 내가 마음대로 하나님이 정해 주신 자리를 바꾸면 우리는 한순간에 다른 사람이 됩니다.

하나님 보좌 앞에 있는 나는 내 자리에 감사하고 그 자리를 잘 지킬 것입니다. 이 자리에 있으면 주리지도 않고 목마르지도 않고 어떤 뜨거운 힘든 기운에도 상하지 않습니다. 방황하며 지내던 나를 예수님이 나의 목자가 되어 생명수 샘으로 이끌어 주셨습니다. 지금도 예수님이 나를 계속 이끌고 계십니다. 그래서 행복합니다.

그리고 하나님이 나의 눈에서 모든 눈물을 씻어 줍니다.

한번만 나의 눈물을 닦아주시는 것이 아닙니다. 내가 눈물 흘리는 그 순간마다 나를 지켜보고 눈물을 씻어 줍니다. 그러면 나는 하나님의 보좌 앞에서 그분을 찬양하고 그분께 영광을 돌립니다.

이 자리가 영원한 나의 자리입니다. 왜냐하면 하나님이 나를 지명하여 불렀고 구속하셨기 때문입니다. "야곱아, 너를 창조하신 여호와께서 지금 말씀하시느니라. 이스라엘아, 너를 지으신 이가 말씀하시느니라. 너는 두려워하지 말라, 내가 너를 구속하였고 내가 너를 지명하여 불렀나니 너는 내 것이라."(사 43:1)

나를 창조하신 하나님께서 나를 부르셨습니다. 하나님 앞에 있는 자리가 내 자리가 맞습니다. 그러면 나의 일은 무엇일까요?

그분께 영광을 돌리는 일입니다. "우리 주 여호와여, 영광과 존귀와 권능을 받으시기에 합당하오니 주께서 만물을 지으신지라. 만물이 주 뜻대로 있었고 또 지으심을 받았느니라."(계 4:11)

나는 영원히 그분의 이름을 찬양할 것입니다.

"하늘의 하늘도 그를 찬양하며 하늘 위에 있는 물들도 그를 찬양할지어다. 그것들이 여호와의 이름을 찬양함은 그가 명령하시므로 지음을 받았음이로다. 그가 또 그것들을 영원히 세우시고 폐하지 못할 명령을 정하셨도다."(시 148:4~6)

하나님께 영광과 존귀, 권능과 찬양을 돌리는 것이 내 자리에서 내가 영원히 해야 할 일입니다. 주께서 나를 만드셨고 그의 뜻대로 내가 있기 때문입니다. 내 인생 모든 것이 내가 계획하고 나의 힘으로 하는 것 같지만 그렇지 않다고 성경은 분명히 말씀합니다.

만물이 주의 뜻대로 있었습니다. 불확실하게 있을 것이라고 한 것이 아니라 "있었다"고 했습니다. 영원히 세우시고 폐하지 못할 명령을 정하신 것도 하나님이 하셨습니다. 그러므로 어떤 일이 생기든 하나님께 모든 영광을 돌리는 게 나의 일입니다. 신기한 것은 모든 순간에 그렇게 할 때 내 마음이 가장 평온하다는 것입니다.

하나님께 찬양할 때 가장 평온하다

당신은 찬양하기를 좋아하십니까?

나는 하나님께 찬양하기를 좋아합니다. 여태까지 찬양을 들으면서 참 많이도 울었던 것 같습니다. '나 같은 죄인 살리신' 이 곡을 모르는 사람은 아마 없을 겁니다. 이렇게 십자가의 은혜에 감사해서 운 적은 많은데, 찬양하면서 크게 기뻐했던 적은 곰곰이 생각해보니 많이 없습니다. 십자가 보혈이 너무 귀하고 감사해서 눈물을 많이 흘렸지만 그 후에 오는 기쁨을 누리지를 못했다고나 할까요.

그런데 요즘 나는 많이 바뀐 것을 느낍니다. 말할 수 없는 행복과 기쁨이 강물처럼 밀려옵니다. 모든 것이 성령님이 주시는 감동과 인도함이라고 밖에는 설명할 수가 없습니다.

전에는 내 머리로 찬송가를 단순히 성경 뒤쪽에 붙어 있는 노래 정도로만 여겼습니다. 이런 말을 해도 될지 모르겠지만 그때는 솔직히 찬송가 가사가 나와는 너무 먼 아주 옛 것이라고 느껴졌습니다. 그런 내가 처음 듣고 너무 기뻐 혼자 방방 뛰었던 찬송가가 있습니다. 우연히 듣게 된 524장 '갈 길을 밝히 보이시니'입니다.

"갈 길을 밝히 보이시니 주 앞에 빨리 나갑시다. 우리를 찾는 구주 예수 곧 오라 하시네. 죄악 벗은 우리 영혼은 기뻐 뛰며 주를 보겠네. 하늘에 계신 주 예수를 영원히 섬기리."

"죄악 벗은 우리 영혼은." 여기에서부터 나는 나 자신이 너무 기뻐서 신난 걸 보고 정말 놀랐습니다. 자기 직전이었는데 너무 신나서 갑자기 불을 켜고 정말 가사처럼 기뻐 뛰었습니다.

내가 죄악을 벗었다는 게 갑자기 너무 실감나게 다가왔습니다.

내가 이런 적이 성밀 없었는데 그 날은 정말이지 은혜가 넘쳤습니다. 말로 설명할 수 없는 큰 기쁨이 어디서 나오는지 모를 정도로 나의 생각과 머리를 다 덮쳤습니다.

"성령님, 정말 감사합니다."

그 후로 내게는 찬송가들이 모두 새롭게 보입니다. 말도 안 되는 은혜로운 곡입니다. 찬송가를 듣고 나는 다시 복음으로 돌아갑니다.

복음이 내 인생을 바꾸었고 내 마음을 행복하게 했습니다.

복음을 모르는 사람이 많습니다. 복음이 무엇일까요? "예수님이 십자가에서 내 대신 모든 것을 다 이루었다. 나의 모든 죄악과 저주와 형벌을 다 지고 내 대신 죽으시고 사흘 만에 부활하신 예수님, 그 이름을 믿는 자에게 하나님의 자녀가 될 권세를 주셨다. 내 안에 예수님의 의와 성령 충만, 건강과 부요, 지혜와 평화와 생명이 임했다. 천국 곧 하늘나라가 이미 내 안에 있다"는 것입니다.

찬송가 438장 '내 영혼이 은총 입어'입니다.

"내 영혼이 은총 입어 중한 죄 짐 벗고 보니 슬픔 많은 이 세상도 천국으로 화하도다. 할렐루야 찬양하세 내 모든 죄 사함 받고 주 예수와 동행하니 그 어디나 하늘나라."

이 찬송가가 내 마음에 맴돕니다. 계속 맴돕니다. 그래서 계속 흥얼거리며 이 찬송을 부르게 됩니다. 코로나19 때문에 마스크를 착용하는 것이 거리에서 혼자 찬송을 부르고 싶을 땐 오히려 감사하게 느껴지네요. 정말 행복해집니다. 당신도 예수님을 믿습니까? 그러면 당신이 가는 그 어디나 하늘나라이고 천국입니다. 믿깁니까?

나는 너무 행복한 마음으로 이 사실이 믿어집니다.

웃기게도 '아, 내가 지금 하늘나라에 있는 거구나'라는 생각을 다시 한 번 확정해 주심에 그저 감사할 따름입니다. 모든 찬송가가 다 시금 예수님께로 돌아가게 하고 십자가의 보혈로 돌아가게 합니다.

나를 구원하신 예수님으로 말미암아 하나님께 영광을 돌립니다.

은혜로운 찬송이 너무 많아 감사하게 생각합니다.

'예수님을 사랑했던 선진들이 참 많았구나.'

너무 감사하고 행복합니다.

"성령님, 감사합니다."

성령님, 감사합니다

당신은 성령님께 감사하십니까?

나는 요즘 순간마다 "성령님, 감사합니다"라고 말씀드립니다.

나의 모든 것이 하나님의 은혜요 성령님의 도우심이었기 때문입니다. 내게 글을 쓸 수 있는 기회를 주시고 용기를 주시고 환경을 주시고 의지를 주시고 건강을 주시고 지혜를 주신 하나님께 감사드립니다. 책 쓰는 시간이 참 즐거웠습니다. 3시간이고 4시간이고 앉아서 봤던 글을 보고 또 보고, 고치고 또 고치고, 소리 내어 읽고 해도 한 순간도 집중을 잃지 않았습니다. 재미를 잃지 않았습니다.

'진득하다'는 말이 조금은 어색한 내가 진득하게 임했으니 정말 기적입니다. 나로 하여금 진득이 하게 하신 분은 성령님이십니다.

나는 들꽃 같은 글을 쓰고 싶었습니다. 절대 죽지 않고 살아가는 꽃처럼 내가 쓴 책은 죽지 않고 영원히 남을 것입니다. 나는 그동안 조금씩 글을 썼고, 지금도 쓰고 있고, 앞으로도 계속 쓸 것입니다. 덧붙여 10월의 날씨가 참 좋습니다. 햇빛이 좋습니다. 산책한다면 마음이 사르르 녹아내릴 겁니다. 모든 것이 당신에게 풍성하기를 진심으로 기도합니다. 사랑을 담아…….

"나의 하나님이 그리스도 예수 안에서 영광 가운데 그 풍성한 대로 너희 모든 쓸 것을 채우시리라."(빌 4:19) 아멘.

당신은 평생 부요하게 살 것입니다.

성령님의 리더십

초판 1쇄 인쇄 | 2022년 2월 10일
초판 1쇄 발행 | 2022년 2월 15일

지은이 | 김열방 김사라 김영근 김혜민 박경애 유지선

발행인 | 김사라
발행처 | 날개미디어
등록일 | 2005년 6월 9일, 제2005-44호
주소 | 서울특별시 송파구 백제고분로9길 6(잠실동, A동 3층)
전화 | 02)416-7869
메일 | wgec21@daum.net

ISBN : 978-89-91752-84-9. 03230

책값 20,000원